말씀 선포, 혹은 영적 학대

말씀 선포, 혹은 영적 학대

데이빗 존슨 · 제프 반본데른 지음

김광남 옮김

Vision BOOK

좋은 땅에 나쁜 씨앗이 떨어지면……

곳곳에서 한국교회에 "문제"가 있다는 말이 들려온다. 한국교회의 문제를 언급할 때 자주 등장하는 단어들은 대충만 추려도 다음과 같이 화려하다. 세속화, 권위주의, 투기, 세습, 돈봉투, 전별금, 성추행, 간통, 횡령, 배임, 주먹다짐, 분열……. 하나 같이 불편한 단어들이지만, 그 중 어느 하나도 부인할 수 없는 것이 우리의 현실이다.

문제가 많아서인지 논의도 많다. 요즘은 의식 있는 신자들 몇 사람만 모여도 한국교회의 문제에 대한 논의가 일어난다. 저마다 원인을 분석하고 대책을 내놓는다. 들어 보면 어느 것 하나 버릴 것이 없을 만큼 타당하다. 그런데 논의가 거듭되어도 변화는 일어나지 않는다. 문제가 해결되기는커녕 점점 더 심각해진다. 급기야 얼마 전에는 우리 사회의 많은 이들로부터 존경을 받는 어느 노교수의 입에서 "한국교회는 개신교 역사상 가장 타락한 교회"라는 말까지 나올 정도가 되었다.

왜일까? 순교자의 피 위에 세워지고 어려운 시절에 우리 사회를 선도했던 한국교회가 어쩌다 이 지경에 이른 것일까? 수많은 신자들이 안타깝게 기도하고 있음에도, 너도 나도 변화와 개혁을 소리 높여 외치고 있음에도, 한국교회의 상황이 도무지 개선되지 않는 이유는 도대체 무엇일까?

또 하나의 그저 그런 분석이 될지 모르나, 역자는 그 이유가 "설교의 타락"에 있다고 믿는다. 그렇게 믿는 이유는 아주 단순하다. 오늘날 한국교회의 신자들 대부분이 거의 전적으로 목회자들의 설교에 의지해 신앙생활을 하고 있기 때문이다. 이론적으로 신자들의 신앙생활의 기준은 하나님의 말씀인 성경이다. 그러나 실제로 한국교회의 신자들 대부분은 성경을 읽지 않는다. 그러기에 그들의 신앙생활의 기준은 흔히 "말씀의 대언자"라고 불리는 목회자들의 설교가 될 수밖에 없다. 즉 지금까지 한국교회를 키워온 것은 "성경"이 아니라 "설교"였다는 것이다.

그렇다면 마땅히 의심해 보아야 하지 않을까? 지금 한국교회가 타락해 있다면, 상황이 그렇게 된 원인을 다른 무엇보다도 지금까지 한국교회를 키워 온 설교의 타락에서 찾는 것이 마땅하지 않을까?

이런 말을 들으면 목회자들은 억울할 수도 있을 것 같다. 어쩌면 그들은 밭을 탓하고 싶어 할지도 모르겠다. 예전의 교인들은 기름진 옥토沃土 같아서 씨앗만 뿌리면 풍성한 열매를 맺었는데, 요즘 교인들은 돌짝밭 같아서 아무리 씨를 뿌려도 열매를 맺지 못하는 것처럼 보이니 말이다.

하지만 과연 그럴까? 한국교회가 오늘처럼 황폐해진 이유가 예전에는 옥토였던 신자들이 지금은 돌짝밭이나 가시덤불로 변해서일까? 다른 가능성은 없을까? 혹시, 밭은 지금도 여전히 옥토인데, 농부가 뿌리는 것이 알곡이 아니라 가라지여서, 그 기름진 옥토에서 가라지들만 웃자라 흔들리고 있는 것 아닐까? 혹시 지금 우리는 좋은 땅에 나쁜 씨앗을 잔뜩 뿌려놓고 알곡이 열리기를 기대하고 있는 것 아닐까?

＊＊＊

이 책은 밭의 종류가 아니라 씨앗의 품질에 초점을 맞춘다. 두 명의 저자 데이빗 존슨David Johnson과 제프 반본데른Jeff VanVonderen은 오늘날 교회의 지도자들이 신자들의 마음 밭에 나쁜 씨앗을 뿌리고 있다고 주장한다. 나쁜 씨앗이 뿌려진 곳에서는 당연히 나쁜 열매가 맺히기 마련이다. 저자들이 이 책에서 말하는 나쁜 씨앗은 **영적 학대**다. 그리고 그 씨앗에서 나오는 나쁜 열매는 **역기능적인 교회**다. 영적 학대라는 씨앗이 뿌려진 곳에서는 하나님의 교회와는 전혀 상관없는 이상한 집단이 출현할 수밖에 없다. 그런 집단은 무늬만 교회일 뿐 전혀 교회가 아니다.

저자들에 따르면, 영적 학대는 육체적 학대와 달리 아주 교묘하게 이루어진다. 저자들이 그것을 "교묘하다"고 말하는 이유는 대개 그것이 공개적인 장소에서 하나님의 뜻이나 명령을 빙자해 이루어지기 때문이다. 아무리 현명한 사람이라도 하나님의 뜻이나 명령이라는 허울을 뒤집어쓰고 제시되는 주장에 대해 의심을 품기는 어렵다. 설령 그 주장이 몹시 의심스러울지라도, 그것에 대해 공개적으로 이의를 제기하는 것은 어지간한 용기 없이는 불가능하다. 대개 그런 일은 "제기된 주장에 대한 반대"가 아니라 "하나님께 대한 반역"으로 간주되기 때문이다.

영적 학대의 위험성은 바로 이런 교묘함에 있다. 저자들이 이 책에『영적 학대의 교묘한 힘 *The Subtle Power of Spiritual Abuse*』이라는 의미심장한 이름을 붙인 이유가 거기에 있다(그러나 역자는 오늘날 교회 안에서 그런 학대가 주로 "말씀"을 빙자해 이루어지고 있는 현실에 착안해『말씀 선포, 혹은 영적 학대』라는 새로운 제목을 택했다).

이 책에서 저자들은 영적 학대의 피해자들뿐 아니라 가해자들에게도 관심을 둔다. 가해자들 역시 피해자다. 대개 그들은 자기들이 원하는 것을 얻기 위해 다른 이들을 학대하는 과정에서 그들 스스로 피해자가 된다.

어찌 보면 그들이야말로 가장 불쌍한 사람들일 수 있다. 사사로운 욕심을 채우기 위해 하나님의 구원의 말씀을 몽둥이 삼아 자기를 믿고 따르는 이들을 두들겨 패는 자들을 어찌 행복한 사람이라고 할 수 있겠는가! 저자들은 영적 학대의 가해자들에게 그들이 왜 그런 덫에 빠지는지를 알려 주고 그런 덫에서 빠져나오도록 권고한다.

마지막으로 저자들은 지금 영적으로 학대당하고 있는 자들에게 그 덫에서 빠져나오기 위한 두 가지 방법을 제시한다. 하나는 도망치는 것이고, 다른 하나는 싸우는 것이다. 둘 다 만만치 않은 일이지만 다른 방법은 없다. 참고 기다리는 것만으로는 그 덫에서 벗어날 수 없다. 자신이 덫에 걸려 있음을 인식하는 자들은 온 힘을 다해 그 덫에서 빠져나오거나 그 덫을 부수거나 해야 한다. 힘든 상황에 처한 사람은, 안타깝지만, 어떻게든 힘을 써야 한다. 힘을 쓰지 않고 그 상황에서 벗어날 길은 없기 때문이다. 저자들은 그런 상황에 처한 이들에게 몇 가지 소중한 조언을 제공한다.

* * *

번역 과정에서 많은 생각을 했다. 저자들이 제시하는 사례들이 오늘날 한국교회의 많은 교인들이 겪고 있는 상황을 그대로 보여주는 것 같아 신기하기도 했다. 저자들의 번득이는 통찰과 예리한 주장에 감탄하기도 했다. 특히 그동안 교회에서 자주 왜곡되었던 성경 구절들을 본래의 문맥에 맞춰 해석해 내는 부분에서는 통쾌함을 느끼기도 했다.

독자들 중에는 이 책이 지나치게 한쪽으로 치우쳐 있다고 느끼는 이들도 있을 것이다. 역자 역시 그런 느낌이 없지 않다. 그러나 어떤 육중한 물체가 오른쪽으로 크게 기울어져 있다면, 그것을 바로 세우기 위해서는 왼쪽으로 과도하리만큼 세게 잡아당길 필요가 있다. 그래야만 반동력을 이기고 그 물체를 바로 세울 수 있기 때문이다. 이 책이 지니고 있는 약간의 과도함은 그런 측면에서 이해하면 좋을 듯하다.

목회자들에게는 이 책이 몹시 불편할 것도 같다. 그러나 역자는 이 불편한 책이 그들에게도 귀한 약이 되리라고 믿는다. 이 책은 "영적 학대"라는 키워드를 통해 오늘날 목회자들이 설교나 목회상담을 통해 하나님의 뜻을 왜곡하는 문제를 다루고 있다. 저자들의 주장처럼 하나님의 뜻을 왜곡하는 것은 결코 작은 문제가 아니다. 사소한 왜곡을 별것 아닌 듯 넘기다 보면 어느 틈엔가 옥토가 잡초밭으로 변할 수 있기 때문이다. 일생을 목회에 헌신한 후 알곡은 하나 없이 가라지들만 거두지 않으려면, 먼저 목회자 자신이 깊이 고민할 필요가 있다. 이 책은 그런 고민을 하는 목회자들에게 유익한 생각거리를 제공해 줄 것이다.

역자는 오늘도 수많은 목회자들이 매주 그들의 교인들에게 "생명의 양식"을 먹이기 위해 애쓰고 있다는 것을 알고 있다. 그러나, 다른 한편으로, 매주 자기들이 믿고 따르는 목회자로부터 몸에 해로운 "불량식품"이나 절대로 먹어서는 안 되는 "유해식품"을 받아먹으며 시들어가는 신자들이 있다는 것 역시 부인할 수 없다. 독자들이 이 책을 통해 자신이 선포하거나 받아먹는 말씀에 대해 분별력을 얻게 되기를 바란다.

2012년 2월

역자

차례

SPIRITUAL **ABUSE**

제1부 영적 학대와 그 희생자들

제2부 학대적인 지도자들은 왜 그런 덫에 빠지는가

제3부 영적 학대로부터의 회복

영적 학대와 그 희생자들

Spiritual Abuse and Its Victims

데이빗 존슨이 독자들에게

예배가 끝난 직후 한 여인이 머뭇거리며 다가 왔다. 그녀는 내게 기도를 요청했는데, 그때 나는 그녀의 얼굴에 나타난 오묘한 표정과 마주할 준비가 되어 있지 않았다. 그녀의 눈가는 젖어 있었고 불안으로 가득했다. 나는 그녀의 얼굴에서 두려움을 보았다. 더 놀라웠던 것은, 그녀의 말을 듣는 동안 그녀가 두려워하는 것이 나라는 사실이 분명해졌다는 것이다!

도대체 내가 한 어떤 말과 행동이 그녀에게 그런 두려움을 준 것일까? 아무리 생각해도 알 수가 없었다. 그러나 그녀가 더듬거리며 하는 말에 계속해서 귀를 기울이는 동안 나는 그녀가 두려워하는 것이 사실은 내가 아니라 내가 대표하고 있는 그 무엇이라는 것을 알게 되었다.

그녀에게 나는 목회자였다! 그리고 목회자는 권위, 그것도 단순한 권위가 아니라 하늘의 권위를 대표하는 사람이었다. 즉 그녀에게 나는 하나님의 대리자였던 것이다! 그러하기에 그날 그녀가 나를 찾아와 기도를 요청한 것은 그녀로서는 아주 어려운, 그리고 큰 용기가 필요한 일이었다.

그날 그녀는 모든 학대받는 자들에게서 공통적으로 나타나는 특징을 보여 주었다. 그러나 그녀가 받은 학대는 우리가 흔히 알고 있는 성적, 육체적,

혹은 정서적 학대가 아니었다. 그리고 어쩌면 그것은 대부분의 사람들이 그것에 대한 언급 자체를 꺼리기에 더 심각할 수도 있는 학대였다. 그녀가 받은 학대는 영적 학대였다!

기독교 가정에서 태어나 복음적인 교회에서 성장한 그녀는 아주 오랫동안 왜곡된 복음을 들어 왔다. 그녀는 그 왜곡된 메시지를 들으면서 수치심을 느끼고 조작당하고 억눌렸다. 예수께서는 우리에게 "좋은 소식"을 가져다 주셨는데, 그동안 그녀는 다른 신자들로부터 "좋은 그리스도인"이 되기 위해 더 열심히 노력하라는 압력을 받아왔다. 최선을 다했음에도 실패했을 때, 그녀는 충성하지 않는 자, 교만한 자, 그리고 심지어는 구원 받지 못할 자로 간주되었다. 그녀는 자기에게 처방된 것들을 이행하기 위해 열심히 노력했다. 그녀는 성경을 읽고, 예배에 참석하고, 기도를 드리고, 십일조를 바쳤다. 말씀을 통한 압력의 강도가 높아질수록, 그녀는 더욱더 열심히 노력했다. 그러다가 결국 탈진했고, 그 상태에서 나에게 손을 내밀었던 것이다!

그러나 다른 한편으로 그녀는 또 한 명의 영적 권위자인 나 역시 자기를 판단하고 정죄하리라고 확신하고 있었다. 그래서 나에게 도움을 얻고자 하면서도 선뜻 내게 자신의 속내를 털어놓지 못했다.

그동안 그녀에게 좋은 소식은 나쁜 소식이 되어 있었고, 생명의 메시지는 삶 전체를 짓누르는 무거운 돌덩이가 되어 있었다. 하나님의 은혜라는 개념은 완전히 잊혀 있었고, 교회는 더 이상 안전한 장소로 보이지 않았다. 그녀에게 나는 그녀의 영혼에 깊은 상처를 주었던 나의 전임자와 다를 것 없는 또 다른 권위적인 목회자일 수 있었다.

오픈도어 교회에서 목회하는 동안 나는 교우들에게 우리의 유일한 소망이 되시는 하나님과 그분의 은혜를 선포하기 위해 줄기차게 노력했다. 나의 설교의 주제는 하나님께서 마음이 상한 자들에게 다가오시고, 슬퍼하는 자들을 위로하시고, 주린 자들을 먹이신다는 것이다. 그러나 지금도 나는 우리 교우들 가운데 남아 있는 바리새적인 율법주의라는 경건한 겉치레와 대결하고 있다. 그동안 영적으로 상처를 받았던 이들은 내가 선포하는 메시지를 통해 치유를 얻고 있으나, 스스로 의롭다고 여겼던 이들은 내가 전하는 메시지에 대해 분개하고 있다.

나는 그날 내게 나아왔던 여인을 통해 건강하지 않은 경건이 신자들에게 끼치는 해로운 영향에 대해 새롭게 눈뜨게 되었다. 그리스도께서 우리를 부르신 것은 우리가 그분 안에서 자유와 쉼을 얻게 하시기 위함이었다. 그러나 오늘날 그리스도의 몸된 교회 안에는 상처받은 이들을 격려하고 그들이 하나님의 은혜를 누리며 쉼과 치유를 얻도록 가르치기보다는 오히려 그들에게 구원을 얻기 위해 더 열심히 노력하라고 부추기는 이들이 훨씬 더 많이 있다. 그리고 소위 영적 권위를 지닌 자들 중에는 혹시 어떤 이가 그런 기독교적 공식에 대해 의문을 제기하면 자기들의 상황이 위태로워진다고 여기는 이들도 있다. 그래서 때로 그들은 특정한 교리나 자신들의 지위를 내세우면서 그런 공식에 의문이나 이의를 제기하는 이들을 공격하고 궁지에 몰아넣기도 한다.

그동안 나는 계속해서 그런 상황에 주목해 왔다. 그리고 그런 상황 속에서 한 가지 심각한 질병의 징후를 보았는데, 몇 해 전에 마침내 그것에 꼭 들어맞는 이름 하나를 발견했다. 그것은 바로 **영적 학대** spiritual abuse라는 이름이었다.

그 여인이 내가 마태복음 23장을 본문으로 설교했던 날 나를 찾아온 것은 우연이었을까? 마태복음 23장에서 예수님은 그 시대의 그릇된 영적 지도자들의 징표와 그들이 행사하는 악한 영향력을 폭로하신다. 거기에서 예수님은 당시의 잘못된 지도자들로부터 고통당하는 이들을 옹호하신다.

나는 하나님의 말씀을 해설하는 일을 맡은 자로서 늘 성경의 진리를 예증하는데 적합한 개념들을 찾아 왔다. 그런데 그날, 즉 그 여인이 나를 찾아온날, 하나님께서는 나에게 오늘날 예수께서 옹호하셨던 이들과 동일한 상황에처해 있는 이들을 식별하는 데 요긴한 개념 하나를 알려 주셨다. 그날 이후"영적 학대"라는 개념은 나에게 말씀이 육신이 되신 것만큼이나 생생해졌다.

비록 어떤 이들이 "영적 학대"라는 용어에 대해 난색을 표할지라도, 나는오늘날 교회 안에 그 용어가 대표하는 질병이 우리가 생각하는 것 이상으로광범위하게 퍼져 있다고 확신한다. 바로 그것이 내가 이 책에서 굳이 그용어를 사용하는 이유다. 이 책이 영적 학대의 희생자와 가해자 모두에게도움과 치유의 근원이 되기를 간절히 바란다.

제프 반본데른이 독자들에게

프랭크는 어느 기독교 클리닉의 소개로 나를 찾아온 환자였다. 당시에그는 하나님과의 관계에서 크게 낙심해서 "주저앉아" 있었는데, 그 클리닉의임상의는 내가 그를 "이륙하도록" 도울 수 있으리라고 여겼던 것 같다. 나는그 임상의로부터 프랭크가 목사를 찾아가는 일을 극도로 꺼리기는 하나적어도 한두 번은 나를 찾아갈 것이라는 말을 들었다.

프랭크는 약속한 날에 왔다. 내가 악수를 청하자 그는 내 손을 아주 조심스럽게 흔들었다. 우리는 이야기를 나누며 내 사무실 쪽으로 걸어갔다. 우리가사무실 문 앞에 이르렀을 때였다. 갑자기 그는 어떤 보이지 않는 장애물과부딪히기라도 한 듯 당황하며 인상을 찌푸렸다. 그는 거의 죽은 사람처럼멈춰서 좀처럼 사무실 안으로 들어가려고 하지 않았다.

그가 사무실 안으로 겨우 발을 들여놓은 것은 그렇게 15분 이상을 허비한 후였다. 우리의 첫 번째 치료는 그렇게 시작되었다. 그 치료는 두 해가 넘도록 계속되었다. 그리고 그 기간에 프랭크는 그동안 그가 받았던 믿을 수 없을 만큼 심각한 학대들에 대한 이야기를 들려주었다.

그는 자라면서 온갖 학대를 경험했다. 거기에는 부모들의 단순한 무시로부터 언어적 폭력까지 그리고 심지어는 아주 심각한 육체적 학대까지 포함되어 있었다. 그런 상처를 극복하기 위해 그는 여러 목회자와 상담가들을 찾아다녔다. 그리고 안타깝게도 그 과정에서 몇몇 사람들로부터 또 다른 수치와 학대를 당했다.

상담가로서 나는 이 책을 통해 영적 학대라는 문제가 갖고 있는 또 다른 측면에 초점을 맞추고자 한다. 오픈도어 교회에서 목회하는 나의 동료 데이빗 존슨은 영적 권위 및 영적 가르침과 관련된 잘못된 생각들에 대해 쓸 것이다. 그러나 수많은 사례들을 다뤄본 상담가로서 나는 정서적 혹은 영적 도움을 필요로 하는 신자들을 잘못된 방식으로 치료하는 과정에서 발생하는 보다 큰 상처들에 대해 쓸 것이다.

데이빗과 나는 미네아폴리스에 있는 오픈도어 교회에서 여러 해 동안 함께 사역해 오고 있다. 그동안 우리는 믿기 어려울 만큼 심각한 상처를 입은 사람들과 깊은 대화를 나눴다. 그러나 우리는 최근에 와서야 그들의 상처의 근본적인 원인을 간파할 수 있었다. 그 전에 우리는 그 원인을 규정할 만한 용어를 갖고 있지 않았다. 그러나 최근에 우리는 우리의 시간과 에너지의 대부분을 "영적 학대"로 인한 상처를 치유하는 일에 사용하고 있다. 데이빗과 나는 우리가 교회 안에서 큰 소리로 그리고 의도적으로 영적 학대에 대해 말해야 할 긴급한 필요가 있다는 데 공감하고 있다. 많은 이들이 그렇게 해야 할 필요가 절실함에도 실제로는 여러 가지 이유 때문에 그렇게 하지 못하고 있기 때문이다.

어떤 이가 자기보다 약한 이에게 육체적으로 해를 입히는 것은 "육체적 학대"라고 불린다. 정서적으로 해를 입히는 것은 "정서적 학대"라고 불린다. 그리고 심리적으로 해를 입히는 것은 "세뇌"라고 불린다. 마찬가지로 "영적 학대"라는 말은 어떤 이가 다른 이에게 영적으로 해를 입히는 경우에 해당된다. 영적 학대의 심각성은 그 학대의 피해자와 하나님의 관계가 혹은 그가 하나님과 관계할 수 있는 능력이 심각하게 상처를 입거나 손상된다는 데 있다. 이 책에서 우리는 그런 일이 발생하는 여러 가지 방식들을 예증할 것이고 또한 그런 학대를 경험한 이들에게 필요한 도움을 제공할 것이다.

우리 두 사람은 이 책을 읽는 이들이 다음 두 가지 사항에 유의해 줄 것을 부탁한다.

첫째, 우리의 목적은 영적 학대로 인해 상처를 받은 이들에게 은혜와 해방을 가져다주는 것이다. 그러나 그들이 오랫동안 억눌러 왔던 분노나 슬픔이나 비탄을 표출하는 과정에는 고통이 따를 수밖에 없다. 그로 인해 어떤 이들에게는 이 책을 읽는 것이 매우 고통스러운 일이 될 수도 있을 것이다.

둘째, 우리는 이 책이 제시하는 통찰이 누군가를—설령 그가 지금 당신을 영적으로 학대하고 있는 자일지라도—해치거나 파멸시키는 데 사용되지 않기를 바란다. 사실 대개 그런 학대자들은 스스로에게 기만당하고 있는 자들이다. 자신의 상황을 정확하게 이해하는 것 이상의 추가적인 행동은 그런 학대자가 자신의 잘못을 끝까지 인정하려 하지 않을 때만 취해져야 한다. 부탁하건대, 제발 이 책을 신중하게 다뤄주기 바란다.

이 책에 실려 있는 여러 가지 사례들의 실제 주인공들에게 감사를 표해야 할 것 같다. 그들은 자기들과 유사한 상황에 있는 이들이 도움을 얻을 수 있도록 자신들의 고통스러운 경험에 대해 이야기해 주었다. 그 이야기들 중 어떤 것들은 있는 그대로 실었다. 그러나 몇몇 이야기들은 비밀 유지를 위해 핵심적인 내용은 유지하되 약간의 변경을 가한 형태로 실었다.

시작하기에 앞서 이 사례들의 주인공들과 같은 방식으로 영적으로 학대를 당했거나 지금 당하고 있는 이들에게 꼭 해주고 싶은 말이 하나 있다. 그것은 하나님께서는 당신들이 "그분의 이름으로" 학대당하는 것을 원치 않으신다는 것이다. 그분은 지금도 당신을 위하고 계시다(롬 8:31-39). 당신이 이 책을 읽는 동안 하나님과의 새롭고 건강한 관계를 회복하게 되기를 진심으로 바란다.

영적 학대는 그리스도의 몸인 교회 안에서 실제로 일어나고 있는 현상이다. 또한 그것은 다른 이들을 영적으로 학대하는 자들 역시 그들에게 학대당하는 자들과 마찬가지로 그 안에 빠져 있는 교묘한 덫이기도 하다. 영적 학대란 무엇인가? 그것은 어떻게 발생하는가? 당신은 영적 학대의 희생자인가, 아니면 가해자인가?

영적 학대는 그리스도의 몸인 교회 안에서 실제로 일어나고 있는 현상이다. 또한 그것은 다른 이들을 영적으로 학대하는 자들 역시 그들에게 학대당하는 자들과 마찬가지로 그 안에 빠져 있는 교묘한 덫이기도 하다. 영적 학대란 무엇인가? 그것은 어떻게 발생하는가? 당신은 영적 학대의 희생자인가, 아니면 가해자인가?

제1장

제발
도와주세요!

어느 기독교 상담가의 방이다. 방금 전에 캐서린은 자기가 절망적인 상황에 처해 있고 점차 미쳐간다는 느낌을 받는다고 털어놓았다. "아니면," 그녀가 냉소적인 표정을 지으며 말했다. "영적 성장을 위한 중요한 돌파구 앞에서 있던가요."

"당신 안에서 두 가지 다른 생각이 대립하고 있군요." 상담가가 조심스럽게 말했다. "그런데 당신은 어쩌다가 그런 생각을 하게 된 거죠?"

"몇 달 전에 나의 우울증이 아주 심해졌어요. 그래서 도움을 얻을 요량으로 나의 담임목사님을 찾아갔어요." 캐서린이 미간을 찌푸리며 말했다. "그런데 목사님은 내 이야기를 얼마 듣지도 않은 채 나의 근본적인 문제를 지적했어요. 하지만 나는 그분이 지적한 문제와 관련해 내가 또 다시 무언가를 할 수 있을 것 같지가 않았어요."

"근본적인 문제라……" 상담가가 그녀의 말을 되풀이 했다. "도대체 그분이 지적한 당신의 근본적인 문제라는 게 무엇이었나요?"

캐서린이 자기의 발꿈치를 내려다보며 말했다.

"부끄럽지만 그것은 바로 …… '나'였어요. 목사님은 내가 하나님과 맞서고 있다고 말씀하셨어요."

그녀가 풀어놓은 이야기는 매우 유감스러운 것이었으나 또한 너무 흔한 것이기도 했다. 캐서린이 출석하는 교회는 교인들에게 성경을 하나님의 말씀이자 모든 신자들이 그것을 따라서 살아야 하는 표준이라고 가르쳤다. 그 교회는 성경을 우리의 삶을 위한 지침이 아니라 우리가 하나님께 용납되기 위해 지켜야 할 기준으로 여기고 있었다. 우울증을 억제할 수 없었던 캐서린이 도움을 얻기 위해 담임목사를 찾아갔을 때, 그 목사는 그녀에게 몇 가지 성경 구절을 알려 주었다. 그리고 그것을 암기한 후 거듭 소리 내어 말하라는 영적(?) 처방을 내려주었다. 그러면서 그는 그 처방이 그녀의 마음을 그녀 자신에게서 떼어내 하나님을 향하도록 도와줄 것이라고 말했다. 그녀가 그녀의 악한 자기중심성을 정복하기만 하면 그녀의 우울증이 말끔히 사라지리라는 것이었다.

그러나 사실 캐서린은 담임목사가 처방한 내용을 이미 오래 전부터 이행하고 있었다. 그 교회에는 그런 식으로 공식화되어 있는 영적 처방들이 아주 많았기 때문이다. 그럼에도 그녀의 우울증은 사라지지 않았다. 그래서 캐서린은 담임목사가 내려준 처방에 대해 몇 가지 의문을 제기했다. 그리고 자신의 가족들 중 몇 사람이 우울증을 앓은 적이 있으며 지금도 자기가 몇 가지 육체적 질병을 갖고 있다고 말했다. 더 나아가 그녀는 지금 자기가 남편과의 관계에서 갈등을 겪고 있다는 사실까지 털어놓았다. 그녀의 남편은 이제 막 사춘기에 접어든 두 자녀에 대한 아버지로서의 책임을 방기하고 있었다.

"그 말을 듣고 담임목사님이 뭐라고 하시던가요? 그분의 말씀이 당신에게 도움이 되었나요?”

“도움이요?” 캐서린이 잔뜩 화가 난 표정을 지으며 말을 이었다. “도움은 커녕 그때 그분은 내게 폭탄을 투하했어요.”

상담가는 캐서린이 자신의 상황을 묘사하기 위해 사용한 그 은유를 놓치지 않았다. 그가 물었다. “폭탄이라뇨?”

캐서린의 말에 의하면, 그때 담임목사가 그녀에게 한 말은 다음과 같았다.

“캐서린, 나로서는 당신이 내가 제시한 방법에 반대하고 다른 가능성을 언급하면서 내 말을 받아들이지 않는 것이야말로 당신의 근본적인 문제가 육체적이거나 감정적인 것이 아니라 영적인 것임을 보여 주는 확실한 증거로 보이는군요. 당신이 남편에게 순종하고 하나님을 신뢰하는 대신 당신과 남편 사이의 불화에 대해 거론한다는 사실 자체가 당신의 문제가 영적인 것임을 확증해 주고 있어요.”

한 마디로 그 목사는 다른 가능성들―그녀의 우울증, 육체적 질병, 위기에 처한 결혼생활, 그리고 질풍노도의 시기에 접어든 자녀들―은 모두 무시한 채 그녀의 모든 문제가 그녀가 하나님과 그분의 말씀에 온전하게 순종하지 않기 때문이라고 단언했던 것이다.

그러나 캐서린은 담임목사의 그런 말에 동의가 되지 않았다.

“그래서 나는 목사님에게 내가 그에게서 정죄를 당하는 느낌을 받는다고 말했어요. 그리고 내게는 다른 도움이 필요할 것 같다고도 했어요.”

“그래서 어떻게 되었나요?” 상담가가 물었다.

“상황이 더 나빠졌어요. 목사님은 싱긋이 웃으면서 내가 자기의 조언을 조금도 받아들이려 하지 않는다고 말씀하시더니, 바로 그것이 나에 대한 자기의 판단이 옳다는 것을 보여 준다고 하시더군요. 그리고 놀랍게도 내게 아주 격한 단어를 사용하셨어요. 그는 이렇게 말했어요. ‘캐서린, 당신은 하나님께 대한 당신의 반역에 대해 회개할 필요가 있어요. 그렇게 해야 당신의 문제들이 해결될 수 있어요.'"

"목사님이 아주 강한 말씀을 하셨군요……" 상담가가 조심스럽게 말했다. "그런데 당신은 목사님의 그 말씀을 듣고 어떻게 느끼셨나요?"

캐서린의 눈에서 왈칵 눈물이 쏟아졌다. 캐서린은 눈물을 찍어낸 티슈를 돌돌 말면서 대답했다.

"그때 나는 마치 내 자신이 핀에 찔려 마분지에 박힌 채 버둥거리는 벌레처럼 느껴졌어요. 나는 부족하기는 하나 내 나름대로 하나님께 영광을 돌리기 위해 애쓰고 있어요. 실제로 나는 그분을 아주 많이 사랑해요. 그러나 내 남편과 아이들의 문제는 지금도 여전히 계속되고 있어요. 그래서, 솔직히 말하자면, 지금 나는 미칠 것 같아요. 우리 가족의 삶과 나의 건강이 점점 나빠지고 있는 상황에서 한가하게 성경구절이나 암송하는 것은 아무리 생각해 봐도 정말 아닌 것 같아요.

"그 날 이후 종종 나는 한밤중에 담임목사님의 목소리를 듣고 놀라서 잠에서 깨어나요. 그리고 가끔씩 정말로 내 자신이 형편없는 그리스도인이 아닐까, 하는 생각을 해요. 목사님의 말씀처럼 하나님께 반역하는 그리스도 인말이에요. 그렇지 않다면 내 삶이 이처럼 엉망이 될 리가 없지 않겠어요? 그분 말씀이 옳아요, 그렇지 않나요? 하나님께 대한 반역은 우리 모두가 처리해야 하는 죄예요.

"나의 혼란은 그 후로 지금까지 넉 달간이나 계속되고 있어요. 그리고 가끔 나는 이제 내가 가스 오븐기에 머리를 들이밀어야 하지 않을까, 하는 생각을 해요. 그러나 다른 때에 나는 어쩌면 지금 내가 보다 숭고한 거룩함을 향해 올라가는 입구에 서 있는 것일지도 모른다는 생각을 하기도 해요. 어쨌거나 내가 그분을 충분히 경배하거나 그분의 말씀에 충분히 복종할 수만 있다면 정말로 그렇게 되지 않을까요? 그러나, 솔직히 말하면, 지금 나로서는 그런 일을 할 수 있을 것 같지 않아요. 지금 나는 완전히 탈진해 있고 자신이 미쳐간다고 느끼고 있어요. 나는 내게 지워진 이 모든 짐들의 무게를 더 이상 견딜 수 없을 것 같아요.”

그러면서 그녀는 다음과 같이 애원했다.

“제발 도와주세요!”

캐서린의 딜레마는 그동안 우리가 다뤘던 수많은 사례들과 유사하며 오늘날 그리스도인들 가운데 만연해 있는 심각한 문제 하나를 보여 준다. 그것은 바로 “영적 학대”라는 문제다. 분명히 그 용어는 많은 사람들을 혼란스럽게 만들 것이다. 그리고 이 책에서 우리는 계속해서 교회 안에 그런 용어로 일컬어지는 어떤 문제가 있다고 외칠 것이다. 그러므로 이쯤에서 우리는 우리가 “영적 학대”라는 말로 의미하는 것이 무엇인지를 정확하게 규정해 둘 필요가 있을 것 같다. 또한 우리 중 그 누구라도 영적 학대의 희생자가 될 수 있고 때로는 자신이 그렇게 하고 있다는 사실을 의식하지도 못한 채 다른 이들을 영적으로 학대하는 자가 될 수도 있다는 것을 분명하게 밝혀 두는 것이 좋을 것 같다.

먼저 캐서린의 사례에서 작동하고 있는 영적 학대의 역학力學에 대해 살펴보자.

영적 학대의 역학

우리는 캐서린의 사례에서 몇 가지 심각한 문제들을 식별할 수 있었다. 캐서린의 담임목사는 그녀의 문제가 갖고 있는 육체적, 감정적, 관계적 차원을 모두 무시한 채 그 문제를 오직 영적인 차원에서만 다뤘다. 그러면서 그는 자기가 그녀의 근본적인 문제를 파악하고 있다고, 또한 그녀에게 어떤 근본적인 문제가 있다고 주장했다. 그녀의 문제는 영적인 것이므로 다른 얘기는 더 들을 필요도 없다는 식이었다.

그러나 우리가 보기에 캐서린의 경우에는 이보다 더 심각한 문제가 있었다. 그 문제란 이 경우에서 작동하고 있던 아주 교묘한 **역학**power dynamic이었다. 이제 그 역학에 대해 살펴보자.

첫 번째 역학은 캐서린이 담임목사에게 자신의 문제를 알림으로써 "자신을 연약한 상태에 놓이게 한 것"이었다. 그녀가 그렇게 한 이유는 정신적으로 건강하고 많은 것을 알고 있는 담임목사가 자기를 효율적으로 도와주리라고 믿었기 때문이다. 즉 이런저런 문제로 심신이 쇠약해진 캐서린은 자기보다 강한 누군가의 도움을 받고 싶었고 그로 인해 자신의 약점을 자기보다 강한 자에게 드러냈던 것이다. 그러나 그녀의 상황을 더 심각하게 만든 것은 그녀가 찾아간 사람의 신분이었다. 그녀에게 담임목사는 단순한 상담자가 아니라 하늘의 권위를 대표하는 영적 권위자였다. 그로 인해 캐서린은 그 목사의 말을 이중으로 무겁게 느낄 수밖에 없었다.

그러나, 매우 안타깝게도, 그 날 캐서린이 그 목사에게서 받은 것은 그녀가 갈구했던 도움이 아니었다. 그리고 바로 거기에서 이 사례에서 작동하고 있는 두 번째 역학이 등장한다. 그것은 "문제의 초점이 교묘하게 바뀐 것"이었다. 캐서린은 자신의 우울증 문제를 상의하기 위해 목사를 찾아갔다. 그런데 그 목사는 그녀의 문제가 우울증이 아니라 그녀 자신이라고 말했다. 그 목사에 따르면, 캐서린은 하나님께 반역하고 있었다. 그러므로 문제는 우울증이 아니라 그녀 자신이었다. 그 목사는 문제의 초점을 그녀의 감정의 상태에서 그녀의 존재의 상태로 옮겼다. 이제 그들이 함께 해결해야 할 문제는 그녀의 우울증이 아니라 캐서린 자신이었다! 그리고 그 목사는 캐서린의 이마에 "하나님께 반역하는 사람"이라는 빨간 딱지를 붙였다. 당시에 캐서린은 그 목사로부터 그녀에게 필요한 도움을 받지 못했다. 도움은커녕 그녀는 하나님의 자녀로서의 자신의 영적 지위에 대해 의문을 품어야 했고, 잠시나마 어쩌면 자기가 자신의 잘못 때문에 그분으로부터 심판을 받는 것일지도 모른다는 두려운 생각을 해야 했다.

그러나 이 안타깝고 고통스러운 만남의 밑바닥에는 이상에서 언급한 것들을 모두 능가하는 가장 교묘한 역학 하나가 숨어 있었다. 상담 과정에서 목사가 내려준 처방에 만족할 수 없었던 캐서린은 그가 한 말에 대해 몇 마디 의문을 제기했다. 평범한 대화의 과정에서 당신은 누군가의 말을 오해할 수도 있고 그 말에 동의하지 않을 수도 있다. 당신이 그가 한 말에 의문을 제기할 경우, 당신은 그런 의문을 통해 어쩌면 그가 잘못 생각하고 있을 수도 있는 것을 고쳐줄 수 있고, 그런 의미에서 그가 한 말에 대한 당신의 의문이나 도전은 그에게 유익한 것이 될 수도 있다. 따라서 그런 대화에서는 당신이 그에게 의문을 제기한다고 해서 그것이 당신을 잘못된 사람으로 만들 가능성은 전혀 없다. 하지만 불행하게도 캐서린의 경우에는 다음과 같은 몇 가지 이상한 생각들이 그녀에게 아주 불리하게 작용하고 있었다.

첫째, 그 목사는 자신의 영적 권위가 자신의 생각과 의견을 최고의 것으로 만들어 준다고 여겼다. 그러므로 그가 무언가를 말할 경우 캐서린이 그 말에 대해 취할 수 있는 유일하게 합당한 반응은 그것에 동의하는 것뿐이다. 따라서 그녀는 절대로 그의 말에 이의를 제기해서는 안 되었다.

둘째, 캐서린이 그 목사의 말에 의문을 제기한 것은 사람들이 평범한 대화의 과정에서 흔히 행하는 평범한 일이 아니라 사악한 영의 부추김을 받은 사악한 행위로 간주되었다. 다시 말해, 그 목사는 그녀의 별것 아닌 행동을 상상할 수 있는 최악의 방식으로 해석했던 것이다.

그러나 이 두 가지보다 더 심각한 문제는 이 상황 속에서 전개되는 권력 게임이었다. 캐서린은 교묘하게 조작당하고 있었다. 캐서린의 담임목사는 자기야말로 그녀가 그녀의 문제를 직시하도록 도울 수 있는 유일하게 적합한 사람이라고 생각했다. 조작manipulation은 캐서린이 그가 한 말에 대해 의문을 제기하고 그가 그의 지위를 이용해 그녀를 내리눌렀을 때 발생했다. 비록 그가 대놓고 그렇게 말한 것은 아니지만, 그때 캐서린이 그에게서 본 것은 다음과 같은 말로 가장 잘 진술될 수 있을 것이다. "나는 권위자야. 그러니 내 말은 의문의 대상이 될 수 없어. 당신이 내게 의문을 제기했다는 사실이야 말로 당신이 잘못되었다는 증거야."

그의 이런 태도는 무엇을 드러내는가? 아마도 그의 불안감, 억눌려진 좌절감, 그리고 분노일 것이다. 그리고 이것은 그 목사가 그때 캐서린이 그의 도움을 절실히 필요로 하고 있었음에도 그녀의 유익을 전혀 도모하지 않고 있었음을 보여 준다. 오히려 이 만남에서는 그가 아니라 캐서린이 그의 말에 동의함으로써 그를 긍정하고 지지해 주어야 하는 입장에 서 있었다. 즉 그 목사에게는 도움을 얻기 위해 자기를 찾아온 교인을 돌보는 것보다 목사인 자신의 권위를 유지하는 것이 훨씬 더 중요했던 것이다.

영적 학대란 무엇인가

우리는 오늘날 많은 신자들이 이런 역학으로 인해 고통 받는 모습을 지켜보다가 "영적 학대"라는 용어를 만들어냈다. 위에서 구체적인 사례를 통해 그것을 묘사했으니, 이제는 그것을 개념적으로 정의할 차례다. 우리는 영적 학대를 다음과 같이 정의한다.

영적 학대는 도움과 지원 그리고 더 큰 영적 능력을 얻어야 할 필요가 있는 사람을 학대함으로써 그의 영적 능력을 오히려 약화시키거나 훼손하거나 감소시키는 것을 의미한다.

이것은 영적 학대에 대한 매우 포괄적인 정의다. 이제 몇 가지 기능적 규정을 곁들여 그것을 다시 정의해 보자.

영적 학대는 어느 지도자가 그의 영적 지위를 사용해 다른 사람을 통제하거나 지배할 때 나타난다. 종종 거기에는 그로 인해 다른 이의 삶이나 감정이나 영적 안녕에 어떤 결과가 나타나든 상관없이 그의 감정과 견해를 짓밟는 것이 포함된다.

그런 경우에는 곤경에 빠져서 영적 지도자를 찾아온 사람을 위해서가 아니라 영적 지도자 자신을 위해서 힘이나 권위가 사용된다. 캐서린이 겪은 일이 바로 그것이었다.

또한 영적 학대는 영적 지도자들이 사람들의 신앙심을 이용해 그들에게 특정한 **영적 기준**spiritual standard에 맞추어 살아가도록 강요할 때도 일어난다. 그럴 경우 그 기준은 사람들에게 그들의 실제적인 안녕과 상관없이 겉으로 드러나는 **영적 수행**spiritual performance을 강요하고 그렇게 함으로써 그들의 신앙심을 증명하도록 재촉하는 수단으로 이용된다.

그런데 지금 우리가 말하고 있는 영적 수행이란 무엇인가? 그리고 영적 권위자는 언제 자신이 돌봐야 할 사람들을 오히려 정죄하면서 자기에게 주어진 한계를 넘어서는가? 아래에서 영적 지도자들이 내세우는 영적 수행의 기준 때문에 상처받고 짓눌렸던 이들의 이야기에 귀를 기울여 보라. 이것을 통해 당신은 영적 학대에 대해 보다 분명한 개념을 얻게 될 것이다.

"나의 성경 공부 지도자는 내가 우리 가족의 영적 우두머리로서 마땅히 둘러야 할 '망토'를 두르지 않았다고 말해요. 그는 내가 좀더 많이 기도해야 하고 성령을 힘입어 권위를 행사해야 한다고 해요. 그렇게 해야 악한 영적 세력들이 우리 가족을 공격하지 못한다는 거죠. 또한 그렇게 해야 나의 아내가 생리통을 겪지 않고 큰 아이가 천식으로 고통을 당하지 않는다는 거예요. 요즘 나는 아내와 아이의 질병이 나의 잘못 때문이라는 생각을 하곤 해요."

"우리 중 많은 이들이 교회의 재정이 어떻게 사용되고 있는지에 대해 좀더 구체적인 설명을 듣고 싶어 했어요. 우리는 좀더 많은 돈이 직접적인 사역이나 구제 같은 것들에 투여될 방법은 없을까 궁금했거든요. 그래서 내가 당회에서 몇 가지 질문을 했는데, 웬일인지 분위기가 냉랭해지는 거예요. 나중에 나는 공연히 교회 안에서 분란을 일으키지 말라는 충고를 들었어요."

"나는 이 중요한 사역을 감당하기 위해 시골에 있는 집을 팔고 이곳으로 이사를 왔어요. 1년 후에 그들은 내 몸무게를 거론했어요. 보시다시피 나는 비만인데, 그들은 내게 비만은 전도에 도움이 되지 않으니 체중을 줄이라고 말했어요. 지금 나는 생활비 걱정에 시달리고 있는데, 어쩌면 이제 곧 직업까지 잃게 될지도 모르겠어요."

"교인들은 자기들이 내게 실망했다고 했어요. 내가 두 달간의 휴가를 요청했기 때문이죠. 나는 이곳에서 12년간이나 목회를 했어요. 그동안 나는 교인들이 부르면 밤낮없이 어디든 달려갔어요. 연속해서 2주 동안 휴가를 낸 적조차 없어요. 지금 나는 너무 지쳤어요."

"그동안 우리 교회는 홈스쿨링과 대가족 제도를 지나치게 강조해 왔어요. 여자들이 그들의 복종심을 드러내도록 머리에 헤드 커버를 착용하고 화장을 하지 않는 것도요. 그리고 결국 그 일이 벌어졌죠. 어느 날 우리와 친한 이들이 우리를 찾아 왔어요. 그리고 그들은 우리 가족이 영적이지 않다고 말했어요. 이유인즉, 우리 아이들이 공립학교에 다니고 있고, 내가 세상에 속해 있기 때문이라는 거였어요. 당시에 나는 아이 쉐도우와 립스틱을 바르고 있었거든요."

"내가 주일학교 성인반에서 한 가지 질문을 했는데 갑자기 분위기가 싸해졌어요. 그게 믿어지세요? 그때 우리는 예정론에 대해 토론하고 있었는데, 그동안 나는 그 문제에 대해 늘 중간적 입장을 취해 왔어요. 나는 우리를 가르치던 선생님에게 아주 부드럽게 반대 의견을 냈어요. 그런데 그로부터 이틀 후에 나는 교회의 교육사역 담당자로부터 내가 여러 사람들 앞에서 선생님과 지나친 논쟁을 벌였다는 말을 들었어요. 그리고 그는 나에게 교회가 통지할 때까지 그 공부모임에 참석하지 않으면 고맙겠다고 말하더군요."

"내 남편은 내가 하루에 한 시간씩 기도해야 한다고 믿고 있어요. 그것도 꼭 자기가 알려 준 '기도 공식'을 사용해서 말이죠. 나는 남편에게 내가 전에도 그렇게 해보았지만 내게는 그것이 그다지 좋아 보이지 않는다고 말했어요. 그러자 그가 내게 말했죠. '바로 그게 당신의 문제야. 당신은 그 무엇도 믿음으로 받아들이지 못해.' 나는 내 자신이 영적 기준에 미치지 못하는 사람처럼 느껴져요."

이 모든 사례들에서는 한 가지 유사한 역학이 작용하고 있다. 이 사례들에서는 어떤 필요를 갖고 있는 사람이―그에게 필요한 것이 정보이든, 대화이든, 지원이든, 수용이든, 조언이든 간에―그가 영적이지 않다는 혹은 그의 신앙에 무언가 결함이 있다는 메시지를 받는다. 때로는 그가 어떤 특정한 믿음을 지지하도록 혹은 정당한 질문을 제기하지 않도록 하기 위해 수치심이 사용되기도 한다.

다행히도 우리는 어느 지친 목회자의 경우를 통해 영적 학대가 교인들만이 아니라 목회자에게도 가해질 수 있다는 것을 알게 되었다. 우리가 이 책을 통해 의도하는 것은 목회자나 영적 지도자들을 일방적으로 공격하려는 것이 아니다. 다만 우리는 많은 이들에게 상처를 주는 어떤 현상이 교회 안에 분명히 존재하고 있음을 드러내려 할 뿐이다.

어느 경우이든 영적 학대의 결과는 동일하다. 영적 학대를 당한 자는 죄책, 심판, 정죄, 그리고 그리스도인으로서 자신의 가치와 기준에 대한 혼란 같은 무거운 짐을 지고 허덕이게 된다. 그리고 바로 거기에서 신앙이 학대적 성격을 띠게 된다.

너무 거친 표현?

만약 당신이 우리가 기술하고 있는 현상을 조금만 신중하게 살펴본다면, 당신은 왜 우리가 그 현상에 대해 "영적 학대"라는 용어를 사용하는지 알 수 있을 것이다. 우리는 이 용어가 논란을 불러일으킬 수 있다는 것을 안다. 그러나 또한 우리는, 다른 상담 분야에서 나타난 최근의 연구들에 비추어 볼 때, 우리가 이 용어를 사용하는 것이 정당화될 수 있다고 확신한다.

오늘날 많은 이들이 최근에 가족 상담 분야에서 나타난 연구 결과들에 대해 듣고 있다. 교회는 여러 개의 가정들로 이루어진 하나의 영적 가족이다. 그러므로 우리는 건강한 가정의 토대에 대해, 그리고 가정에 문제가 생길 때 발생하는 일들을 살펴봄으로써 교회의 문제와 관련해 소중한 교훈들을 얻을 수 있을 것이다.

건강하게 기능하는 가정에서 참된 권위를 지닌 부모들은 그들의 자녀들에게 서로의 필요를 채워주는 관계, 의미 있는 경험, 그리고 소중한 교훈 등을 제공한다. 그런 가정에서 부모들은 자녀들의 인격을 존중하지만 그와 동시에 자녀들의 잘못된 행동에 합당한 벌을 내리고 옳은 행동을 가르치고 고무한다. 훌륭한 부모들도 때때로 잘못을 저지른다. 이것은 그들이 자녀들을 학대한다는 의미가 아니다. 분명히 그들은 자녀들의 필요를 충족시키기 위해 존재한다. 하지만 그들 역시 여전히 배우고 성장할 필요가 있는 인간에 불과하다.

반면에, 어느 부모가 자기들의 지위를 이용해 자녀들에게 무언가를 강요하거나, 지나치게 높은 기준을 들이대며 그들을 판단하거나, 그들을 통해 자기들의 자신들의 필요(가령, 자신들의 가치나 힘에 대한 의식 또는 감정적이거나 성적인 만족)를 충족시키려 할 때, 그들은 적절한 선을 넘어서는 것이며 자녀를 학대하고 있는 것이다. 그럴 경우, 자녀들에게 가장 안전한 장소가 되어야 할 가정이 오히려 가장 불안한 장소가 되고 만다. 마땅히 서로 돕고 지원해야 할 이들이 오히려 서로를 이용하고 학대하고 찢는다. 자녀가 부모를 믿고 의지할 때 부모가 그 자녀를 감정적으로, 언어적으로, 육체적으로, 혹은 성적으로 이용하는 것—바로 그것이 학대다.

마찬가지로 영적 권위를 지닌 사람들 역시 그들에 대한 우리의 믿음을 깨뜨릴 수 있다. 당신 자신이 영적 권위자라고 가정해 보자. 당신은 당신의 지위나 특정한 교리나 행동 양식을 고수하는 과정에서 당신의 생각에 의문을 제기하거나, 당신의 주장에 동의하지 않거나, 당신이 바라는 대로 행동하지 않는 이들을 해치거나 학대할 수 있다. 당신이 당신 자신의 만족을 위해 혹은 당신의 지위나 소신을 지키기 위해 말이나 행동으로 다른 이를 괴롭히거나 그들의 신자로서의 지위를 해침으로써 그들에게 해를 입히는 것—바로 그것이 영적 학대다.

지도자들이 자기들이 이끄는 이들이 어떤 생각을 하고, 어떻게 느끼고, 무엇을 필요로 하고, 무엇을 원하는지에 대해 신경을 쓰지 않는 시스템들이 있다. 그런 시스템 안에서 구성원들의 필요는 전혀 충족되지 않는다. 그 시스템의 구성원들은 오직 지도자들의 필요를 충족시키기 위해 존재할 뿐이다. 그 지도자들이 필요로 하는 것은 힘, 중요성, 지배력, 가치감 등이다. 하나같이 자기와 관련된 필요들뿐이다. 그런 지도자들은 자기들이 섬기고 세워야 할 이들의 수행을 통해 자신들의 필요를 충족시키려 한다. 그런데 오늘날 바로 그런 어처구니없는 역전이 그리스도의 몸인 교회 안에서 일어나고 있다.

마녀사냥?

앞에서 우리는 영적 학대가 무엇인지를 정의했다. 안타깝게도 그것은 사교邪敎들에서만 나타나는 특별한 현상이 아니다. 오늘날 그것은 교회 안에서 실제로 벌어지고 있는 보편적인 현상이다. 그러나 우리는 당신이 무엇이 영적 학대가 아닌지를 이해하는 것 역시 중요하다고 믿는다. 우리 중 누구라도—심지어 당신까지도—부지중에 다른 이들을 영적으로 학대할 수 있다. 어쩌면 이 책을 읽은 후 당신은 당신이 소속된 집단이나 교회에서 전에는 알지 못했던 영적 학대의 상황을 인식하게 될지도 모른다. 그러나 우리는 이 책을 읽은 독자들 중 그 누구도 영적 학대자들을 찾아내 징벌하는 마녀사냥을 시작하지 않기를 바란다. 독자들은 다음과 같은 몇 가지 중요한 구별들에 유념할 필요가 있다.

첫째, 최종적인 결정권을 갖고 있는 어느 영적 지도자가 자신의 판단에 근거해 당신의 생각과 어긋나는 결론을 내리는 것은 학대가 아니다. 그러나, 만약 그가 당신의 생각과 반대되는 주장을 하면서 당신의 신앙을 폄하한다면, 그것은 명백한 영적 학대다.

둘째, 어느 신자가―그가 지도자이든 아니든 간에―다른 신자의 죄나 옳지 않은 행동이나 시정되어야 할 명백한 잘못에 맞서 싸우는 것은 학대가 아니다. 그런 싸움의 목표는 누군가를 부끄럽게 하거나 그의 명성을 깎아내리는 것이 아니라 그를 치유하고 구하고 회복시키는 것이기 때문이다.

셋째, 마찬가지로, 어느 사역자나 지도자가 그의 감정적, 육체적, 정신적, 혹은 영적 문제로 인해 그의 자리에서 물러나도록 요구받는 것 역시 학대가 아니다. 그런 요구의 목표는 그가 도움을 받아 치유를 얻게 하는 것, 그리고 만약 그것이 최상의 선택일 경우 그의 역할이나 지위를 회복시키는 것이기 때문이다.

넷째, 교리나 다른 문제들과 관련해 (심지어 공적인 장소에서라도) 영적 지도자의 의견에 동의하지 않는 것은 그를 영적으로 학대하는 것이 아니며 부적절한 것도 아니다. 그러나 그런 경우에조차 우리는 그에게 존경심을 보여야 하며, 그를 얕잡아보거나 공격해서는 안 된다.

다섯째, 어떤 집단적인 행동 규범(예컨대, 의복의 형태 같은)을 고수하는 것은 학대가 아니다. 그러나 어떤 이들이 자기들과 동일한 확신을 갖고 있지 않다고 해서 그들을 영적으로 깎아내리거나 모욕하는 것은 학대다.

영적 학대는 일종의 덫이다. 다른 이들을 영적으로 학대하는 자들은 그들이 학대하고 있는 사람들과 마찬가지로 그들 자신의 건강하지 못한 믿음과 행위로 인해 덫에 걸려 있는 셈이다. 그러므로 독자들은 다음 두 가지 경고에 유의할 필요가 있다.

첫째, 강력한 리더는 그가 강력하고 단호하다는 이유만으로 다른 이들을 학대하는 사람으로 간주되어서는 안 된다.

둘째, 어떤 이는 희생자인 동시에 가해자가 될 수 있다. 예컨대, 당신은 어느 기독교 지도자로부터 무언가를 이행하라는 압력을 받으면서 그와 동시에 당신의 십대 자녀가 당신의 결정에 대해 재고해 달라고 요구한다는 이유만으로 그 아이를 반항적이라고 여기거나 그 아이에게 당신의 생각을 수시로 강요할 수 있다. 혹은 어느 부인이 가정에서 고압적으로 권위를 행사하는 남편에게 상처를 입거나 무시를 당하면서 그와 동시에 자신이 강요당했던 것을 기준 삼아 자녀들을 벌하고 그들에게 마치 작은 천사들처럼 행동하도록 강제할 수도 있다.

이 책의 기본적인 목표 중 하나는 당신이 당신의 기독교적 삶의 내용을 살펴보도록 돕는 것이다. 지금 당신은 자신이 받은 은혜를 나누고 그리스도의 성령이 당신을 통해 역사하시도록 허락하고 있는가? 지금 당신은 다른 이들이 그들을 압박하는 짐을 덜어내고 활기차게 살아가도록 돕고 있는가, 아니면 그들에게 율법과 규례 혹은 영성의 공식을 따라 살도록 강요하면서 당신이 정한 기준을 따라 살지 못하는 이들을 압박하고 있는가?

그러나 우리가 이 책을 쓰는 데는 또 다른 중요한 목적이 있다. 그것은 교회의 지도자와 평신도 모두가 학대적으로 변질된 영적 시스템을 식별할 수 있도록 돕는 것이다. 우리는 영적 학대의 희생자와 가해자들 모두와 광범위하게 접촉하는 과정에서 그동안 이 문제가 기독교에 얼마나 깊은 상처를 주었는지 알게 되었다.

우리는 그동안 다른 이들을 영적으로 학대해 왔던 자들에게 전해 줄 몇 가지 조언을 갖고 있다. 또한 우리는 구성원들을 학대하고 노예화하는 영적 시스템 안에서 고통당하고 있는 이들을 위한 충고와 조언도 갖고 있다. 우리는 그런 충고와 조언들이 그들을 변화시켜 그리스도 안에서 자유를 누리게 해주기를 바라고 기대한다.

언젠가 바울은 다음과 같이 말한 바 있다.

그리스도께서 우리를 자유롭게 하려고 자유를 주셨으니 그러므로 굳건하게 서서 다시는 종의 멍에를 메지 말라 (갈 5:1)

다음과 같은 말도 했다.

너희는 값으로 사신 것이니 사람들의 종이 되지 말라 (고전 7:23)

오늘날 너무 많은 이들이 그리스도께서 우리가 그분 안에서 자유를 누리게 하시기 위해 얼마나 큰 값을 치르셨는지를 잊고 있다. 우리는 하나님의 은혜라는 값없는 선물에 기초한 영적 삶에로 부르심을 받았다(엡 2:8-9). 우리가 해야 할 일은 하나님께서 우리를 위해 예비하신 것들뿐이다(10절). 훗날 우리는 오직 그분에 대해서만 우리가 그분의 이름으로 한 일들과 하지 않은 일들에 대해 해명해야 할 것이다(마 25장).

❋ ❋ ❋

영적 학대는 어떻게 일어나는가? 사람들을 자유케 하기 위해 마련된 시스템이 어떻게 굴레와 압박의 수단이 될 수 있는가? 성경에는 우리가 그런 시스템 안에서 작동하는 역학을 이해하도록 도와주는 말씀들이 있는가? 또한 영적 학대가 아주 은밀하게 진행되어 언뜻 눈에 들어오지 않을 때 우리가 그것을 알아차리게 하는 표징들이 있는가?

이어지는 장들에서 우리는 이런 기본적인 질문들에 대해 살필 것이다. 그리고 영적 학대의 성격을 지닌 시스템을 뒤집어엎어 상처받고 신음하는 그리스도인들을 위한 안전한 장소로 만들기 위한 방법을 살펴볼 것이다.

그리스도인의 삶은 죽은 행실로부터, 종교적 시스템으로부터, 그리고 하나님을 기쁘게 해드리기 위한 인간적인 애씀으로부터의 자유와 더불어 시작된다. 이제 우리는 우리 스스로 만들어낸 종교적 시스템과 기대들을 털어내고 그리스도 안에서 누리는 자유를 회복할 필요가 있다. 그리고 그것이 야말로 우리가 이 책을 통해 이루고자 하는 궁극적인 목표다.

■ ■ ■

"진리를 알지니 진리가 너희를 자유롭게 하리라"(요 8:32)

구약과 신약성경 모두 거짓 선지자들에 대해 그리고 하나님의 인정을 받기 위해 그리스도께서 십자가 위에서 이루신 일에 종교적 수행을 더하라고 요구하는 영적 시스템들에 대해 경고한다. 우리 모두는 그리스도인으로서 영적으로 깨어 있으라는 말씀을 듣는다. 지금 당신이 맺고 있는 영적 관계는 당신에게 예수께서 약속하신 쉼을 가져다주고 있는가, 아니면 더 많은 수고와 피곤함을 가져다주고 있는가?

제2장

영적 학대는 새로운 현상이 아니다

사실 영적 학대는 새로운 현상이 아니다. 오히려 우리는 그동안 신앙 공동체가 그것과 너무나 밀접하게 연결되어 있었기에 그것의 징후를 느끼면서도 정확하게 그것이 무엇인지 알지 못했다고 믿는다. 처음에 우리는 과연 우리가 그 용어를 사용해도 될지에 대해 고민을 거듭했다. 그러나 성경을 면밀하게 살피는 과정에서 예수님 자신이 그 문제와 정면으로 충돌하셨다는 사실을 깨닫게 되었다.

몇 해 전에 기독교 상담가 한 사람이 우리가 신자들의 문제들 중 어느 한 분야를 설명하기 위해 "영적 학대"라는 용어를 사용하고 있다는 소식을 들었다. 그녀는 우리에게 전화를 해 그동안 우리가 들었던 수많은 상담 사례들 중에서도 가장 가슴 아픈 경우 하나를 소개했다. 그리고 물었다. "당신들은 정말로 내 의뢰인이 그동안, 사실 이런 표현을 사용하는 것조차 이상하게 느껴집니다만, 영적으로 학대를 당해왔다고 여기십니까? 당신들은 정말로 그런 것이 있다고 믿으세요?"

영적 학대라는 용어를 얻기 전까지 우리는 그것의 여러 가지 징후들을 감지하면서도 정확하게 그것을 무엇이라 불러야 할지 알지 못했다. 심지어 우리는 그 용어를 사용하기 시작한 후에도 우리의 동료 상담가가 물었던 것과 동일한 질문을 우리 자신들에게 제기하곤 했다. "과연 영적 학대라는 것이 존재하기는 하는 걸까? 혹시 지금 우리는 사실은 별것도 아닌 문제를 공연히 부풀리고 있는 것은 아닐까?"

그러나 마침내 우리는 그동안 우리가 다뤘던 수많은 사례들을 통해 영적 학대가 실제로 존재할 뿐 아니라, 그것의 영향력이 아주 멀리까지 미치며, 다른 형태의 학대들 못지않게 사람들에게 상처를 주고 있다는 확신에 이르렀다. 그러나 독자들 중 어떤 이들은 여전히 그 용어에 대해 난색을 표할 수도 있을 것이다. 우리는 사람들에게 심각한 상처를 남기는 성적, 육체적, 감정적 학대를 가볍게 여길 생각은 추호도 없다. 그러나 우리가 보기에 영적 학대는 그런 학대들 못지않게 위험하다. 그것은 사람들로 하여금 그들의 가장 좋은 친구their best Friend와 불화하도록 만든다. 그것은 어떤 이들로 하여금 그들의 근원their Source에 대해 의심을 품고, 의문을 제기하고, 심지어 그것이 제시하는 길과 다른 방향으로 내달리도록 만든다. 영적 학대를 당한 자들은 그들의 가장 강력한 옹호자their strongest Advocate를 자신들에 대한 가장 큰 고발자로, 또한 그들의 동맹군their Ally을 자신들의 적으로 여긴다. 어떤 이들에게 영적 학대는 영속적인 결과를 초래할 수도 있다.

그러나 도대체 우리는 무엇에 근거해 영적 학대가 실제로 존재한다고 주장할 수 있는 것인가? 우리는 성경을 검토하던 중에 성경 시대에도 이미 서로 대립하는 두 가지 영적 시스템이 존재했음을 알게 되었다. 하나는 자기 백성에게 생명과 자유를 제공하고자 하시는 하나님의 통치하에 있는 시스템이었다. 그리고 다른 하나는 사람들을 들볶아 무언가 종교적인 혹은 영적인 일을 수행하게 하려는 이들의(대개 그들은 그런 일이 사람들의 삶을 고갈시킨다는 것에 대해 염려하지 않는다) 통제하에 있는 시스템이었다.

영적 학대에 대한 성경의 묘사

종교적 역학力學으로서의 영적 학대는 결코 새로운 현상이 아니다. 성경에는 사람들이 종교적 권위를 지닌 자들에 의해 학대당하는 모습을 기록하고 있는 수많은 구절들이 들어 있다. 그 중 몇 가지만 살펴보자.

구약의 경우

예레미야 5장에서 선지자 예레미야는 이스라엘에 대한 하나님의 책망을 선포한다. "내 백성 가운데 악인이 있어서 새 사냥꾼이 매복함 같이 지키며 덫을 놓아 사람을 잡으며"(26절). 하나님께서는 이런 상황을 두고 다음과 같이 탄식하신다. "이 땅에 무섭고 놀라운 일이 있도다 선지자들은 거짓을 예언하며 제사장들은 자기 권력으로 다스리며 내 백성은 그것을 좋게 여기니 마지막에는 너희가 어찌하려느냐"(30-31절).

영적 학대가 종교적 권위자들로부터 나오는 것에 주목하라. 영적 학대는 힘 있는 자들로부터 혹은 힘을 갖고 있다고 인식되는 자들로부터만 나올 수 있다. 다시 말해, 우리는 실제로는 그 어떤 참된 영적 권위도 갖고 있지 않은 자들에 의해 영적으로 학대당할 수 있다(참된 영적 권위의 징표에 대해서는 나중에 논의할 것이다). 어떤 이가 그의 말과 행위로 다른 이들에게 영향을 주기 위해서는 그가 힘과 권위를 갖고 있다고 인식될 필요가 있다.

예레미야 6장에서 우리는 영적 학대가 취할 수 있는 몇 가지 형태들 중 첫 번째 것과 마주하게 된다. 그것은 바로 **영적 무시**spiritual neglect다.

이는 그들이 가장 작은 자로부터 큰 자까지 다 탐욕을 부리며 선지자로부터 제사장까지 다 거짓을 행함이라 그들이 내 백성의 상처를 가볍게 여기면서 말하기를 평강하다 평강하다 하나 평강이 없도다 (13-14절)

얼마나 안타까운 일인가! 당시의 종교 지도자들은 지나치게 자신들에게 몰입하느라 백성들의 실제적 필요를 돌아볼 만한 시간과 에너지를 갖고 있지 않았다. 당시에 하나님의 백성은 그 지도자들이 쓰고 남은 찌꺼기만 갖고 견뎌야 했다.

오늘날 우리의 영적 상황 역시 예레미야 시대의 그것과 크게 다르지 않다. 오늘날 하나님의 백성들은 너무나 자주 그들의 실제적 필요들을 무시하라는 조언을 받고 있다. 그들은 그들의 종교 지도자들로부터 이런저런 손쉬운 대답들, 즉 "더 노력하라"라는 설교 혹은 최근에 와서는 "부자 되는 법" 같은 어설픈 공식들에 대해서나 들을 수 있을 뿐이다. 영적 학대의 성격을 지닌 시스템 속에서 가장 중요한 것은 겉모양이다. 사람들의 실제적 필요를 충족시키기 위해 필요한 구차스럽고 복잡한 과정은 겉으로는 그럴듯해 보이지만 사실은 거짓된 평화를 위해 뒷전으로 밀려난다. "당신은 당신의 문제를 주님께 말씀드릴 필요가 있어요"라는 그럴듯한 말은 실제로는 "제발 내게 그런 복잡한 문제에 대해 말하지 말아요" 혹은 "제발 그 문제에 대해 큰 소리로 떠들지 말아요"를 의미한다.

신약의 경우

복음서는 사람들이 학대적 성격을 지닌 영적 시스템으로 인해 상처를 입었던 또 다른 방식을 보여 준다. 그 다른 방식이란 **율법주의적 공격** legalistic attack이었다. 복음서를 대충만 훑어봐도 우리는 예수께서 당시의 죄인들(창녀들, 나병환자들, 그리고 귀신 들린 자들)이 아니라 율법으로 무장한 종교 지도자들과 불화하셨다는 것을 분명하게 알 수 있다.

마태복음 23장에서 예수께서는 당대의 종교 지도자들에 대해 다음과 같이 말씀하신다. "그러므로 무엇이든지 그들이 말하는 바는 행하고 지키되 그들이 하는 행위는 본받지 말라 그들은 말만 하고 행하지 아니하며 또 무거운 짐을 묶어 사람의 어깨에 지우되 자기는 이것을 한 손가락으로도 움직이려 하지 아니하며"(23-24절).

당시의 종교적 시스템 안에서 도움을 얻기 위해 종교 지도자들을 찾아갔던 이들 대부분은 크게 낙심하고 돌아설 수밖에 없었다. 그 시스템 안에서 그들이 지고 있던 삶의 짐은 결코 만만하지 않았다. 당시에 사람들은 수많은 종교적 요구들에 묶여 있었다. 그런 사정은 오늘날에도 크게 다르지 않다. 등에 진 짐이 너무 많아 정작 그 짐 아래에 있는 그들 자신의 모습은 보이지도 않았던 예수 시대의 가련한 나귀들처럼, 오늘날 영적 학대의 성격을 지닌 시스템 안에서 살아가는 가련한 그리스도인들은 그들이 지고 있는 종교적인 짐들에 묻혀 쉽게 잊혀진다.

마태복음 9장 36절은 예수께서 대면하여 말씀하셨던 무리를 "고생하며" "기진했다"라고 묘사한다. 그 두 표현에 해당하는 헬라어들은 모두 동일한 것을 의미한다. 즉 그것들은 그 무리가 어떤 외적 강압에 허덕이는 과정에 종속되어 있음을 의미한다. 여기에서의 외적 강압은 당대의 종교적 기대치를 가리키는데, 그 무리는 율법주의자들의 가르침을 따라 하나님의 비위를 맞추기 위해 그 기대치의 막중한 무게를 견디고 있었던 것이다. 그들은 그런 율법주의적 시스템하에서 애쓰다가 지치고 기진했다. 그들이 애를 쓰면 쓸수록 그들의 상황은 그만큼 더 나빠졌다.

그 무리가 하나님께서 약속하신 안식에 이르기 위해서는 그 종교 시스템 안에서 무언가가 크게 변해야 했다. 그리고 하나님께서는 실제로 그분의 아들이신 예수 그리스도를 통해 그 변화를 초래하셨다. 마태복음 11장에서 우리는 예수님의 지상 사역의 본질에 관한 최고의 서술들 중 하나를 만날 수 있다. 만약 당신이 이 세상에서 지치고, 상처 받고, 하루하루 사투를 벌이고 있는 자들을 향한 그분의 입장에 대해 알고자 한다면, 바로 여기에 그 답이 있다.

> 수고하고 무거운 짐 진 자들아 다 내게로 오라 내가 너희를 쉬게 하리라 나는 마음이 온유하고 겸손하니 나의 멍에를 메고 내게 배우라 그리하면 너희 마음이 쉼을 얻으리니 이는 내 멍에는 쉽고 내 짐은 가벼움이라 (28-30절)

만약 지금 당신이 예수님의 이름으로 맺고 있는 관계가 당신에게 쉼을 주기는커녕 점점 더 당신을 지치게 만들고 있다면, 분명히 말하지만, 그런 관계는 예수님의 의도를 정확하게 반영하고 있는 것이 아니다. 그분은 지친 사람들의 등에서 하나님의 인정을 얻기 위해 더 열심히 노력하는 짐을 덜어주기 위해 우리에게 오셨던 것이다.

예수께서 자기에게 나아오라고 초대하셨던 이들에 대한 두 가지 특별한 설명(마 9:36)이 영적 학대의 무서운 본성에 대한 두 가지 중요한 통찰을 제공해 준다. 첫째, "수고하고"라는 말은 당시의 사람들이 탈진 상태에 이르기까지 애쓰고 있었음을 가리킨다. 둘째, "무거운 짐 진"이라는 말은 당시에 어떤 외적인 힘이 사람들에게 고통을 주고 있었음을 가리킨다. 여기에서 다시 한 번 우리는 당시에 사람들이 끊임없이 애를 썼음에도 그들의 수고가 점점 커졌을 뿐이라는 사실에 주목할 필요가 있다. 그들의 노력은 그들의 상황을 악화시키기만 했을 뿐이다.

오늘날의 영적 학대자들

그동안 우리는 많은 신자들과의 상담을 통해 영적 학대가 과거에만큼이나 오늘날에도 실제적으로 벌어지고 있다는 사실을 확인할 수 있었다. 또한 우리가 보기에는 영적 학대가 일어나는 방식 역시 예나 지금이나 똑같았다. 첫째, 권위자의 필요를 위해 사람들의 실제적인 필요가 무시된다. 둘째, 영적 수행을 요구하는 율법주의가 신자들이 하나님 안에서 누리는 쉼을 대체한다. 셋째, 영적 학대는 힘을 가진 자들에 의해 자행된다.

여기에서 우리의 요점을 다시 한 번 분명하게 밝혀두고자 한다. 강력한 기독교 지도자들 모두가 사람들을 학대하는 것은 아니다. 또한 모든 영적 시스템이 학대적 성향을 갖고 있는 것도 아니다. 건강한 지도자나 영적 시스템이 때로 그리고 의도하지 않은 채 사람들에게 상처를 주는 경우도 있을 수 있다. 세상 어디에도 그 구성원들에게 아무런 해도 입히지 않는 완벽한 가정이나 교회 같은 것은 존재하지 않는다.

어느 쪽에서든 사람들에게 해를 주는 행위가 일어날 수 있지만, 영적 학대의 성격을 지닌 시스템과 그렇지 않은 시스템을 구별해 주는 한 가지 결정적인 차이가 있다. 그것은 학대적인 시스템 안에서는 문제나 상처나 학대에 관한 이야기를 하는 것 자체가 불가능하다는 것이다. 그런 곳에서는 상처가 발생한 후에도 치유나 회복이 일어날 수 없다. 그런 곳에서는 어떤 문제에 대해 의문을 제기하거나 그런 문제가 있다고 말하는 것 자체가 불가능하기 때문이다.

구약 시대의 예언자들, 예수님, 세례자 요한, 바울, 그리고 신약 시대의 다른 저자들은 몇 가지 중요한 단어와 표현들을 사용해 영적 학대 및 학대자들과 대결했다. 그런 단어와 표현들의 의미를 원래의 문맥에서 이해하는 것이

우리가 영적 학대와 그것의 폐해로부터 회복되는 방법을 찾는 데 도움이
될 것이다.

독사의 자식들아

예수께서는 영적 학대를 아주 심각하게 다루셨다. 이것은 그분이 영적
학대자들을 규정하는 데 사용하셨던 말들을 통해 분명하게 드러난다. 사실
그런 말들은 너무 거칠어서 점잖은 사람들이 듣기에는 충격적일 정도다.
그분은 당대의 종교 지도자들을 "독사의 자식들"이라고 부르셨다. "독사의
자식들아 너희는 악하니 어떻게 선한 말을 할 수 있느냐"(마 12:34). 그리고
나중에 그들과 다시 대면하셨을 때 그분은 전보다도 훨씬 더 공격적이 되셨다.
"뱀들아 독사의 새끼들아 너희가 어떻게 지옥의 판결을 피하겠느냐"(마
23:33). 마태복음 3장 7절은 "독사의 자식들아"라는 표현이 세례자 요한이
자기에게 세례를 받기 위해 나아왔던 종교 지도자들을 향해 했던 첫 번째
말이었음을 알려 준다. 이것은 믿기 어려울 만큼 거친 말이다.

사도행전 28장은 예수님과 세례자 요한이 그런 표현을 사용한 이유와
관련해 약간의 정보를 제공해 준다. 바울은 로마의 법정에 서기 위해 배를
타고 가다가 풍랑을 만났다. 그 배에 탔던 이들은 멜리데라는 섬에 내리게
되었다. 그들 모두는 흠뻑 젖었고 추웠다. 그들은 몸을 녹이기 위해 불을
피웠다. 이어서 성경은 다음과 같은 이야기를 전한다.

바울이 나무 한 묶음을 거두어 불에 넣으니 뜨거움으로 말미암아 독사가 나와
그 손을 물고 있는지라 원주민들이 이 짐승이 그 손에 매달려 있음을 보고
서로 말하되 진실로 이 사람은 살인한 자로다 바다에서는 구조를 받았으나

공의가 그를 살지 못하게 함이로다 (3-4절)

독사는 막대기와 흡사하게 생긴 작은 뱀으로 사람들이 얼른 알아보기가 쉽지 않았다. 게다가 독사는 자주 막대기로 오인되었기에 위험하기는커녕 오히려 유용하게 보였다. 그래서 때로 사람들은 땔감을 모으다가 그것을 막대기라고 여겨 무심결에 그것을 집어 드는 경우가 있었다.

멜리데 섬에서 바울이 그런 일을 겪었다. 그는 막대기라고 여겼던 독사에게 손을 물렸다. 대개 독사에게 물린 사람은 극심한 고통 속에서 죽는다. 멜리데 섬의 원주민들이 바울이 살인자가 틀림없다고 믿었던 것은 바로 그런 이유 때문이었다. 그들은 바울이 이제 곧 겪게 될 고통스러운 죽음은 살인자에게나 합당하다고 여겼던 것이다.

더 나쁜 것은, 독사들은 일단 희생자를 물면 절대로 놓아주지 않는다는 점이다. 더 나아가 독사들은 쉽게 번식하며 큰 무리를 이루고 살아간다. 우리는 광야의 서늘한 곳(동굴이나 나무 밑 같은)에서 그 무리들을 발견할 수 있다. 광야를 지나가다가 안전한 쉼터를 찾는 자들은 서늘한 곳을 만나면 그곳에 천막을 치게 마련이다. 그러나 유감스럽게도 서늘함과 쉼을 제공하는 그런 장소는 때로 그곳에 웅크리고 있는 독사의 무리들을 간과하는 자들에게 아주 고통스럽고 점진적인 죽음을 제공하기도 한다. 가장 안전하다고 간주되는 곳이 안전에 가장 취약한 곳으로 돌변하는 것이다.

예수께서 말씀하신 내용을 오늘의 상황에 적용해 본다면 다음과 같다. 어느 부부가 아주 힘겨운 시기를 통과하고 있다. 그들은 삶에서 실패했고 많이 지쳤기에 잠시라도 편히 쉴 만한 안전하고 서늘한 곳을 찾고 있다. 그들에게는 좋은 소식과 생수가 필요하다. 그들은 어느 교회에 출석하기 시작한다. 그들은 그곳이 세상에서 가장 안전한 곳이라고 여긴다. 어쨌거나 예수께서는 우리가 자신에게 나아오기만 하면 우리를 쉬게 해주시겠노라고 약속하시지 않았는가?

그 부부는 그 교회에서 아주 안전해 보이는, 또한 참으로 자기들을 돕는 일에 깊은 관심을 갖고 있는 것처럼 보이는 사람들을 만난다. 그 부부가 보기에 그들은 하나님과 깊은 관계를 맺고 있고 하나님께서 원하시는 일을 하는 데 큰 관심을 갖고 있다. 그런데 바로 그들이 어느 순간부터 그 부부에게 "행위에 기초한 종교"라는 독을 주입시킨다. 그리고 그 부부는 자신들의 의지와 건강과 영적 삶이 점차 악화되어가는 것을 느낀다. 그 부부가 교회를 떠나려 하자, 그 독사들이 그들을 붙들고 늘어진다.

바울은 갈라디아 교회 안에 웅크리고 있던 영적 독사들에게 희생된 이들을 향해 "너희의 복이 지금 어디 있느냐"고 물었다(갈 4:15). 만약 당신이 행위에 기초한 종교 시스템을 경험한 적이 있다면, 당신은 그 질문에 대한 답을 알 것이다. 당신이 처음으로 그리스도인이 되었던 때, 즉 당신이 용서 받았음을 처음으로 깨달았던 환희의 순간을 기억하는가? 그때 당신은 당신이 하나님의 자녀이기에 그분에게 용납되었다. 그때 당신은 빛과 자유를 느꼈다. 얼마나 대단한 해방이었는가! 그런데 그 자유에 대한 의식은 지금 어디에 있는가? 그것은 당신이 당신에게 그리스도의 십자가 대신 외적이고 종교적인 기준을 충족시킴으로써 하나님의 승인을 얻으라고 가르치는 이들의 말을 믿기 시작했을 때부터 사라지기 시작했다. 당신은 복에 대한 의식을 잃어버렸다. 지금 당신은 더 많이 노력할수록 그만큼 더 지쳐갈 뿐이다.

노략질하는 이리

마태복음 7장 15절에서 예수께서는 다음과 같이 말씀하신다. "거짓 선지자들을 삼가라 양의 옷을 입고 너희에게 나아오나 속에는 노략질하는 이리라." 이 "노략질하는 이리"라는 표현은 예수께서 사람들이 영적 삶을 추구하는 과정에서 들어가게 되는 "넓은 문"과 "좁은 문"에 대해 말씀하시는 문맥에서 나타난다.

이 구절을 본문 삼아 설교할 때 대부분의 설교자들은 넓은 문으로 들어가는 것을 세상의 길을 따르는 것으로, 즉 세속적인 영화를 보고, 3류 잡지를 읽고, 술집을 들락거리는 것 등으로 규정한다. 반대로, 좁은 문으로 들어가는 것을 예배에 참석하고, 성경을 읽고, 기도를 드리고, 십일조를 바치고, 교회의 각종 프로그램에 적극적으로 참여하는 것 등으로 규정한다. 다시 말해, 좁은 문과 넓은 문은 아주 쉽게 우리가 해야 할 일과 하지 말아야 할 일에 대한 목록으로 환원된다.

그러나 성경의 실제 본문은 그런 해석과는 크게 다른 의미를 보여 준다. 당시에 예수께서는 거짓 선지자들, 즉 하나님을 대표하는 것처럼 보이지만 사실은 거짓말을 일삼던 자들에 대해 말씀하고 계셨다(마 7:15-27). 그들은 참된 선지자의 모습으로 위장하고 "이곳에 생명이 있다"라는 푯말이 달려 있는 넓은 문 앞에 서 있었다. 그러나 그것은 종교적 수행과 자기 노력을 위한 문이었을 뿐; 그 문 너머에는 그 어떤 생명도 없었다. 그곳에는 오직 수고와 피곤함만 있었을 뿐이다.

반면에 참된 선지자들은 좁은 문 앞에 서 있다. 그 문의 푯말은 이렇다. "수고하고 무거운 짐 진 자들아 다 내게로 오라." 그 문을 통과하려면 당신은 모든 짐을 내려놓고 몸만 가져가야 한다. 그러나 그 문 너머에서 당신은 하늘의 쉼을 얻게 될 것이다. 만약 당신이 온전한 주일 성수 확인증과 성경 퀴즈 대회 트로피와 자기의自己義 같은 거추장스러운 것들을 짊어지고 그 문을 통과하려고 한다면, 당신은 결코 그 안으로 들어가지 못할 것이다.

짐작하겠지만, 그 좁은 문은 예수님 자신이시다.

종교는 늘 우리에게 우리가 하나님께 도달하려면 무언가를 해야 한다고 가르친다. 당신과 하나님의 좋은 관계는 당신이 무엇을 하느냐에 달려 있다. 율법을 지키고 경건한 생활을 유지하라. 모든 일을 바르게 하고, 선한 모습을 하고, 열심히 노력하라. 그런데 우리가 그 문을 통과하면 생명을 얻을 수 있는가? 아니다. 사람들을 그 문으로 이끄는 자들은 양의 탈을 쓴 이리들이다. 그들은 양처럼 보이고, 가장 안전하고 가장 의롭게 보인다. 그러나 그들은 사람들을 엉뚱한 길로 이끈다. 예수님만으로는 모자라서 무언가를 더해야 한다면, 그분은 더 이상 예수님이 아니다!

그러나 실제 사정은 이보다 더 나쁘다. 마태복음 10장 6절에서 예수님은 제자들을 이스라엘 집의 잃어버린 양들에게 파송하신다. 그런데 그 잃어버린 양들은 어디에 있는가? 놀랍게도 그들은 이스라엘 집 안에 있다! 또한 16절에서 예수님은 다음과 같이 경고하신다. "보라 내가 너희를 보냄이 양을 이리 가운데로 보냄과 같도다." 주의하라. 이리들은 어디에 있는가? 그들 역시 이스라엘 집 안에 있다! 사도행전 20장에서 근심에 찬 바울은 에베소를 떠날 준비를 하다가 이렇게 말한다. "내가 떠난 후에 사나운 이리가 여러분에게 들어와서 그 양 떼를 아끼지 아니하며 또한 여러분 중에서도 제자들을 끌어 자기를 따르게 하려고 어그러진 말을 하는 사람들이 일어날 줄을 내가 아노라"(29-30절).

앞에서 인용한 마태복음 7장 15절에서 가장 무서운 부분은 "양의 옷을 입고"라는 표현이다. 나는 이 표현을 접할 때마다 가짜 양이 양 떼에 섞여 있다가 가끔씩 그 옷을 벗어던지고 진짜 양들을 하나씩 잡아먹는 장면을 상상하곤 한다. 그러나 유감스럽게도 이 구절은 이리들에 의해 자행되는 해악에 대한 묘사를 최소화하고 있다.

오늘날 그와 같은 파괴가 양 떼 내부에서 이루어지고 있는 것은 명백한 사실이다. 그러나 그 일은 실제로는 가짜 양들이 아니라 가짜 목자들에 의해서 이루어진다. 참된 목자들은 양털로 옷을 만들기 위해서 양의 털을 깎지만, 가짜 목자들은 양가죽을 얻기 위해 양 떼를 집어삼킨다. 이것은 그들이 이따금씩 양 한 마리를 잡아먹는 것을 의미하지 않는다. 그 가짜 목자들은 양 떼 전체를 한꺼번에 파멸의 길로 이끌어 간다.

그 가운데에서 선지자들의 반역함이 우는 사자가 음식물을 움킴 같았도다 그들이 사람의 영혼을 삼켰으며 재산과 보물을 탈취하며 과부를 그 가운데에 많게 하였으며 그 제사장들은 내 율법을 범하였으며 나의 성물을 더럽혔으며 거룩함과 속된 것을 구별하지 아니하였으며 부정함과 정한 것을 사람이 구별하게 하지 아니하였으며 그의 눈을 가리어 나의 안식일을 보지 아니하였으므로 내가 그들 가운데에서 더럽힘을 받았느니라 그 가운데에 그 고관들은 음식물을 삼키는 이리 같아서 불의한 이익을 얻으려고 피를 흘려 영혼을 멸하거늘(겔 22:25-27)

예수께서는 "거짓 선지자들을 삼가라"(마 7:15)고 경고하셨다. 이스라엘 집에는 이리들이 있고, 그들 중 몇은 책임 있는 자리에 앉아 있다!

학대적 성격을 지닌 종교 시스템의 실체를 폭로하시는 것이 예수님의 사역의 일부였음은 분명하다. 우리는 그분이 하셨던 싸움과 관련해 다음 네 가지 사항을 기억할 필요가 있다. 첫째, 그분의 대결은 자신들을 하나님의 공적 대변인이라고 주장했던 자들, 즉 당대에 가장 종교적이고 가장 모범적이었던 자들을 향하고 있었다. 그들은 그 누구보다도 많은 헌금을 바치고, 그 누구보다도 자주 예배에 참석하고, 그 누구보다도 많은 성경 구절을 암송하고 있었다. 그들은 늘 다른 이들에게 어떤 기준을 제시했다. 둘째, 그분은 권위 있는 자리에 앉은 자들과 큰소리로 대결하심으로써 당대의 종교법들을 어기셨다. 셋째, 그분은 당대의 종교에 어떤 문제가 있다고 말씀하셨기에 그 자신이 문제아로 취급당하셨다. 넷째, 상처투성이의 백성들은 그분의 메시지가 그들에게 소망과 쉼을 제공했기에 그분에게로 달려갔다.

바울이 수행한 싸움

바울 역시 여러 교회들로 보낸 편지들에서 하나님의 백성을 영적으로 학대하던 자들과 대결하기 위해 다양한 용어들을 사용했다. 그 중에는 할례, 유대인들, 거짓 할례, 개들, 행악자들, 그리고 거짓 형제들 같은 것들이 포함되어 있다.

아마도 우리에게 영적 학대의 역학力學을 가장 잘 보여 주는 것은 갈라디아서에 등장하는 예일 것이다. 바울은 첫 번째 선교 여행을 하던 중에 갈라디아 지역을 방문했고 그곳 사람들에게 그리스도 안에 있는 생명과 용서에 관한 복음을 전했다. 그곳 사람들은 예수를 믿음으로써 구원을 얻었다. 바울은 훗날 그리스도를 믿는 자들의 신앙을 굳건히 하기 위해 다시 그 지역을 찾아갔다. 그런데 그때 그는 자기가 떠난 후 한 무리의 거짓 교사들이 그곳에 와서 그곳 사람들에게 그들의 신앙에 대한 증거로 할례를 받아야 한다고 가르쳤음을 알게 되었다.

주지하다시피 그 시절에 할례는 외적인 종교적 수행의 궁극적 형식이었다. 물론 아브라함은 할례를 받았다. 그러나 그것은 그의 내적인 믿음에 대한 외적 표현으로서 그렇게 했던 것일 뿐 할례 자체는 그의 영적 지위와 아무 상관이 없었다. 창세기 15장 6절은 "아브람이 여호와를 믿으니 여호와께서 이를 그의 의로 여기시고…"라고 말씀한다. 바울이 떠난 후 갈라디아에 유입된 가르침은 그가 가르쳤던 내용과 반대되는 것이었다. 그것은 할례의 본래의 의도를 왜곡하는 것이었다. 바울은 그로 인해 실망하고 분노했다.

우리가 피해야 하는 영적 시스템은 지도자들이나 교사들이 그 구성원들에게 하나님의 승인을 얻기 위해 그리스도께서 십자가에서 이루신 일 외에 우리 자신의 종교적 수행이 필요하다고 가르치는 시스템이다. 유대인들의 가르침이 그와 같았다. "예수에 대한 믿음은 좋다. 너희는 그것을 가져야 한다. 그러나 그것만으로는 충분하지 않다. 하나님 앞에서 참으로 안전한 지위를 얻으려면, 너희는 할례를 받아야 한다." 다시 말해, 거짓된 영적 시스템은 하나님 앞에서 그럴 듯한 지위를 얻기 위해 예수께서 이루신 일에 당신 자신의 영적 수행을 더하라고 가르친다.

율법주의

우리가 말하는 영적 시스템의 버거운 무게는 흔히 **율법주의**legalism라고 불린다. 그것은 어떤 일을 아주 세심하게 수행하거나 피하는 것에 초점을 맞추는 일종의 종교적 완전주의를 가리킨다. 그것은 사람들에게 그들이 하나님께 용납되었다는 의식을 그리스도라는 토대 위에서 선물로 받는 대신 그들 자신의 행위에 기초해 얻어내야 한다고 가르친다.

그런데 예수님과 바울 시대의 종교 지도자들은 어째서 그런 율법주의적인 가르침을 퍼뜨렸던 것일까? 그것은 단지 옳은 사람이 되는 문제에 불과했을까? 아니다. 그것은 그 이상으로 심각한 문제였다. 바울의 말을 들어보라.

무릇 육체의 모양을 내려 하는 자들이 억지로 너희에게 할례를 받게 함은 그들이 그리스도의 십자가로 말미암아 박해를 면하려 함뿐이라 할례를 받은 그들이라도 스스로 율법은 지키지 아니하고 너희에게 할례를 받게 하려 하는 것은 그들이 너희의 육체로 자랑하려 함이라 (갈 6:12-13)

우리가 우리의 생명과 용납됨의 유일한 근거이신 예수님과 더불어 사는 것은 자신들의 종교적 행위를 기반으로 하나님께 인정을 받고자 하는 자들에게는 아주 못마땅한 것이 된다. 바로 그것이 우리가 영적 학대의 성격을 지닌 종교적 시스템에 속해 있을 경우 그런 사람들로부터 계속해서 이런저런 종교적 행위를 하라는 압력을 받게 되는 이유다.

그런데, 만약 그때 당신이 그들이 요구하는 대로 한다면, 그것은 첫째, 그들을 옳은 사람처럼 보이게 할 것이다. 둘째, 그들로 하여금 계속해서 자기의를 내세우면서 인간이 하나님의 은총을 얻을 수 있는 유일한 수단인 그리스도의 십자가를 도외시하게 할 것이다. 셋째, 그들로 하여금 그들 자신이 아니라 당신을 살피게 할 것이다. 넷째, 그들로 하여금 당신의 종교적 수행을 통해 자기들의 정당성을 자랑하거나 자기들이 정당하다는 확신을 갖게 해줄 것이다.

앞에서 우리는 종교 지도자들이 다른 누군가의 종교적 수행을 통해 그들 자신의 영적 필요를 충족시키려 하는 것을 살펴보았다. 그리고 그 모든 것은 거룩해지는 것과, 그리고 다른 이들이 거룩한 삶을 살도록 돕는 것과 관련된 말들로 치장되어 있었다.

바울은 갈라디아서 전체를 통해 그런 이들이 교회에 끼친 해악들을 상세하게 열거한다. 그는 갈라디아 교인들이 "교란되었다"고 말한다(1:7). 이 단어는 "정신적 혼돈에 빠지다"에서부터 "반역하도록 부추김을 받다"에 이르는 다양한 의미를 갖고 있다. 또한 그는 그들의 헛된 가르침을 "우리를 종으로 삼고자 함"이라고 묘사한다(2:4). 또한 그는 갈라디아 사람들이 "꼬임에 빠졌다"고 말한다(3:1). 이것은 그들이 마법에 걸린 것처럼 행동했음을 의미한다. 또한 그는 갈라디아 교인들에게 일어난 일을 "박해"라고 부른다(4:29). 또한 그는 그들이 방해를 받아 "진리를 순종하지 못하게" 되었다고 말한다(5:7). 그리고 무엇보다도 그는 갈라디아 교인들에게 그리고 오늘날의 우리에게 슬프고도 따끔한 질문을 던진다. "너희의 복이 지금 어디 있느냐?"(4:5). 영적으로 학대당하는 이들은 자기들이 다른 이들의 영적 기대에 부응하지 못한다는 느낌 때문에 지치고 힘들어하다가 결국 자신들의 복을 잃어버리는 지경에 이른다.

바울의 치열함

바울이 영적 학대를 설명하기 위해 사용했던 말들이 생생했던 것만큼이나, 그가 영적 학대와 맞서서 벌였던 싸움 역시 격렬했다. 그는 말한다. "그리스도의 은혜로 너희를 부르신 이를 이같이 속히 떠나 다른 복음을 따르는 것을 내가 이상하게 여기노라 다른 복음은 없나니 다만 어떤 사람들이 너희를 교란하여 그리스도의 복음을 변하게 하려 함이라"(갈 1:6-7).

군인이 자기 마음대로 소속 부대를 떠날 경우, 그는 무단 근무지 이탈자가 된다. 그러나 이 구절에서 "떠나다"에 해당하는 헬라어는 "이탈"이 아닌 "변절"을 의미한다. 어떤 이가 변절한다는 것은 곧 그가 적의 편으로 넘어간다는 것을 의미한다. 그러므로 지금 당신을 "교란하는" 자들은 당신에게 반역을 부추기고 있는 것이다. 여기에서 말하는 변절이 당신이 속한 교단이나 당신이 고수하는 교리에 대한 것이 아니라, 값없는 은혜로 당신을 불러주신 분에 대한 변절이라는 것에 유념하라.

바울은 갈라디아 교인들에게 만약 어떤 이가—설령 그가 하늘로부터 온 천사나 자기 자신이라 할지라도—그들이 처음으로 듣고 받았던 것과 다른 복음을 전한다면, 그 사람은 저주를 받아야 마땅하다고 말했다(8절).
이것은 그가 어떤 이들이 은혜와 쉼이라는 영적 삶을 온갖 과업들로 가득
찬 피곤한 삶으로 대체하는 것을 얼마나 심각한 문제로 여겼는지를 보여
주는 말이다.

양 떼를 섬기고 보호하는 지도자

바울은 에베소의 양 떼를 돌보는 젊은 목회자 디모데에게 다음과 같이
말한다. "어떤 사람들을 명하여 다른 교훈을 가르치지 말게 하라"(딤전 1:3).
"다른 교훈"이라……. 혹시 이때 디모데는 세속적 인본주의와 싸우고 있었던
것일까? 아니면 뉴에이지 운동과? 아니다. 본문 6-7절은 당시의 상황을
다음과 같이 설명한다. "사람들이 이에서 벗어나 헛된 말에 빠져 율법의
선생이 되려 하나 자기가 말하는 것이나 자기가 확증하는 것도 깨닫지 못하는
도다." 디모데전서 6장 5절에서 바울은 그 거짓 교사들을 "경건을 이익의
방도로 생각하는" 자들이라고 부른다. 그들은 경건한 체하지만, 그것은 실제
로 그들이 경건해서가 아니라 무언가를 얻기 위해서라는 것이다. "그러나,"
바울은 계속해서 말한다, "자족하는 마음이 있으면 경건은 큰 이익이 되느니
라"(6절). 당신은 만족하는 율법주의자를 만나 본 적이 있는가? 그런 사람은
결코 없다. 바울은 말한다.

미쁜 말씀의 가르침을 그대로 지켜야 하리니 이는 능히 바른 교훈으로 권면하고
거슬러 말하는 자들을 책망하게 하려 함이라 불순종하고 헛된 말을 하며 속이는
자가 많은 중 할례파 가운데 특히 그러하니 그들의 입을 막을 것이라 이런
자들이 더러운 이득을 취하려고 마땅하지 아니한 것을 가르쳐 가정들을 온통

무너뜨리는도다 (딛 1:9-10)

교회 안에 참된 지도자들이 존재하는 이유는 율법주의자들, 즉 하나님의 호의를 얻어내기 위한 수단으로 종교적 수행을 강조하는 이들로부터 신자들을 보호하기 위해서다. 바울은 디도에게 반역적인 사람들의 "입을 막으라"고 명령한다. 불행히도 오늘날 많은 교회 지도자들이 종교적 수행을 강조하는 자들로부터 자기의 양 떼를 지키기는커녕 오히려 그들 자신이 양 떼에게 그런 수행을 강조하고 스스로도 그것에 묶여 있다. 아마도 바로 그것이 오늘날 많은 교회들에서 사람들이 그토록 지치고, 수치심을 느끼고, 상처를 입는 이유일 것이다.

＊ ＊ ＊

당신이 율법주의, 율법주의적인 가정, 그리고 율법주의적인 교회들을 식별하고 그런 것들에 의해 학대당하지 않기 위해 자신을 지키는 것은 결코 잘못이 아니다. 당신이 교회 안에 어떤 문제가 있음을 알아차린다고 해서 당신이 문제아가 되는 것도 아니다.

바울이 에베소 교인들에게 "여러분은 자기를 위하여 또는 온 양 떼를 위하여 삼가라"고 촉구했던 것에 주목하라(행 20:28). 그리스도인으로서 우리 모두는 스스로 삼가며 조심할 필요가 있다. 그러나 우리는 단지 자기들의 영적인 짐을 주변 사람들에게 부과하는 특정한 종교 지도자나 영적 시스템만 조심해서는 안 된다. 그것에서 더 나아가 우리는 너무나 자주 선한 믿음의 사람들을 그리스도가 아니라 종교적 시스템에 순응하도록 만드는 데 이용되는 수많은 경건한 공식들과 가르침들에 대해서도 조심할 필요가 있다.

다음 장에서 우리는 학대적 성격을 지닌 영적 시스템에 순응하도록 강요받고 있는 신자들에게서 나타나는 몇 가지 징후들에 대해 살펴볼 것이다.

■ ■ ■

"그들은 그 마음의 간교한 것을 예언하느니라"(렘 23:26)

Escape from Spiritual Abuse!

영적으로 학대당했던 이들은 자기들이 다른 희생자들과 여러 가지 공통점을 갖고 있음을 발견할 때 깜짝 놀란다. 하나님과 자신에 대한 왜곡된 견해, 권위를 가진 자들을 신뢰하지 못함, 은혜를 깨닫고 받아들이는 것을 어려워함 등은 그런 공통점들 중 일부에 불과하다. 그러나 대부분의 사람들은 그들의 경험에 대해 말하지 말하는 압력을 받고 있기에 자기들이 혼자라고, 심지어 자기가 미친 것이라고 느낀다. 이 책을 계속해서 읽어 나가라. 그러면 당신이 혼자가 아니며 미친 것도 아니라는 것을 알게 될 것이다. 그동안 당신은 영적 학대라는 현상에서 공통적으로 나타나는 부산물을 경험해 왔을 뿐이다.

제3장

학대당하는 신자들

당신은 참으로 믿음 안에서 성장하는 신자들이 어떤 모습을 보이기를 기대하는가? 우리라면 다음과 같은 것들을 살필 것이다. 그들은 하나님과의 평화를 누리는 데서 오는 쉼을 드러내고 있는가? 보다 완전해지기 위해 애써야 한다고 느끼는 대신 자기들이 하는 영적인 일이 하나님의 뜻에 합당함을 아는 데서 오는 충족감을 드러내고 있는가? 다른 이들에 대한 그들의 조언은 그들을 예수께 이끄는 것으로 시작되는가, 아니면 그들 자신과 그들의 행위에 초점을 맞추게 하는가? 그리고 무엇보다도 다른 이들에게 "그리스도의 향기"(고후 2:15)를 풍기고 있는가?

그러나 아래에서 우리는 믿음 안에서 성장하는 사람들과 달리 영적으로 학대당하는 이들에게서 공통적으로 나타나는 10가지 문제들에 대해 살필 것이다. 물론 모든 희생자들이 이런 문제들 전부를 경험하는 것은 아니다. 그리고 어떤 희생자들은 이런 것들 외에 다른 일들을 겪기도 한다. 그러나 모든 희생자들이 아래에 열거된 것들 중 몇 가지를 겪고 있는 것은 분명하다.

그러므로, 만약 어떤 이가 이런 문제들 중 몇 가지와 더불어 씨름하고 있다면, 우리는 그가 영적으로 학대당하고 있을 가능성을 고려해야 한다. 그리고 어쩌면 이것들은 지금 당신이 씨름하고 있는 문제일 수도 있다.

영적 학대의 희생자들을 괴롭히는 10가지 문제들

1. 하나님에 대한 왜곡된 이미지

대부분의 신자들이 갖고 있는 심각한 오해들 중 하나는 자기들이 삶의 모든 분야에서 하나님의 뜻을 분명하게 알아내야 한다고 여기는 것이다. 예컨대, 그들은 자기들이 어느 특정한 음식을 먹는 것이 하나님의 뜻에 합당한지 아닌지를 알아야 한다고 믿는다. 그들은 만약 자기들이 그 문제와 관련해 그분의 뜻을 파악하는 데 실패하거나 잘못 이해하면 그분께서 자기들에게 진노하실 것이라고 믿는다.

리처드는 엄격하고 권위적인 가정과 교회에서 성장했다. 상담 과정에서 그는 자기가 오랫동안 기도하며 고민한 끝에 자신에 대한 하나님의 뜻을 발견했다고 여겼던 경우들을 회상했다. "그런데 정말 우스운 것은요……" 그가 말했다. "내가 하나님의 뜻을 발견했다고 생각할 때마다 그분께서 내가 게을러지지 않도록 그 뜻을 다른 무언가로 바꾸신다는 거예요. 나는 그분이 내게 원하시는 것을 알기만 하면 그분과 보조를 맞출 수 있을 것 같은데, 분명히 그분은 그런 일을 원치 않으시는 것 같아요. 그분은 늘 나보다 한 걸음 앞서 가세요."

우리가 영적 성장의 어느 한 측면을 지나치게 강조할 경우(리처드는 자기가 자신에 대한 하나님의 뜻을 반드시 알아내야 한다고 믿고 있었다), 하나님은 아주

까다롭고 변덕스러운 권위자의 모습을 갖게 될 수밖에 없다. 리처드와 그의
교우들은 영적으로 깨어 있기 위해 늘 열심히 노력해야 했다. 그러니 그가
하나님을 결승선을 향해 질주하는 육상 경기장에서 계속해서 결승선을 더
먼곳으로 옮기는 폭군으로 인식하게 된 것은 놀랄 일도 아니다. 어떤 이가
하나님에 대해 이처럼 왜곡된 이미지를 갖고 있다면, 틀림없이 그는 모종의
영적 학대를 겪고 있을 가능성이 있다.

오늘날 많은 사람들이 이런저런 이유로 하나님에 대해 갖고 있는 왜곡된
이미지들로는 아래와 같은 것들이 있다.

- 결코 만족하시지 않는 하나님(리처드의 경우에서처럼). 그분은 계속해서
  우리에게 더 높은 목표를 제시하고, 우리가 그 목표에 얼마나 못 미치는지
  알려 주신다.
- 인색하고 보복적인 하나님. 그분은 늘 우리가 실수하기를 기다리신다.
  우리가 실수를 하면, 그분이 우리에게 자신이 원하는 일을 하신다. 그
  일은 우리의 실패를 지적하시는 것일 수도 있고, 우리에게 벌을 내리시는
  것일 수도 있고, 혹은 우리를 낮추시는 것일 수도 있다.
- 무감각하신 하나님. 그분은 사람들이 상처를 받고 학대당하는 것을 보시
  면서도 그들을 돕기 위해 움직이시지 않는다. 왜냐하면 그것은 어떤
  권위 있는 사람이나 시스템에 대한 부정이 될 수 있기 때문이다.
- 주무시는 하나님. 그분은 사람들이 상처를 받고 학대를 당해도 그런
  사실을 알아차리지 못하신다.
- 무력한 하나님. 그분은 깨어 계시고 우리와 가까이 계시고 우리의 모든
  일을 살피시지만, 우리가 상처를 받고 학대를 당할 때 우리를 돕지는
  못하신다.

- 변덕스러운 하나님. 그분은 변덕이 심한 어린아이와 같다. 그분은 우리의 사소한 실수에도 크게 상심하신다.
- 철저하게 거룩하신 하나님. 그분은 우리가 사소한 죄에 대해 생각만 하더라도 굉음을 내며 울리는 영적 도난 경보기와 같다. 어떤 이가 우리에게 자기를 가르쳤던 어느 성경 교사에 대해 말해 준 적이 있다. 그 교사는 그에게 이렇게 말했다고 한다. "성령께서는 당신이 가장 작은 죄를 범할지라도 우주의 저쪽 끝으로 도망치셔요. 당신의 죄가 그분의 마음을 아프게 하기 때문이죠."

만약 우리가 주일학교 노래 같은 사소한 것에 대해 의문을 제기한다면, 틀림없이 많은 이들이 반대할 것이다. 그 노래들은 대개 우리가 유혹을 받거나 죄를 지으면 하나님께서 실망하신다는 내용을 담고 있다. 그러나 사실 하나님은 우리의 영적 능력과 회복과 사랑의 근원이시다. 그러므로 우리는 유혹을 받거나 죄에 빠질 때야말로 그분께 달려가야 한다. 이런 사실에 유념하면서 아래에 있는 주일학교 노래의 노랫말을 살펴보라.

꼬마야, 네가 보는 것에 조심하렴
꼬마야, 네가 보는 것에 조심하렴
하늘 아버지께서 우리를 내려다보고 계시니
꼬마야, 네가 보는 것에 조심하렴

지금 우리는 아이들에게 이런 노래를 가르치는 교사들이 아이들을 영적으로 학대하는 것이라고 주장하려는 것이 아니다. 그러나 분명히 우리는 이 노래의 가사에 대해 의혹을 제기할 필요가 있다. 과연 이 노래는 어린아이들을 자신에게 이끌고자 하시는 하나님의 의도를 반영하고 있는가, 아니면 그 어린아이들로 하여금 그들의 약함 때문에 하나님 앞에서 두려움을 느끼도록 만들고 있는가? 도대체 세상의 그 어떤 아이가 자기 아빠의 비위를 거스르지 않기 위해 늘 조심하는가? 그 아이가 조심하지 않는다면, 그에게는 어떤 일이 일어나는가? 그 아이가 정말로 열심히 노력했음에도 어쩌다가 그가 보거나 듣지 말아야 할 것을 보거나 듣게 된다면, 그 아이는 어떻게 되는가? 혹시 이 노래는 실제로는 아이들에게 "하나님을 멀리 하라"고 가르치고 있는 것은 아닌가? 우리는 우리의 아이들이 하나님의 눈치를 살피기를 바라는가, 아니면 자신의 잘못을 극복할 힘을 얻기 위해 그분의 품속으로 달려가기를 바라는가?

하나님에 대한 왜곡된 이미지가 또 하나 있다. 바로 "산타클로스 하나님" 이다. 이 하나님은 아래에 실려 있는 유명한 크리스마스 캐럴의 주인공의 이름에 그분의 이름을 대입시키면 쉽게 이해될 수 있다.

울면 안 돼 울면 안 돼
산타 할아버지는 우는 아이에겐 선물을 안 주신데
산타 할아버지는 알고 계신데
누가 착한 앤지 나쁜 앤지
오늘밤에 다녀가신데
잠 잘 때나 일어날 때 짜증낼 때 장난할 때도
산타 할아버지는
모든 것을 알고 계신데

오해하지 말기 바란다. 지금 우리는 이 캐럴을 폄하하려는 것이 아니다.

그러나 오늘날 얼마나 많은 교회들이 우리가 하늘에서 얻게 될 지위가 우리가 이 세상에서 착한 일을 얼마나 하는지에 따라 결정된다고 가르치고 있는가? 얼마나 많은 교회들이 당신의 구원이 행위에 달려 있는 것은 아니지만 하늘에서 당신이 하나님과 얼마나 가까이 혹은 멀리 있을지는 당신의 행위에 달려 있다고 가르치고 있는가? 얼마나 많은 교회들이 보상에 관한 예수님의 약속(마 25:31-46)이 단순히 천국에 들어가거나 지옥에 떨어지는 것을 넘어서 천국의 영원한 위계질서 안에서 보다 좋은 자리를 얻는 것과 관련되어 있다고 가르치고 있는가? 산타 할아버지는 우리의 행동에 기초해 누구에게 선물을 줄지를 결정한다. 그러나 하나님께서는 우리가 어떤 종교적 행위를 했기 때문이 아니라 단지 그분께서 우리를 사랑하시기에 우리에게 좋은 선물을 주신다(눅 11:13). 하나님의 성품에 대한 오해는 우리를 영적 학대의 그 다음 현상으로 이끌어간다.

2. 영적 수행에 대한 집착

최근에 어느 기독교 세미나에 참가한 적이 있다. 그런데 내가(제프) 보기에 그 세미나 강사가 참석자들에게 가르쳤던 것은 하나님과의 관계 안에서의 성장이 아니라 몇 가지 기독교적 공식들에 대한 집착이었다. 그 세미나는 참석자들에게 삶의 모든 분야를 망라하는 몇 가지 깔끔하고 자잘한 기독교적 공식의 꾸러미들을 제공했다. 만약 당신이 이런 저런 일들을 한다면(예컨대, 시간을 정해 성경을 읽고, 성경구절을 암송하고, 특정한 방식으로 혹은 일정한 시간 동안 기도를 드린다면), 하나님께서 당신을 기뻐하실 것이고, 그로 인해 당신의 삶이 순탄하게 되리라는 것이었다.

세미나가 끝날 무렵 대부분의 참가자들은 자기들이 그런 공식들을 따라 더 열심히 노력하겠다는 다짐을 해야 했다. 이미 그런 공식들을 따라 사는 데 성공한 이들은(대개 이미 충분한 훈련이 되어 있거나 강한 의지를 가진 사람들이었다) 고급반으로 올라갈 수 있었다.

성공하지 못한 사람들은 어떻게 되었을까? 그들은 초급반으로 다시 되돌아가야 했다! 어떤 이는 무려 7번이나 초급반 과정을 반복하고 있었다. 그 세미나의 강사는 참석자들에게 이렇게 말했다. "만약 여러분이 이 원리들을 따르고도 효과를 보지 못한다면, 저에게 전화를 해서 그렇다고 말해 주세요. 그러나 여러분이 아셔야 할 것은, 아마도 그럴 경우 여러분은 이 원리들의 효과를 보지 못한 첫 번째 사람이 되리라는 겁니다." 의심할 것 없이 이 말은 그 세미나의 참석자들로 하여금 그가 제시한 공식들을 더 열심히 따르도록 만들었다. 또한 아마도 그 사람들로 하여금 그에게 전화를 하지 못하도록 만들었을 것이다.

영적 수행에 대한 집착은 대개 수행에 기초한 몇 가지 극단적인 삶의 방식으로 이어진다. 그 중 대표적인 것은 자신의 행동에 기초해 영적 우월감을 얻는 자기의self-righteousness와 다른 이의 행위에 기초해 영적 우월감을 얻는 비판주의judgementalism다. 자신의 삶의 상황이나 관계가 반드시 이러저러하게 되어야 한다는 의식인 완벽주의perfectionism 역시 그런 방식의 또 다른 표현이다. 여기에는 종종 외적 상황의 변화에 대한 과도한 근심과 다른 사람들의 삶을 통제하려는 충동이 뒤따른다. 자기의의 뒷면이라고 할 수 있는 수치심shame 역시 수행 중심적 삶의 방식으로 인한 결과다. 수치심은 열등감, 자기에 대한 부정적인 평가, 우리의 인격 자체에 대한 고발이다. 수치심은 우리에 대한 하나님과 다른 이들의 사랑과 용납이 우리의 행위에 기초를 두고 있을 때, 그리고 우리가 누군가로부터 계속해서 기준에 미치지 못한다는 메시지를 들을 때 나타난다.

종교적 수행이 정직한 감정이나 개인적 필요보다 중요하다고 간주되는 영적 시스템 안에서는 이상에서 언급한 몇 가지 극단적인 태도들이 아주 분명하게 나타난다.

3. 왜곡된 자기 정체성

영적 학대를 경험한 자들은 자신에 대한 부정적인 인식이나 수치심에 기초한 자기 정체성 때문에 고통을 겪는다. 그것은 다음과 같은 몇 가지 방식으로 나타난다.

- 우리의 정체성을 "그리스도 안에 있는 새로운 피조물"(고후 5:17)로 묘사하는 성경 본문에 대한 이해와 인식의 부족

- 죄책감과 수치심에 대한 혼동. 죄책감은 잘못되거나 나쁜 행위를 지적해 주는 중요한 신호다. 반면에 수치심은 하나의 인간으로서 당신 자신에 대한 고발이다. 당신은 잘못된 행동을 할 때 죄책감을 경험한다. 죄책감은 당신으로 하여금 잘못된 행동을 바로잡도록 만드는 영적 신경종말 nerve ending(신경섬유의 맨 끝 부분을 가리키는 의학용어 - 역주)이다. 그러나 당신은 당신이 아무 잘못도 하지 않았을 때조차 수치심을 느낄 수 있다. 그럴 때 당신은 자신이 한 인간으로서 심각한 하자瑕疵가 있다고 느낀다. 당신은 마치 자신이 하나님의 은혜와 용납을 얻을 만한 가치가 없는 3류 그리스도인인 것처럼 느낀다.

- 수치심이야말로 수행의 일차적 동기다. 당신의 부정적인 자아상이라는 딜레마는 훌륭한 행위를 통해서만 풀릴 수 있기 때문이다.

- 사람들이 자신의 부정적인 상像에 집착하는 것은 그것을 통해 자신의 부정적인 행위를 설명하기 위해서다. 이것은 비록 당신이 구원을 얻을지라도 당신은 여전히 하나님 앞에서 무가치하며, 은혜로 구원을 얻은

죄인이나 벌레에 불과하다고 가르치거나 암시하는 영적 시스템에도
해당된다.

아래에 있는 유명한 찬송가를 통해 전달되는 당신의 정체성에 관한 교묘한
메시지에 주목해 보라.

주 예수 날 사랑하시오니 즐겁고도 즐겁도다
주 나를 사랑하시오니 나는 참 기쁘다
예수님은 **나 같은 것까지도** 사랑하시네

(새찬송가 202장 참고 - 역주)

이 찬송은 예수께서 수많은 이들을 사랑하시기는 하는데, 당신 같은 사람
까지 사랑하시는 것은 실제로는 무리한 일이었다고 에둘러 말한다. 그러나
사실 우리는 잘났건 못났건 상관없이 누구나 그분의 사랑을 필요로 한다.
에베소서에서 바울이 예수께서 사랑하시는 모든 이들을 위해 드렸던 기도에
주목하라.

이러므로 내가 하늘과 땅에 있는 각 족속에게 이름을 주신 아버지 앞에 무릎을
꿇고 비노니 그의 영광의 풍성함을 따라 그의 성령으로 말미암아 너희 속사람을
능력으로 강건하게 하시오며 믿음으로 말미암아 그리스도께서 너희 마음에
계시게 하시옵고 너희가 사랑 가운데서 뿌리가 박히고 터가 굳어져서 능히
모든 성도와 함께 지식에 넘치는 그리스도의 사랑을 알고 그 너비와 길이와
높이와 깊이가 어떠함을 깨달아 하나님의 모든 충만하신 것으로 너희에게
충만하게 하시기를 구하노라 (엡 3:14-19)

하나님께서는 당신 같은 것까지도 사랑하시지 않는다. 그분은 당신을 너무 깊이 사랑하신다.

4. 영적 권위자와의 관계에서 어려움을 겪음

영적으로 학대를 당하는 것은 "해로운 신앙 toxic faith"[1]으로 이어질 수 있다. 해로운 신앙은 하나님이 아니라 특정한 종교 시스템과의 파괴적이고 위험한 관계를 의미한다. 그리고 대개 그런 관계는 그 시스템을 지배하는 자로 하여금 하나님의 이름을 빙자해 그 시스템에 속한 이들의 삶을 통제하도록 허락한다. 이런 해로운 신앙의 징표가 가장 잘 드러나는 분야들 중 하나가 영적 권위자와의 관계다.

권위의 남용 때문에 고통을 겪었던 이들은 다시는 그런 일을 당하지 않기 위해 자신을 보호하는 방법을 개발해낸다. 대개 그들은 권위자와 대면할 때 그에게 극단적으로 순종하거나 아니면 극단적으로 반항한다. 극단적으로 순종하는 이들은—그들이 그 권위자에게 동의하든 하지 않든, 혹은 그 권위자가 옳든 그르든 상관없이—늘 권위자의 요구에 응하고 그들의 편에 선다. 그들은 그 권위자가 자신에게 순종을 요구하기에 그에게 순종한다. 그들은 자기들이 권위자에게 순종하면 상처를 받지 않으리라고 생각한다. 하지만 안타깝게도 그것은 사실이 아니다.

반면에, 극단적으로 반항하는 이들은 권위자에게—설령 그들이 속으로는 그에게 동의할지라도—무조건 저항한다. 그들의 저항은 책임 있는 자리에 있는 모든 이들에 대한 무조건적인 반동이다. 그들 역시 자기들이 권위자에게 반항하면 상처를 받지 않으리라고 생각한다. 하지만 안타깝게도 그것 역시

---

1. Stephen Arterburn and Jack Felton, *Toxic Faith* (Nashiville, Tenn.: Oliver-Nelson Publishers, 1991).

사실이 아니다.

5. 은혜를 수용하지 못함

만약 당신이 그동안 영적으로 학대를 당해 왔다면, 당신은 누군가로부터 친절한 대접을 받는 것에 대해 묘한 불편함을 느낄 수 있다. 그것은 수치심에 근거한 자기 정체성 때문이다. 그런 정체성은 계속해서 당신에게 당신은 그런 대우를 받을 만한 자격이 없다고 속삭인다. 그로 인해 당신은 하나님께서 당신에게 베푸시는 은혜와 다른 이들이 당신에게 제공하는 친절을 거절할 핑계를 찾는다. 그리고 결국 그것들 없는 삶을 살아가게 된다. 아니면 굉장한 부채 의식을 지니고 그것들을 받아들인 후 당신이 그들로부터 받은 것을 되돌려 주기 위해 온갖 애를 쓴다.

거룩한 삶을 사는 문제와 관련해 균형 잡힌 가르침을 받지 못한 그리스도인들은 대개 은혜 아래에서 사는 것을 "값싼 은혜 cheap grace"로 치부하며 거부한다. 그들은 은혜에 의지해 살아가는 사람들을 게으르다고, 하나님을 이용하고 있다고, 혹은 자신들의 짐을 너무 쉽게 벗어던진다고 비난한다. 그들은 자기들이 노력하는 것만큼 남들도 노력해야 한다고 여긴다.

6. 경계를 정하는 일에 어려움을 겪음

혹시 당신은 당신이 이미 사지 않기로 결심한 물건을 팔고자 하는 전화 판매원과 원치 않는 통화를 계속했던 적이 있는가? 당신은 왜 그 전화를 끊지 못했는가? 그 판매원의 기분을 상하게 해서는 안 된다는 막연한 책임감 때문이었는가? 도대체 당신은 무엇 때문에 얼굴도 모르는 그 판매원이 계속해서 당신의 귀에 당신이 듣고 싶어 하지 않는 소리를 지껄이도록 허락했는가? 혹시 당신은 전화 판매원의 말을 듣자마자 전화를 끊고 나면 마치 자신이 나쁜 그리스도인이 된 것처럼 죄책감이나 수치심을 느끼는가? 혹시 그동안 당신은 자기에 대해 죽어야 한다고, 당신의 삶이 당신의 것이 아니라고, 혹은 당신에게는 다른 이에게 "아니요"라고 말할 권리가 없다고 배웠기에 그들로 하여금 당신의 삶을 그들 멋대로 흔들도록 허락해 오지는 않았는가? 이 모든 것은 **경계**boundaries와의 싸움을 가리킨다.

경계境界는 다른 이들에게 그들의 발을 멈춰야 할 곳을 알려 주는 눈에 보이지 않은 울타리다. 당신의 집의 현관은 하나의 경계다. 당신이 집을 떠날 때 채워놓는 자물쇠는 다른 이들에게 그들을 당신의 집 안으로 들어오게 할지 말지를 결정하는 주체가 당신임을 알려 주는 무언의 메시지다. 아마도 분명히 당신은 당신의 집의 문을 걸어 잠그면서 자신이 영적이지 않다고 느끼지는 않을 것이다. 그럼에도 어찌된 일인지 당신은 당신에게 "주님의 말씀"을 들려주겠다는 동료 그리스도인들에게 단호하게 "아니요, 됐습니다"라고 말하지 못한다.

영적 권위를 남용하는 자들은 당신의 경계를 존중하지 않거나 함부로 깨뜨리는 자들이다. 그들은 당신이 "아니요"라는 말을 하지 못할 만큼 당신을 수치스럽게 만들고, 당신의 뜻을 뭉개고, 당신의 삶속으로 자기들 멋대로 설정한 종교적인 의제들을 들이민다. 그들은 하나님의 뜻을 들먹이면서 당신의 영성을 해친다. 그들의 입장에서 보면, 당신이 무언가 자기의 의견을 내세우는 것은 하나님에 대한 순종의 결핍과 동일하다. 또한 당신이 학대받지 않을 권리를 주장하는 것은 매우 이기적인 태도다.

7. 책임의 문제와 관련해 어려움을 겪음

만약 당신이 그동안 영적으로 학대를 당해 왔다면, 지금 당신은 하나님이나 다른 사람들과의 관계에서 아주 무책임한 태도를 보이고 있을 수 있다.

그리고 어쩌면 그것은 그동안 당신이 열심히 종교적 수행을 했음에도 그 어떤 사랑과 용납과 쉼도 얻지 못했기 때문일 수 있다. 그런 경우에 당신은 신앙을 포기하거나, 아니면 현재의 상황을 헤쳐 나가기 위해 안간힘을 쓰면서 다음과 같이 투덜거린다. "병자 심방은 목사에게 하라고 해. 낙심한 자들을 찾아가는 일은 전도사에게 맡기고. 왜냐고? 이미 나는 그런 일을 충분히 해왔거든."

다른 한편으로, 어쩌면 당신은 과도한 책임의식을 지닌 짐꾼이 되어 있을 수도 있다. 그럴 경우 모든 이들의 문제가 당신이 풀어야 할 문제가 된다. 당신은 그들의 무거운 감정을 해소해 주어야 한다. 당신은 사람들의 필요나 요구에 대해 "아니요"라고 말하지 못한다. 당신은 속으로 생각한다. "내가 아니면, 도대체 그 일을 누가 하겠는가?" 당신은 당신에게 하나님이 필요하다는 생각보다 하나님에게 당신이 필요하다는 생각을 더 많이 한다. 당신은 당신 주변의 모든 사람들의 일에 대해서뿐 아니라 하나님이 하시는 일에 대해서도 책임감을 느낀다. 당신이 할 일은 바르게 사는 것이다. 그래야 하나님께서 기뻐하시기 때문이다.

과도한 책임감의 극단적인 형태는 스스로를 학대하는 것이다. 당신은 당신 자신의 요구나 의견을 갖는 것을 이기적인 것으로 여긴다. 다른 이들의 조롱과 불친절한 행동 때문에 괴로워하는 것은 성숙하지 못한 것이다. 그런 것들에 대해 불편한 감정을 갖는 것은 지나치게 과민한 것이다. 아무런 감정이나 의견 없이 살아가는 것이야말로 최고의 덕이다. 그러나 그로 인한 궁극적 결과는 자신의 삶에 대해 둔감해지는 것이다.

마태복음 9장 36절은 예수님 당시의 많은 이들이 "고생하며 기진했다"고 묘사한다. 그들이 그렇게 된 것은 그들을 돌보기는커녕 오히려 집어삼켰던 당대의 종교 지도자들이 그들에게 부과했던 종교적 수행이라는 무거운 짐 때문이었다. 그 지도자들은 계속해서 온갖 영적인 법령과 규정들을 만들어내고 다른 이의 눈 속에 있는 티끌을 지적했다. 만약 지금 당신이 그런 일을 겪고 있다면, 당신은 감정적으로, 육체적으로, 그리고 영적으로 지칠 수밖에 없다. 그리고 당신의 그런 상태는 삶을 위한 에너지와 흥미의 결여, 다른 이들의 요구를 견디지 못함, 낙심, 덫에 걸렸다는 의식, 혹은 애타게 탈출구를 찾으려함 등의 방식으로 나타날 것이다.

8. 사회생활을 위한 능력의 결여

그동안 나는(제프) 실업자나 자기 능력 이하의 일을 하는 많은 이들과 상담을 해왔다. 대개 그들은 자신들의 직업이나 경력 문제로 고민하고 있었다. 놀라운 것은 그들 중 많은 이들이 대학이나 대학원 졸업자들이었다는 점이다. 그리고 나는 그런 이들 중 많은 이들이 소위 기독교 대학 출신임을 알게 되었다. 그들은 대학을 졸업한 후에도 사회생활을 위한 준비가 되지 않아 여러 해 동안 직업 없이 방황하고 있었다. 내가 보기에 그들이 그런 상태에 이르게 된 원인은 그들이 대학에서 학대적 성격을 지닌 교육을 받았기 때문이었다.

다음 장에서 보게 되겠지만, 학대적 성격을 지닌 시스템은 대개 그 시스템에 속한 이들로 하여금 벙커 의식 bunker mentality을 갖게 만든다. 그런 의식을 지닌 이들은 외부 세계에 대해 문을 닫아걸고 피해망상에 빠진다. 그들은 오직 벙커 안에서 벌어지는 일에만 몰두하는 경향을 보인다. 그런 의식은 그저 분리주의적인 것일 뿐 아니라 극도로 판단주의적인 것이기도 하다. 그런 의식을 지닌 이들은 학생들이 안전하게 다닐 수 있을 만큼 세상으로부터 충분히 분리되어 있는 대학은 한두 개에 불과하다고 여긴다. 더 나아가 그들은 대학 교육 자체를 하찮게 여기기도 한다. 그 결과 그들은 정서적으로,

영적으로, 그리고 의식적으로 오직 자기들이 속해 있는 시스템이나 그와 유사한 시스템 안에서만 일을 하려고 한다. 그런 이들 중 많은 이들은 경제적으로 파산 직전에 있으면서도 벙커를 벗어나 세상 속으로 나아가지 못한다. 다른 시스템하에서는 살아갈 자신이 없기 때문이다. 어쩔 수 없이 벙커를 떠나야 할 경우(대개는 가족이 굶주리거나 멸시당하는 것을 더 이상 견딜 수 없어서다), 대개 그들은 보수가 적은 단순 노동을 하게 된다. 그러면서도 그들은 자기들이 하나님께 받은 소명을 포기했다고 자책한다. 영적 학대의 성격을 지닌 교육 시스템은 그런 식으로 대학 졸업장을 지닌 단순 노동자들을 양산해 낼 수 있다.

그러나 우리는 상황을 좀더 분명하게 바라볼 필요가 있다.

첫째, 노동자가 된다는 것은 절대로 수치스러운 일이 아니다. 예수님을 믿는 노동자는 예수님을 믿는 목회자만큼이나 지옥의 문을 깨부술 수 있다. 정말로 수치스러운 것은 사람들에게 대학 졸업장이 주는 혜택을 약속한 후 실제로는 열등한 교육을 제공하면서 일급 교육에 해당하는 등록금을 받아내는 것이다.

둘째, 지금도 많은 이들이 일급 교육을 제공하는 종교적 환경에서 교육을 받고 있다. 당신이 당신의 자녀에게 자택 학습을 시키거나 그들을 사립 기독교 초등학교, 중등학교, 대학, 대학원에 보내는 것에는 본질적으로 아무런 잘못이 없다. 사실 사람들을 일급 교육을 통해 신앙 안에서 세워간다는 착상은 아주 멋진 것일 수 있다.

위험은 젊은이들을 종교적 환경에서 교육시키는 것이 그들에게 벙커 의식을 심어줄 수 있다는 데 있다. 그런 의식을 지닌 이들은 세상의 악한 것들과의 접촉이 자기들에게 해를 주리라고 믿는다. 그러므로 해결책은 가능한 한 세상과의 접촉을 피할 방법을 찾는 것이다. 그러나 이런 생각은,

좋게 말하면 순진한 것이고, 엄밀하게 말하면 위험한 것이다. 삶과 인간관계에서 문제를 겪고 있는 이들에게 꼭 필요한 것은 그들의 문제가 그들을 둘러싸고 있는 악이 아니라는 사실을 깨닫는 것이다. 그들에게 꼭 필요한 것은 성숙, 힘, 적절한 판단 능력, 그리고 내적으로 그들의 근원이신 하나님을 의지하며 살아가는 것이다.

9. 자신이 학대당하고 있음을 인정하지 못함

영적으로 학대당하는 사람들에게서 이런 특성이 나타나는 데에는 다음과 같은 몇 가지 이유가 있다.

첫째, 당신이 학대적 성격을 지닌 시스템에 속해 있을 경우, 당신은 당신이 그 시스템에 무언가 문제가 있다는 사실을 알아차린다는 바로 그 이유 때문에 "당신이 문제"라는 말을 듣게 된다. 이것은 당신이 그 시스템을 떠난 후에도 자신이 당한 학대에 대해 말하는 것을 어렵게 만든다.

둘째, 당신이 그 시스템 안에서 학대당하고 있다는 사실을 외부에 알릴 경우—혹은 당신이 겪고 있는 것이 "학대"라고 생각할 때조차—그 시스템은 당신에게 당신의 그런 행위나 생각은 당신의 가족과 교회에 그리고 심지어는 하나님께 불충을 범하는 것이라는 의식을 갖게 한다.

셋째, 영적 학대를 "정상적인 것"으로 알고 있는 이들 대부분은 참으로 정상적인 것을 경험해 보지 못했다. 따라서 그들은 누군가가 그들이 겪고 있는 일을 영적 학대라고 부르면 그를 미쳤거나 지나치게 과민한 사람이라고 여기게 된다.

하지만 무의식적인 **부인**denial은 이와는 상관없는 다른 문제다. 부인否認은 우리가 감당하기 어려울 만큼 심각한 감정적, 심리적, 혹은 영적 고통을 느끼는 일을 잠시라도 늦추게 하기 위해 하나님께서 우리에게 허락하신 능력이다(지금 우리는 거짓말, 비난, 축소, 혹은 합리화 같은 의식적인 거부에 대해서가 아니라, 어떤 상황과 관련된 고통이 너무 커서 견디기 어려울 때 발생하는 자동적인 무감각에 대해 말하고 있는 중이다). 영적 학대를 겪고 있는 이들은 종종 그런 일이 자기에게 일어나고 있다는 사실을 믿지 못한다. 그런 일은 일반적으로 가정이나 교회에서 일어난다고 간주되는 일들과 전혀 조화되지 않기에 그로 인한 지독한 고통은 무의식적으로 묵살된다.

그런 반응들 중 가장 심각하고 또한 가장 흥미로운 것은 **억압** repression이다. 그동안 우리는 영적으로 학대를 당했던 많은 이들과 상담을 해왔는데, 그들 중에는 상담 초기에 자기들이 받았던 학대를 전혀 기억하지 못하는 이들도 있었다. 그들에게 일어난 일은 그들이 의식적으로 떠올리기 어려울 만큼 심각한 것이었다. 그것은 그들의 마음 속 깊은 곳에 묻혀 있었다. 그로 인해 그들은 실제로 그것을 기억하지 못했다. 그 후 어떤 계기를 통해 그런 식의 부인에 금이 가면 그 틈 사이로 조금씩 기억이 새나오기 시작하다가 마침내 흘러넘쳤다.

또한 우리는 영적으로 학대를 당했던 이들 중 어떤 이들이 가족이나 교회에 관한 말을 할 때 실제로는 자기들이 당했던 학대의 내용을 떠올리지도 못하면서 극도로 흥분하거나 두려워하는 것을 보았다. 그런 경우에 그들의 반응은 마치 그들이 그런 일을 시인하는 것에 대해 감정적으로 부정적인 반응을 하도록 프로그래밍되어 있는 것처럼 보였다.

마지막으로, **수치심** shame이 있다. 이것은 어떤 이가 이제 더 이상 학대를 당하는 상황에 있지 않은 경우에 보다 분명하게 드러난다. 그들은 자기들이 그것을 좀더 빨리 알아차리지 못했다는 사실을 인정하지 못한다. 매우 자주 그들은 자기들이 그토록 분명하게 학대적이었던 상황 속에 말려들었다는 사실에 대해 커다란 수치심을 느꼈다. 그것은 자신이 일종의 심적 장애자였다는 아주 부정적인 감정이었다.

10. 신뢰와 관련해 어려움을 겪음

미국의 소설가 마크 트웨인 Mark Twain(1835–1910)이 다음과 같이 말한 적이 있다. "뜨거운 난로 뚜껑 위에 앉았던 고양이는 다시는 그 위에 앉으려 하지 않는다. 그리고 아마도 그 고양이는 차가운 난로 뚜껑 위에도 앉으려 하지 않을 것이다." 영적으로 학대를 당했던 이들은 영적 시스템을 신뢰하는 것에 대해 두려움을 가질 수밖에 없다. 이것은 아주 심각한 문제다. 왜냐하면 우리가 신자로 살아간다는 것은 곧 하나님의 가족(교회) 안에서 하나님과 그리고 다른 신자들과 신뢰의 관계를 쌓아가는 것을 의미하기 때문이다.

✳ ✳ ✳

생명과 자유를 향한 예수님의 초대에 기쁨으로 응답했던 이들이 영혼을 죽이는 피곤함으로 이어지는, 그래서 마치 제자리 뛰기와도 같은 헛된 영성을 향해 그토록 쉽게 돌아서는 것은 믿기 어려울 정도다. 그러나 그런 현상의 원인은 아주 분명하며 이해하기 어렵지도 않다. 부분적으로 그 원인은 우리가 "학대를 가능케 하는 조건들"이라고 부르는 것에 있다. 다음 장에서 우리는 그 문제를 살펴볼 것이다.

■ ▪ ■

"백성을 인도하는 자가 그들을 미혹하니 인도를 받는 자들이 멸망을
당하는도다"(사 9:16)

Escape from Spiritual Abuse!

어떤 종류의 학대이든 그것에 대한 책임은 가해자에게 있다. 그러나 우리가 여전히 물어야 할 두 가지 질문이 있다. 첫째, 영적으로 학대를 당하는 이들은 어째서 그들을 학대하는 자들과 계속해서 관계를 유지하는 것일까? 둘째, 도대체 그들은 어떻게 해서 그런 자들과 그런 관계를 맺게 된 것일까? 이런 질문에 대한 우리의 답은, 사람들은 건강하지 못한 관계 안에서 건강하지 못한 삶의 방식을 배움으로써 미래의 학대에 노출된다는 것이다. 이제 그 문제를 살펴보자.

제4장

영적 학대를
가능케 하는 조건들

한 어머니와 두 딸이 상담실로 들어왔다. 어머니는 소심해 보였고 두 딸은 겁에 질려 있었다. 그들은 조심스럽게 소파 끄트머리에 걸터앉았다.

"어떻게 오셨나요?" 내가(제프) 미소를 지으며 물었다.

그런데 그들이 나의 물음에 흠칫하며 자세를 바로 잡았다. 나는 혹시 내가 너무 큰소리로 물은 게 아닐까, 하는 생각을 했다.

아이들의 어머니는 자신의 결혼생활에 문제가 생겼다고 말했다. 그녀는 그동안 남편이 자기에게 행한 고통스러운 일들에 대해 말했다. 그러나 얼마 후 그녀는 마치 자기가 지금까지 한 모든 말을 취소하려는 듯이 다음과 같이 말했다. "그렇다고 오해는 하시지 말았으면 해요. 남편은 좋은 사람이에요." 하지만 그녀의 말이 계속될수록 그녀가 묘사하는 학대의 양상은 점점 더 심각해졌다. 결국에는 아주 끔찍한 육체적 학대 이야기까지 나왔다.

마침내 그녀의 딸들 중 하나가 눈물을 쏟으며 말했다.

"도대체 엄마는 왜 여태껏 아빠와 사는 거야?"

"나도 모르겠어," 어머니가 훌쩍거리며 대답했다. "정말 모르겠어."

안타까운 것은, 그동안 내가 상담했던 사람들 중 이와 유사한 양상을 보이는 많은 이들이 학대적 성향의 기독교 지도자나 교회 시스템으로 인해 그런 상태에 이르렀다는 사실이다. 그들은 자기들이 무언가에 붙들려 있다고 느꼈다. 그들은 그 상태에서 벗어나기를 바랐으나 그럴 수 없었다. 그들은 자기들이 눈에 보이지 않는 어떤 갈고리에 걸려 있다고 느꼈다.

도대체 그들은 왜 그런 학대를 당하면서도 계속해서 그 상태에 머물러 있는 것일까? 내가 만났던 영적 학대의 희생자들은 여러 가지 이유를 댔다.

- 그 관계를 떠날 경우 잃어버리게 될 것이 너무 많다. 친구들, 투자한 세월, 자신에 대한 사람들의 좋은 평가 등.
- 두렵다. 그들은 그들이 떠나는 것은 곧 그들 자신에게 해를 입힐 뿐 아니라, 그들의 부모에게 상실감을 안겨 주고, 그들의 자녀들을 낯선 곳으로 데려가는 것을 의미한다는 학대자의 협박 때문에 겁에 질렸다.
- 그들은 그동안 그런 학대적인 시스템에 너무 많이 길들여졌기에 그 시스템을 떠나서 살아가는 것은 상상조차 하지 못한다.
- 그들은 지금 자기들이 마땅히 받아야 할 것을 받고 있다고 배워왔다. 따라서 누군가에게 자기들이 학대당하고 있다는 사실을 알리는 것을 아주 파렴치한 짓으로 여긴다.
- 그들이 그 관계에서 벗어나겠다고 결심할 즈음에 잠시 상황이 나아지는 것처럼 보인다. 그래서 마음을 바꿔먹는다.
- 그들은 자기들, 자기들의 관계, 혹은 하나님과 관련해 전혀 진리가 아닌 것들을 진리인 양 믿고 있다.

그러나 우리가 보기에는 그들이 말하는 이런 이유들보다 그들이 의식하지 못하는 훨씬 더 심각한 두 가지 이유가 있다. 첫째, 영적 학대의 희생자들은 문자 그대로 그들이 맺고 있는 관계를 깨뜨릴 만한 힘이 없기에 계속해서 그 안에 머물러 있다. 둘째, 그들은 영적 학대의 시스템이 실제로 하나의 덫과 같기에 그 안에 꼼짝없이 붙들려 있다. 이런 현실로부터 나타나는 관계의 상像은 무력한 개인과 학대적인 시스템이 서로 밀착해 있는 모습이다.

우리는 그런 상황을 어린아이들, 노인들, 혹은 병자나 장애자들처럼 약한 사람들의 경우를 통해 아주 쉽게 인식할 수 있다. 그리고 바로 그것이 우리의 법률이 그런 범주에 속해 있는 이들에 대한 (명백한 혹은 의심되는) 학대에 대해 관계기관에 고발하도록 명령하고 있는 이유다. 대부분의 경우 그런 이들은 스스로를 지킬 만한 힘을 갖고 있지 않으므로 누군가가 그들을 지키고 옹호해 주어야 한다.

그러나 그런 일이 건강한 성인들에게도 필요한 것일까? 이 질문에 대한 우리의 답은 "그렇다"이다. 하지만 건강한 성인들의 경우에는 한 가지 차이가 있다. 그것은 그들의 힘의 부족이 우리가 **학습된 무력함** learned powerless-ness이라고 부르는 것이라는 점이다. 그들은 학대에 희생되지 않기 위해 필요한 삶의 기술을 배우지 못했거나, 삶의 어느 단계에서 그 기술(혹은 힘)을 빼앗겼다. 만약 우리가 학습된 무력함이 무엇인지 이해한다면, 우리는 사람들을 학대적인 시스템 안에 머물러 있게 하는 행위나 태도들을 훨씬 더 쉽게 식별할 수 있을 것이다.

학습된 무력함

학습된 무력함은 양면을 지닌 동전과 같다. 그 동전의 한 측면은 힘있게,

유능하게, 그리고 강력하게 행동하는 기술을 배우지 못한 사람들이다. 그들이 그렇게 된 것은 그들이 과거와 현재의 관계 속에서 그렇게 행동할 기회나 그런 행동에 대한 지지를 얻지 못했기 때문이다. 그들은 기껏해야 생존자일 뿐이다. 한 개인으로서 그들은 마땅히 그래야 하는 것만큼 건강하게 성장하지 못한다. 그들이 건강하게 성장하기를 기대하는 것은 마치 3류 야구선수에게 메이저 리그에 속한 야구팀과 경쟁해 이기기를 요구하는 것과 다름없다. 그들은 운이 좋으면 살아남을지 모르나, 절대로 성공하지는 못한다. 그럴 만한 능력이 없기 때문이다.

혹시 서커스 장에서 코끼리가 작은 말뚝에 연결된 줄에 묶여 있는 것을 본 적이 있는가? 그런 일이 가능한 것은 그 코끼리가 어릴 적부터 그런 상태에 묶여 있었기 때문이다. 코끼리에게 그 줄과 말뚝은 그로서는 도저히 극복할 수 없는 어떤 힘을 대표한다. 그로 인해 코끼리는 실제로는 아주 쉽게 그것에서 벗어날 수 있음에도 그 작은 말뚝에 무력하게 붙들려 있다. 이것은 우리를 그 동전의 다른 측면으로 이끌어간다.

그 다른 측면은 어떤 이가 순교자적 행동에 익숙해질 때 드러난다. 그 사람은 실제의 자신보다 훨씬 더 무능하고 연약한 방식으로 행동한다. 그가 그렇게 하는 이유는 그동안 그가 겪은 일과 들은 메시지가 자신을 그런 식으로 보도록, 그리고 그런 식으로 행동하도록 가르쳐 왔기 때문이다. 이런 경우에는 생존자이든 순교자이든 구별없이 모두 희생자일 뿐이다.

희생자를 만들어내는 관계

사람들은 그들이 학대를 당하도록 준비시키거나 혹은 학대를 당하지 않도록 준비시키지 않는 관계를 경험함으로써 무력해지거나 무력하게 행동하게 된다. 우리는 그런 관계를 가리켜 **수치심에 기초한 관계** shame-based relationship라고 부른다. 우리는 수치심을 죄책감과 혼동하지 말아야 한다. 여기에서 우리는 죄책감이 잘못된 행동이나 태도에 대한 감정적인 반응이라는 것을 다시 한 번 상기시키고자 한다. 죄책감은 우리의 양심 안에서 폭발하면서 다음과 같이 고백한다. "나는 옳지 않은 일을 했어. 그로 인해 나는 마음이 몹시 불편해." 그런 의미에서 죄책감은 우리에게 옳지 않은 행동을 시정할 것을 요구하는 건강한 신호다. 반면에 수치심은 당신과 당신의 가치에 대한 파괴적인 신호다. 그것은 당신 자신에 대한 부정적인 믿음 혹은 태도다 —당신이 옳지 않고, 결함이 있고, 무가치한 사람이라는.

수치심에 기초한 관계는 수치스러운 메시지, 즉 "너는 약하고 결함이 많아서 이 관계를 떠나서는 아무것도 할 수 없어"라는 메시지에 기초한 관계다. 이런 관계에서 수치심은 물건들을 하나로 묶는 아교 같은 역할을 한다. 그것은 사람들로 하여금 어떤 행동을 하지 말도록 그리고 다른 행동을 하도록 촉구한다.

수치심에 근거한 관계가 지배하는 시스템은 그 구성원들에게 계속해서 다음과 같은 메시지를 보낸다.

* 당신은 다른 이들에게 사랑받거나 용납될 수 없다.
* 당신은 실제로 사랑스럽지 않고 용납될만하지도 않다.
* 당신은 오직 제대로 행동할 때만 사랑받고 용납될 수 있다.
* 당신은 유능하지도, 소중하지도, 가치가 있지도 않다.
* 당신은 혼자다. 당신은 지금 이 관계 외에는 다른 어느 곳에도, 무엇에도, 혹은 누구와도 연결되어 있지 않다.

아래에서 우리는 수치심에 기초한 관계에서 나타나는 몇 가지 분명한 특징들을 살펴보려 한다. 그것들은 우리가 그런 관계 속에서 학대의 희생자들이 만들어지는 방식을 이해하도록 도와 줄 것이다.[2] 또한 그런 관계 안에서 작동하는 역학과 그로 인한 결과들을 보여 줄 것이다.

1. 큰소리로 조롱하기

역학 : 그런 관계 안에서 힘을 가진 사람은 함부로 당신의 이름을 부르고, 당신을 얕잡아 보고, 무시하고, 이 사람 저 사람과 비교하고, "도대체 뭐가 문제야?" 하고 묻는 방식으로 당신을 조롱한다. 그가 그런 방식을 통해 당신에게 전하는 메시지는 "당신의 무언가가 잘못되었다"라는 것이다.

결과 : 자기에 대한 부정적인 견해, 심지어 자기에 대한 증오; 자기에 대한 부정적인 말("나는 별 볼일 없고, 멍청하고, 무능해" 같은); 다른 이들에 대한 비난.

2. 수행에 초점 맞추기

역학 : 당신이 어떻게 행동하느냐가 당신이 어떤 사람인지 혹은 당신의 내면에서 무슨 일이 일어나고 있는지보다 더 중요하다. 하나님과 다른 이들로부터의 사랑과 용납은 당신이 어떤 일을 하거나 하지 않음으로써 얻어진다. 주어진 기준을 따라 사는 것이 곧 다른 이들에게 용납을 얻는 길이다. 그러나, 엄밀히 말하자면, 그것은 당신이 아니라 당신이 한 어떤 행위에 대한 용납에 불과하다. 일단 당신이 그 기준에 도달하고 나면, 그 기준이 바뀌거나 움직인다. 아이들은 아이가 되어서는 안 된다. 그들은 불완전하고, 성가시고, 시끄

---

2. 수치심과 수치심에 기초한 관계에 대한 보다 철저한 설명을 위해서는, *Tired of Trying to Measure Up* by Jeff VanVondern, Bethany House Publishers, 1989를 보라.

럽고, 때로 사람들을 혼란스럽게 혹은 당혹스럽게 만드는 질문을 하기 때문이다. 그런 행동들 중 어느 것도 용납될 만한 것으로 간주되지 않는다.

결과 : 완벽주의, 혹은 노력 자체를 포기함; 오직 당신이 잘하는 것만 하려고 함; 실수를 인정하지 않음; 꾸물거림; 하나님을 당신이 누구인지보다 당신이 어떻게 행동하는지에 더 관심을 갖는 분으로 여김; 도움을 요청하지 못함; 지쳐도 쉬지 못함; 아무런 죄책감 없이 마음껏 즐기지 못함; 다른 이들의 인정에 목말라함; 수치 혹은 자기의에 대한 의식; 다른 이들에게 까탈스러움, 혹은 그들에게 아무것도 기대하지 않음; 이중적인 생활.

3. 조작

역학 : 학대적 성격을 지닌 시스템 안에서 사람들의 관계와 행위들은 아주 강력한 **무언의 법칙들**unspoken rules에 의해 조작된다. 그런 법칙들이 큰소리로 공표되는 경우는 거의 없다. 사실 그것들이 큰소리로 공표된다면, 그것들 중 대부분이 아주 우습게 보일 수 있다. 그러하기에 그 누구도 "사람들이 우리를 어떻게 생각하느냐가 실제로 우리가 어떤 사람이냐보다 훨씬 더 중요해"라고 말하지는 않는다. 그러나 무언의 법칙들은 계속해서 사람들에게 수치를 안기는 이런저런 메시지들을 전한다.

또한 그런 시스템 안에서는 **말하지 말라** can't-talk라는 법칙이 지배한다. 어떤 이가 그 시스템 안에 심각한 문제가 있음을 알아차리고 그것과 대결하려 할 경우, 그 시스템은 그 사람 자신을 문젯거리로 여김으로써 그를 침묵시킨다. 그로 인해 사람들은 한편으로는 무언의 법칙을 따르고 다른 한편으로는 자기들의 의도를 "암호"를 사용해 전하는 방법을 배운다.

암호화 coding는 언어적 조작의 한 예다. 무언가를 암호화하는 것은 그것을 부정직하게 말한다는 것을 의미한다. 그럴 경우 우리의 메시지는 암호화된 언어로 전해지기에 다른 이들이 그것을 이해하기 위해서는 우리의 암호를 해독해 내야 한다. "오, 당신이 그런 문제로 수고하실 필요까지는 없어요"라는 말은 실제로는 "미안하지만 나는 당신이 그렇게 해주기를 바라요!"를 의미한다. 또한 사람들은 몸짓을 사용해 자신의 뜻을 "비언어적으로" 암호화하기도 한다. 가령, 인상을 찌푸리거나, 큰 소리를 내거나, 침묵을 지키거나, 부루퉁하거나, 마땅치 않다는 태도를 보이며 방을 나가거나 하는 식으로.

말 흘리기 triangling는 관계를 조작하는 또 다른 방식이다. 이것은 어떤 메시지를 당사자에게 직접 전하지 않고 다른 이를 통해 듣게 하는 것을 의미한다.

결과 : 거대한 레이더(상황과 관계 속에서 긴장을 더하는 능력, 또는 다른 이가 비틀어서 전하는 메시지를 해독해 내는 능력)를 세움; 무언가를 똑바로 말하지 않고 암호화해서 말함; 사람들에게(to)가 아니라 그들에 관해(about) 말함; 사람들에게 메시지를 전달함; 다른 이들이 당신의 암호를 알아주기를 기대함; 사람들을 신뢰하지 못함; 사람들이 하는 말에서 다른 의미를 읽어냄.

4. 우상 숭배

역학 : 수치심에 기초한 관계라는 시스템을 통해 섬김을 받는 신은 좀처럼 만족하지 않는 까다로운 재판관이다. 그는 멀리서 사람들의 행위를 마땅치 않은 표정으로 지켜본다. 그의 기분은 사람들의 행위에 의해 좌우된다. 그 신은 수행의 기준을 강요하고 특정한 시스템을 유지하기 위해 고안된 신이다. 그 신은 거짓 신 혹은 우상이다. 당신이 하나님 외에 무엇을 섬기든, 혹은 무엇에서 당신의 삶과 가치와 용납에 대한 의식을 이끌어 내든, 그것들은 모두 우상이다. 수치심에 기초한 시스템에 속한 거짓 신들로는 다음과 같은 것들이 있다―외양, 인상, 다른 사람들의 평가, 권력 지향.

결과 : 하나님에 대한 왜곡된 이미지; 다른 사람이나 외부의 환경에 대한 과도한 근심; 사람들의 비위를 맞춤; 자신의 안녕을 얻기 위해 다른 이들의 생각과 감정과 행위를 통제하려 함.

5. 잘못과 비난에 대한 집착

역학 : 이런 시스템에서는 수행이 큰 힘을 갖기 때문에 수행을 통제하기 위해 많은 것이 요구된다. 시스템이 정해 놓은 방식대로 행하지 않는 자들에 대한 반응은 신속하게 그리고 가차 없이 이루어진다. 실수한 자들은 그들의 실수에 대해 값을 치러야 한다. 이때 중요한 것은 책임이나 의무가 아니라 잘못과 비난이다. 성경이 가르치는 바에 따르면 우리가 죄를 고백해야 하는 이유는 용서와 깨끗함을 얻기 위함이다. 그러나 수치심에 기초한 시스템은 비난 받아야 할 사람이 누구인지를 밝히기 위해, 즉 다시는 그런 식으로 행동하지 않도록 자신의 모자람과 부족함을 느껴야 하는 이가 누구인지를 밝히기 위해 그 구성원들에게 죄에 대한 고백을 요구한다.

결과 : 무언가가 잘못되거나 어떤 이가 낭패를 당할 경우 당신이 그런 일을 초래했다는 의식; 당신 자신에 대해 좋은 느낌을 갖기 위해 잘못에 대해서는 반드시 벌을 받고 대가를 지불해야 한다는 의식; 방어 기술들(비난, 합리화, 최소화, 거짓말 등); 다른 이들에게 비판적임; 다른 이들을 3류로 여김; 반듯해지고자 하는 갈망; 자기를 용서하지 못함; 하나님의 은혜와 용서를 받아들이지 못함.

6. 부정확한 현실 인식

역학 : 수치심에 기초한 시스템의 구성원들은 권위자들의 그것과 다른 생각이나 의견이나 감정을 모두 부인해야 한다. 권위자들을 부끄럽게 만들

가능성이 있는 그 어떤 것도 무시되거나 부인되어야 한다. 그런 곳에서 사람들은 시행착오라는 정상적인 학습과정을 통해 삶에 관한 진리를 발견하지 못한다. 그런 곳에서 실수는 부끄러운 것이기 때문이다. 그 시스템 밖에 있는 사람이나 환경과의 접촉은 현행 질서를 위협할 수 있다. 시스템이 현실을 규정한다. 결과적으로 당신은 무엇이 정상인지 알 수가 없다. 문제들은 부인되고, 따라서 해결되지 않은 채 계속된다.

결과 : 감정, 필요, 사고와 멀어짐; 너무 비판적이 될 것이 두려워 당신의 레이더에 감지되는 것들을 무시함; 그 누구도 당신을 이해하지 못한다고 느낌; 건강한 모험을 두려워함; 자기에 대해 지나치게 분석적이 됨; 다른 이들을 의심하거나 두려워함; 옹졸해짐; 스트레스와 관련된 질병으로 고통을 당함; 극단적인 부정, 심지어는 망상.

7. 균형 잡히지 않은 상호관계

역학 : 수치심에 기초한 시스템의 구성원들은 다른 이들의 일에 엔간해서는 관여하지 않거나, 아니면 과도하게 관여한다. "엔간해서는 관여하지 않는다"에 대한 다른 표현은 **무시** neglect다. 대개 일중독자들의 자녀들이 이런 현상을 경험하는데, 그것은 그들의 부모들 중 어느 한쪽이나 양쪽 모두가 그들에게 어떻게 살아야 하는지를 가르쳐주지 않기 때문이다. 그 결과 이런저런 규칙들이 부모의 자리를 대신한다. 이런 경우에는 어떤 행위와 그로 인한 결과에 대해 배울 수 있는 관계적 구조 자체가 존재하지 않는다. 그럴 경우 대개 아이들은 인생에 대해 혼자서 혹은 우연히 배울 뿐이다. "과도하게 관여하다"에 대한 다른 표현은 **함정에 빠짐** enmeshment이다. 이것은 사람들 사이에 아무런 경계선이 없을 때 나타나는 현상이다. 이 경우에는 두 가지 거짓말이 상황을 지배한다. 첫째, 모든 이를 행복하고 안락하게 만드는 것이

당신의 책임이며, 당신에게는 그럴 만한 능력이 있다는 것이다. 둘째, 모든 이는 당신을 행복하고 안락하게 만들어야 할 책임이 있고, 그들은 그렇게 할 수 있다는 것이다. 결과적으로 모든 이들은 다른 모든 이들에 대해 책임이 있다. 그러나 아이러니하게도 이 경우에는 아무도 자기 자신에 대해 책임을 지지 않는다.

결과 : 버려질 것에 대한 두려움; 자기 훈련의 결여; 구조에 대한 반항; 구조에 대한 높은 의존; 어떤 문제가 발생할 경우 당신이 그것을 해결해야 한다고 느낌; 개인적인 필요를 갖는 것을 이기적인 것으로 여김; 사람들을 멀리하기 위해 경계를 설정함; 안전하지 않은 사람들이 가까이 오는 것을 계속해서 허용함; "아니요"라고 말하는 데 어려움을 겪음; 다른 이들이 당신을 이용하도록 허용함; 혼자라는 느낌; 관계에 집착함; 당신이 아무 잘못도 하지 않았을 때도 죄책감을 가짐; 다른 사람들을 그들의 행위의 결과로부터 구해내려고 함.

만약 그동안 당신이 수치심에 기초한 관계로 인해 고통을 받아 왔다면, 아마도 당신은 아래와 같은 또 다른 무언의 법칙들에 집착할 것이다.

- 하나님은 우리의 경건에 대해 물질로 보답하신다.
- 내가 충분히 영적이라면, 이처럼 고통을 받을 리 없다.
- 종교적 권위를 지닌 자들에게 "아니요"라고 말해서는 안 된다.
- 모든 사역자는 하나님에 의해 부르심을 받았으므로 적합한 자들이다. 따라서 우리는 그들을 믿고 따라야 한다.
- 하나님은 내가 그 사역을 감당할 것을 요구하고 계시다.
- 내 삶에 문제가 있는 것은 나의 믿음이 부족해서다.

- 교회에 문제가 있다고 말하는 것은 하나님의 얼굴에 먹칠을 하는 것이다.
- 사람들 사이의 일치는 모든 것에 대한 동의를 의미한다.

수치심에 기초한 관계는 그 관계 안에 있는 자들에게 심각한 결과를 초래한다. 그런 관계는 정직한 관계를 해치는 감정적인 기초 위에 세워진다. 그런 관계는 하나님과의 성숙한 인격적 관계를 방해할 뿐 아니라, 거짓 권위로 자신의 힘을 늘리면서 실제보다 겉모습을 중시하는 건강하지 못한 시스템을 세워나가는 이들에 대한 의존을 심화시킨다. 그런 시스템들은 그 구성원들을 희생시키고 그들이 학대적 관계에 얽혀들도록 준비시킨다.

✳ ✳ ✳

지금까지 우리는 영적 학대의 일반적인 징후들에 관해 논의했다. 그러나 우리는 가끔씩 율법주의에 빠지거나 간혹 자신의 지위를 이용해 다른 이를 억누르는 지도자들 모두에게 "학대자"라는 딱지를 붙여서는 안 된다. 그들 역시 죄의 영향으로부터 자유롭지 못한 인간에 불과하기 때문이다. 문제는 사람이 아니라 시스템이다. 다음 장에서 우리는 참으로 학대적인 시스템들에서 나타나는 몇 가지 특징들에 주목하고자 한다.

■ ■ ■

"거짓 선지자들을 삼가라 양의 옷을 입고 너희에게 나아오나 속에는
노략질하는 이리라"(마 7:15)

Escape from Spiritual Abuse!

영적 학대의 희생자들이 여러 가지 공통점을 갖고 있듯이, 영적 학대를 자행하는 종교적 시스템들 역시 그러하다. 힘 있는 자가 자신을 주장하고 종교적 수행이 규범화될 때 조심하라! 교회 안에 어떤 문제가 있음을 알아차리는 자들이 문젯거리로 낙인찍힐 때 주의하라! 진실은 절대로 문젯거리가 아니다. 구성원들을 영적으로 학대하는 종교적 시스템들과 관련된 진실에 주목해 보자.

제5장

학대적 성격을 지닌 교회 식별하기

학대적 성격을 지닌 교회들에서 공통적으로 발견되는 몇 가지 특징들이 있다. 앞으로 두 장에 걸쳐 우리는 그 중에서도 가장 보편적인 7가지 특징을 확인하고 설명할 것이다. 우선 이 장에서는 학대적 성격을 지닌 교회들이 교인들의 행동 방식을 규정하는 4가지 역학力學에 초점을 맞출 것이다. 그리고 다음 장에서는 사람들이 그 교회를 벗어나지 못하도록 교회 둘레에 장벽을 치는 3가지 역학에 대해 살필 것이다.

우리는 그 두 종류의 역학 모두를 이해할 필요가 있다. 왜냐하면, 영적으로 학대 받는 사람들은 (다른 종류의 학대의 경우에서처럼) 학대적 성격을 지닌 교회에서 빠져 나온 직후에 그것과 내용적으로 차이가 없는 또 다른 유사한 교회 안으로 들어가는 경우가 많기 때문이다. 실제로 많은 이들이 아주 큰 용기를 내서 학대적 성격을 지닌 교회를 떠난다. 그러나 대개 그들은 새로 찾아간 교회에서 그들이 원했던 것을 보지 못하거나, 혹은 이제 막 빠져나온 교회의 그것과 동일한 역학을 발견하고 실망에 빠진다.

학대적 성격을 지닌 교회에 속한 구성원들 사이의 관계는 아래와 같은 4가지 역학에 의해 통제된다.

허세

영적 학대의 성격을 지닌 교회의 첫 번째 특징은 허세 power-posturing다. 허세虛勢란 교회의 지도자들이 동료 신자들에게 자신의 영적 권위를 내세우고 그것에 대해 존경을 요구하는 것을 의미한다. 그들이 그렇게 하는 것은 그들의 영적 권위가 거룩한 특성에 근거한 실제가 아니라 그저 그렇다고 주장되는 것에 불과하기 때문이다.

최근에 한 젊은 부부가 자기들이 얼마 전까지 다녔던 교회에 대한 이야기를 들려주었다. 그 교회의 담임목사는 교인들에게 자기의 말을 그리스도의 말씀처럼 여기라고 가르쳤다. 그렇게 해야 할 이유는 자기가 그 양 떼의 우두머리이기 때문이라는 것이었다. 그러나, 만약 그 목사의 영적 권위가 실제였다면, 아마도 그는 다른 이들에게 그 사실을 알아달라고 그렇게 강조할 필요가 없었을 것이다. 또한 왕 중의 왕이신 분을 위해 비워 두어야 할 자리를 탈취하는 심각한 잘못을 범하지도 않았을 것이다!

마태복음 7장은 예수님에 대해 다음과 같이 진술한다. "예수께서 이 말씀을 마치시매 무리들이 그의 가르치심에 놀라니 이는 그 가르치시는 것이 권위 있는 자와 같고 그들의 서기관들과 같지 아니함일러라"(28-29절). 서기관과 바리새인들은 그들의 지위를 토대로 권위를 "주장했으나," 예수님은 권위를 "갖고 계셨다." 그리고 사람들은 그 사실을 알아차렸다. 존 도슨 John Dawson은 그의 책 『우리의 도시를 하나님께 *Taking Our Cities for God*』에서 다음과 같이 말한다. "가장 많은 희망을 제공하는 자가 가장 많은 권위를 얻는다."3 실제로 예수님은 우리에게 가장 큰 소망을 제공해 주셨다.

참으로 권위 있는 지도자들은 그들의 삶과 메시지를 통해 권위와 영적 능력과 신뢰성을 드러낸다. 그렇게 하지 못한다면 그들은 참된 지도자가 될 수 없다. 우리 중 어떤 이들이 영적 권위를 얻는 것은 하나님께서 그들의 삶을 이끄시고 그 과정에서 그들에게 그분 자신과 그분의 참된 생명의 말씀을 계시해 주시기 때문이다. 그러므로 참된 영적 권위는 자신들의 삶을 통해 다음과 같이 증언하는 자들에게서 나타난다. "하나님과 그분의 말씀은 참되다. 나는 나의 삶에서 일어난 모든 일을 통해 그 진리를 경험했다. 그러기에 나는 우리의 모든 소망이 오직 하나님 안에만 있다는 것을 안다."

바울은 말한다. "각 사람은 위에 있는 권세들에게 복종하라"(롬 13:1). 예수님은 말씀하신다. "하늘과 땅의 모든 권세를 내게 주셨으니"(마 28:18). 그리고 마태는 "예수께서 그의 열두 제자를 부르사 더러운 귀신을 쫓아내며 모든 병과 모든 악한 것을 고치는 권능을 주시니라"고 전한다(마 10:1). 우리가 고용이나 선출을 통해 영적 권위를 지닌 자리에 앉거나, 모든 사람들이 듣도록 큰소리로 외치거나, 모든 이가 놀랄 만한 큰일을 이룰지라도, 그런 것이 우리에게 참된 권위를 제공해 주지는 않는다. 오직 하나님만이 우리에게 권위를 주실 수 있다. 그분께서 그렇게 하시는 것은 우리가 그리스도의 몸에 속한 이들을 세우고 섬기고 구비시키고 해방시켜 그들 역시 우리처럼 하나님의 일을 하게 하시기 위함이다. 하나님의 일은 교회의 영적 지도자들이 주장하는 것과 일치할 수도 있고 그렇지 않을 수도 있다.

교회 안에는 그럴 만한 타당한 이유가 있어서-예컨대, 하나님께서 그들에게 권위를 주시고 또한 그들이 그 권위를 사용해 그들의 양 떼를 잘 돌보고 있어서-사람들로부터 추종을 받는 지도자들이 있다. 그런 지도자들은 자기

3. John Dawson, *Taking Our Cities for God* (Strang Communications, 1989).

들이 이끄는 이들을 해방시킨다. 그러나, 안타깝게도, 지도자로 선출되기는 했으나 사람들을 영적으로 해방시키는 그 어떤 실제적 권위도 보여 주지 못하는 이들이 있다. 그들은 자기들이 얼마나 많은 권위를 갖고 있는지 그리고 다른 이들이 자신의 권위에 얼마나 철저히 복종해야 하는지를 설명하느라 많은 에너지를 쏟는다. 그들이 사람들을 자기에게 복종시키기 위해 애쓴다는 사실은 역설적으로 그들이 하나님께서 주신 권위가 아니라 그들이 갖고 있다고 스스로 주장하는 권위에 의지하고 있음을 보여 주는 가장 확실한 증거다.

수행에 대한 열중

학대적 성격을 지닌 영적 시스템 안에서는 힘이 주장되고 권위가 규범화된다. 그러므로 그런 시스템들은 구성원들에게 **수행에 대한 열중**performance preoccupation을 강조한다. 그런 시스템 안에서 자주 사용되는 단어는 "순종"과 "복종"이다.

다음은 어느 교회의 소식지에 실려 있는 그 교회 담임목사의 칼럼 내용 중 일부다.

은혜를 잃어버림

지난주일, 우리 교회는 13주 만에 처음으로 예배 참석 인원이 2백 명 밑으로 떨어졌습니다. 2백 명 이상 참석 기록은 13주 만에 멈췄습니다. 이런 일은 우리가 은혜를 잃어버렸기 때문입니다! … 나는 다음 4주 동안 우리 교인 모두가 예배에 참석하고 올 한 해 우리의 예배가 큰 성공을 거둘 수 있도록 애쓰는 모습을 보고 싶습니다. 우리는 올 해를 우리 교회의 신기원으로 만들 수 있습니다. 과거에 우리는 많은 출석 인원, 많은 헌금, 그리고 모든 프로그램에 대한 높은 참여율을 자랑했었습니다. 이제 다시 "은혜를 받아" 새로운 10년을 위한 준비를 시작합시다.

이 교회에 속한 이들은 처음에 하나님의 은혜를 어떻게 받았을까? 교회에 나감으로써? 매주 2백 명 이상의 예배 참석 인원을 확보함으로써? 그들은 어떻게 그 은혜를 잃었을까? 2백 명의 예배 참석 인원을 확보하지 못함으로써? 아, 이것은 은혜에 대한 얼마나 큰 왜곡인가! 지금 이 목사는 자기의 교인들이 은혜를 얻도록 애쓰고 있는 것인가, 아니면 무언가를 수행하도록 부추기고 있는 것인가? 우리가 교회에 나가는 이유는 예수님을 의지하라는 격려를 얻기 위해서인가, 아니면 교회의 예배와 행사에 더 열심히 참여하라는 압력을 받기 위해서인가?

이 목사는 교회에 출석하는 것을 그리스도께 대한 순종과 동일시하고 있는 듯 보인다. 그러나 하나님께서는 자신이 다른 그 무엇보다도 우리의 마음의 중심을 보신다고 가르치신다(삼상 16:7). 그분은 우리가 어떤 옳은 일을 옳지 않은 이유로 하는 것을 원하지 않으신다. 그렇다, 하나님에 대한 순종은 협상의 대상이 아니다. 만약 어떤 이의 순종과 봉사가 그가 하나님을 의지하는 과정에서 자연스럽게 우러나오는 것이라면, 그때 그는 자기가 한 일에 대한 보상을 위해서가 아니라 스스로 기뻐서 그렇게 하는 것이다. 그러나, 만약 당신이 자신이 하는 일이 하나님을 충분히 기쁘게 해드렸는지에 늘 신경을 곤두세우고 있다면, 그때 당신은 그분이 아니라 당신의 일을 바라보고 있는 것이다. 또한 그때 당신은 하나님 외에 당신을 바라보고 평가하는 그 누군가에게 관심을 두고 있는 것이다.

어느 교회의 경우를 살펴보자. 그 교회는 그 지역 사람들을 섬기는 귀한 사역을 시작했다. 그런데 안타깝게도 그 사역에 종사하는 이들은 매일 그 교회의 담임목사에게 자기들이 하루의 시간을 어떻게 사용했는지를 서면으로 보고해야 했다. 사역자들은 그들이 그들의 시간을 얼마나 현명하게 사용했는지에 따라, 즉 그들이 그들의 시간을 하나님께서 원하시는 방식으로 사용했는지 여부에 따라 평가되었다. 또한 사역자들 대부분이 성경을 충분히 읽지 않았다는 이유로 책망을 당했다. 물론 그 충분함은 그 교회의 담임목사가 정해 놓은 것이었다. 더 나아가 놀랍게도 그들은 10분 안에 끝냈어야 할 목욕을 15분 동안 했다는 이유로 지적을 당했다. 그들은 그 5분을 아껴서 성경을 읽어야 했다. 이것은 그 시스템 안에서는 사역자들이 목욕하는 데 필요한 적절한 시간마저 목사가 정한다는 것을 의미했다. 이런 시스템은 경건이나 하나님께 대한 순종을 촉진하지 못한다. 다만 그것은 신앙에 대한 지도자들의 옳지 않은 해석과 다른 사람들을 통제하고자 하는 그들의 욕구만 충족시킬 뿐이다.

순종과 복종이 중요한가? 분명히 그렇다. 그것은 바울의 말을 통해 잘 드러난다. "각 사람은 위에 있는 권세들에게 복종하라"(롬 13:1). 또한 베드로전서는 "장로들에게 순종하라"(벧전 5:5)고 말씀하며, 히브리서는 "너희를 인도하는 자들에게 순종하고 복종하라"(히 13:17)고 강조해서 말씀한다.

그러나 균형을 얻기 위해 우리는 이런 말씀들에 그것들 못지않게 중요한 말씀 하나를 덧붙일 필요가 있다. 사도행전에서 베드로와 다른 사도들은 다음과 같이 말한다. "사람보다 하나님께 순종하는 것이 마땅하니라"(행 5:29). 우리는 베드로가 이 말을 당시에 그가 불복하고 있던 당대의 종교 지도자들을 향해 했다는 사실에 주목할 필요가 있다. 문맥을 벗어나 살핀다면, 교회의 지도자들에 대한 순종은 아주 훌륭해 보인다. 그러나, 보다 큰 문맥 안에서 살펴본다면, 우리는 우리가 교회의 지도자들에게 순종하고 복종하는 것은 오직 그들의 권위가 하나님께로부터 오고 또한 그들의 입장이 하나님의 그것과 일치할 때만 적절하다는 것을 알 수 있다.

사람들이 교회의 지도자들의 명령에 순종하는 이유는 다양하다. 수치를 당하지 않기 위해서, 인정을 받기 위해서, 혹은 자기들의 지위나 위상을 유지하기 위해서 등등. 그러나 그 모든 것은 참된 순종이 아니다. 오히려 그것은 일종의 자기추구에 불과하다. 어떤 행위가 참으로 하나님을 사랑하는 마음에서 우러나오지 않고 외부의 힘을 의식해 규범화된 형태를 지니고 나타날 경우, 우리는 그것을 "순종"이라고 불러서는 안 된다. 오히려 그것은 외부의 압력에 대한 "순응"에 불과하다.

로마서에서 바울은 다음과 같이 말한다. "너희는 이 세대를 본받지 말고 오직 마음을 새롭게 함으로 변화를 받으라"(롬 12:2). 본받지 말고 변화되라! 여기에서 "본받다"에 해당하는 헬라어는 "밖에서 안으로 쑤셔 넣다"를 의미한다. 그러므로 이때 바울은 로마 교회 교인들에게 "쑤셔 넣음을 당하지 말라"고 말하고 있었던 셈이다.

그러나 수행에 초점을 맞추는 교회나 가정에서 이 말씀은 다음과 같은 식으로 왜곡될 수 있다. "우리 교회와 교회의 지도자들은 옳다. 그러므로 우리는 다른 사람들보다 하나님께로부터 오는 보다 참되고 보다 순전한 말씀을 갖고 있는 셈이다. 그러므로 우리는 할 수 있는 한 교회와 교회의 지도자들의 가르침에 견고하게 매달려야 한다. 그래야 우리처럼 생각하지 않는 이들, 즉 우리 교회 밖에 있는 다른 사람들처럼 되지 않을 수 있다. 만약 우리가 교회가 가르치는 모든 것을 따라 살지 않는다면, 우리는 하나님을 실망시키게 될 것이다." 이런 태도는 사람들을 점점더 밖에서 안으로 쑤셔 넣는다. 그리고 그들은 변화되지 않고, 순응한다.

그러나 참된 변화는 밖에서 안으로가 아니라, 안에서 밖으로 나가는 것을 의미한다. 쑤셔 넣음을 당하지 말고 변화하라!

무언의 규칙들

학대적 성격을 지닌 교회에 속한 이들의 삶은 이런저런 규칙들을 통해 통제된다. 그 규칙들은 발설된 규칙 spoken rules일 수도 있고 **무언의 규칙들** unspoken rules일 수도 있다. 무언의 규칙들은 건강하지 못한 교회나 가정들을 지배하고 있으나 사람들이 그것에 대해 큰소리로 말하지는 않는 규칙들을 가리킨다. 그것들이 큰소리로 말해지지 않기에 당신은 그것들을 어기기 전까지는 그것들의 존재 자체를 모를 수도 있다.

예컨대, 교인들 중 그 누구도 다음과 같이 말하지 않는다. "당신은 담임목사님에게 손을 들고 이의를 제기해서는 안 된다. 만약 당신이 그런 일을 한다면, 당신은 다른 이들로부터 신뢰를 얻지 못할 것이고, 따라서 교회 안에서 그 어떤 일도 맡지 못할 것이다." 이 경우에 무언의 규칙은 다음과 같다. "교회의 권위자들에게, 특별히 담임목사에게 이의를 제기하지 말라. 그런 일을 한다면 당신의 신앙은 의심 받게 될 것이다." 그러나 이런 규칙들은 결코 발설되지 않는다. 왜냐하면 그것들은 성숙한 대화를 통해 검증할 경우 그것들이 얼마나 비논리적이고, 건강하지 못하고, 비기독교적인지가 즉각 드러날 것이기 때문이다. 그러므로 침묵은 목회자의 권위를 검증하거나 그것에 도전하는 일을 막아내기 위한 강력한 보호벽이 된다.

당신이 공개적으로 혹은 공식적으로 목회자에게 이의를 제기할 경우, 당신은 그 침묵을 깨는 셈이 될 것이고, 십중팔구 그로 인해 모종의 징계를 받게 될 것이다. 그렇게 해서 당신은 당신의 교회 안에 비록 그동안 발설되지는 않았으나 어떤 분명한 규칙이 존재한다는 사실을 알게 될 것이다. 당신이 의도하지 않은 채 그 규칙을 깨뜨릴 경우, 당신은 다음 두 가지 중 하나를 맛보게 될 것이다. 하나는 무시 neglect(묵살, 간과, 혹은 회피 등)이고, 다른 하나는 공격적인 율법주의 aggressive legalism(심문, 공개적인 비난, 교회를 떠나라는 요구, 혹은 극단적인 경우에는 저주 등)다. 무언의 규칙들은 믿을 수 없을 만큼 큰 힘을 갖고 있다. 어쩌면 지금 당신 자신이 그런 위력들 중 몇 가지를 경험하고 있을 수도 있다.

한 가지 시험을 해보라. 혹시 당신이 속해 있는 교회는 성경이 일종의 성문법으로서 우리의 모든 문제들에 대해 최종적인 권위를 갖는다고 가르치고 있지 않는가? 여기에서 "성경이 최종적인 권위를 갖는다"라는 말은 "발설된 규칙"이다. 그러나 교회 안에서 발설된 규칙이 늘 실제로 교회를 지배하는 규칙이 되는 것은 아니다. 예컨대, 성문법인 성경은 다음과 같이 말씀한다. "그런즉 거짓을 버리고 각각 그 이웃과 더불어 참된 것을 말하라"(엡 4:25). 그러나 그렇게 가르치는 교회나 가정에는 또한 성문화되지도 발설되지도 않은 "무언의 규칙"이 존재한다. 그것은 "정직보다 친절이 낫다"라는 교회의 관습이다.

그로 인해 이제 당신의 교회 안에서 두 가지 법이 서로 대치한다. 성문법인 성경은 이것을 주장하고, 불문법인 교회의 관습은 저것을 주장한다. 여기에 시험이 있다. 두 가지 법이 모두 작동하고 있는 당신의 교회에서는 그 둘 중 어느 쪽이 더 우세한가? 혹시 정직이 억압되거나, 억제되거나, 심지어 압제되고 있지는 않은가? 영적 학대의 성격을 지닌 가정이나 교회들에서는, 비록 사람들이 자기들은 성경의 권위를 옹호한다고 주장하기는 하나, 그 성경조차 무언의 규칙들만큼 강력하지는 않다.

영적 학대의 성격을 지닌 시스템 안에서 작동하고 있는 무언의 규칙들 중 가장 강력한 것은 우리가 이미 언급했던 것이다. 그것은 **말하지 말라**라는 규칙이다. 이 규칙의 배후에는 다음과 같은 사고가 자리 잡고 있다. "정말로 중요한 문제는 드러나지 말아야 한다. 왜냐하면, 그것이 드러날 경우, 그것은 어떤 식으로든 다뤄져야 하고, 그로 인해 아무도 원치 않는 변화가 발생할 것이기 때문이다. 그러므로 그것은 침묵의 벽[무시] 뒤에 남아 있거나 비난[공격적인 율법주의]을 통해서 제어되어야 한다. 만약 당신이 그 문제를 큰소리로 발설한다면, 당신은 문젯거리가 될 것이다. 또 그럴 경우 당신은 어떤 식으로든 침묵을 강요당하거나 제거될 것이다."

교회에서 어떤 중요한 문제에 관해 공개적으로 발언하는 이들은 종종 교우들로부터 다음과 같은 비난을 듣는다. "당신이 입을 열기 전까지는 교회가 아주 평온했어요. 당신이 소동을 일으키기 전까지는 모든 것이 좋았다고요." 혹은 문제를 좀더 영적인 것으로 만들고자 하는 자들로부터 다음과 같은 조롱을 받기도 한다. "당신은 잔뜩 화가 나 있군요. 당신은 그 문제를 사랑으로 해결하려 하지 않는군요. 그리고 바로 그것이 당신이 그 문제에 신앙적으로 대응하지 않고 있음을 보여 주는 결정적인 증거에요."

둘 중 어느 쪽이든, 교회에 문제가 있다고 발언한 사람의 태도만 문제가 될 뿐, 그가 제기한 문제 자체는 전혀 다뤄지지 않는다. 그러나, 사람들이 어떤 문제에 관해 소리를 내어 이야기할 경우, 사실 그들은 그 문제들을 일으키는 것이 아니라 그것의 존재를 드러내는 것에 불과하다.

학대적 성격을 지닌 시스템 안에는 위장된 평화pretended peace가 존재한다. 위장된 평화란 예레미야가 다음과 같이 말하며 한탄했던 것을 가리킨다. "그들이 내 백성의 상처를 가볍게 여기면서 말하기를 평강하다 평강하다 하나 평강이 없도다"(렘 6:14). 만약 우리를 하나로 묶어 주는 것이 우리가 실제로는 동의하지 않으면서도 동의하는 체하는 것에 불과하다면, 그때 우리는 평화와 일치를 위장하고 있는 셈이다. 그러나 이것은 모든 건강한 교회들의 특징이 되어야 하는 "성령이 하나 되게 하신 것을 힘써 지킴"(엡 4:3)과는 거리가 멀어도 한참이나 먼 것이다.

건강한 교회에서는 그 어떤 주제라도 공개적인 논의의 대상이 될 수 있다. 그런 교회에서 교인들은 어떤 문제에 대해 의견이 일치하지 않을 수 있다. 그리고 서로 다른 의견을 가진 이들이 합의할 경우 그 주제에 관해 계속해서 토론을 해나갈 수도 있다. 혹은 그 문제가 교회에 과도한 긴장을 일으킬 경우 상호간의 합의를 통해 한동안 그 문제에 관한 논의를 유보할 수도 있다.

중요한 것은 양쪽 당사자들이 합의를 이루는 일에 참여한다는 사실이다. 만약 우리를 참으로 하나 되게 하는 것이 성령과 서로에 대한 사랑이라면, 우리는 어떤 문제에 대해 얼마든지 의견을 달리할 수 있으며, 그런 일이 우리의 하나 됨을 해치지도 못한다.

그러나 "말하지 말라"라는 규칙은 무언가에 대해 말하는 사람을 비난한다. 그리고 그 규칙을 어긴 이들에 대한 징계의 위협을 통해 무언가에 대해 의문을 품는 자들을 침묵시킨다.

또 다른 시험이 있다. 어느 날 수잔은 교회의 상담사역자인 존과 상담을 하던 중에 성추행을 당했다. 수잔은 그 사실을 교회의 지도자들과 경찰에게 고발했다. 그로 인해 존은 어려운 상황에 빠졌고 법원과 교회의 위원회 앞으로 불려갔다.

존은 왜 그런 상황에 빠진 것일까? 수잔이 그를 고발했기 때문에? 아니다, 그것은 그의 행동이 부적절하고 불법적이었기 때문이다. 그러나 존은 수잔에게 자기가 그런 상황에 빠진 것이 그녀가 별것 아닌 일을 떠벌렸기 때문이라며 그녀를 비난했다. 또한 그런 말을 하면서 교회의 담임목사나 다른 교우들에게 도움을 요청했다.

안타깝게도 오늘날 교회 안에는 비록 겉으로 잘 드러나지는 않으나 수잔과 같은 일을 겪고 있는 여신도들이 꽤 많이 있다. 그들은 자기들을 학대하는 남성 지도자들의 잘못을 드러내고 그들에 대해 문제를 제기했다는 이유만으로 "순종적이지 않다," "드세다," "믿음이 없다," 혹은 "이세벨 같다"라는 막말을 들으며 영적으로 학대를 당하고 있다. 너무나 많은 교회들이 교인들에게 다음과 같은 말로 수치심을 안기는 메시지를 전하고 있다. "문제는 당신의 경계가 훼손되고 침해당한 사실이 아니다. 오히려 문제는 당신이 그 일에 대해 말했다는 사실이다. 당신이 그런 식으로 소동을 일으키지만 않았다면, 모든 것은 계속해서 좋은 상태를 유지했을 것이다."

그러나 아니다. 정말로 심각한 문제는 그것이 아니다. 만약 누군가로부터 상처를 입은 이가 자기가 당한 일에 대해 말하지 않는다면, 그에게 그런 해를 입힌 사람은 그가 한 행동에 대해 아무런 책임도 지지 않게 될 것이다. 그리고 그 일의 희생자는 그렇게 영적으로 학대당하는 과정에서 자신의 고통과 분노를 저 혼자서 냉동시켜야 할 것이다.

누구라도 마찬가지겠으나 특히 권위 있는 자리에 앉은 이들은 다른 이들로부터 의심이나 반대를 받는 것을 좋아하지 않는다. 그러나 그럴 경우 그가 지배하고 있는 시스템 자체가 그에게 덫이나 몰락의 원인이 될 수도 있다. 만약 어떤 시스템 안에 문제가 있음을 인식하는 것 자체가 그 시스템에 대한 불충, 분열주의, 그리고 권위에 대한 도전으로 간주된다면, 그런 시스템 안에는 허울뿐인 평화와 일치만 남게 될 것이다. 그리고 그런 곳에서는 학대로 인한 상처가 치유되기는커녕 오히려 학대의 정도가 점점 더 높아질 뿐이다.

만약 어느 교회의 지도자들이 교우들에게 자신들의 일에 대해 설명하는 의무를 이행하지 않는다면, 그 교회는 그리스도 안에 있는 자유와 상반되는 방식으로 운영되고 있는 것이다. 또한 그런 교회는 사도 야고보의 다음과 같은 권면을 철저히 무시하고 있는 것이다. "내 형제들아 너희는 선생된 우리가 더 큰 심판을 받을 줄 알고 선생이 많이 되지 말라"(약 3:1).

교회의 지도자들은 그들의 권위 때문에 더 많은 책임을 갖고 있다. 어째서인가? 만약 당신이 교회의 지도자라면, 당신의 교회에 속한 많은 이들이 당신을 따르고 당신처럼 행동할 것이기 때문이다. 그리고 그로 인해 당신은 당신이 의도하든 하지 않든 영적으로 당신과 같은 이들을 복제해 낼 것이기 때문이다. 그러니 당신 자신에게 물어보라. 지금 당신은 당신을 닮은 어떤 이들을 복제해 내고 있는가?

균형의 결여

영적 학대의 성격을 지닌 시스템의 네 번째 특징은 기독교적 삶의 진리에 대한 **균형의 결여** Lack of Balance다. 그런 결여는 두 가지 극단적인 형태로 나타날 수 있다.

첫 번째 극단은 삶에 대한 경험주의적 접근인데, 이것은 지나치게 객관적인 진리 objective truth를 추구하느라 각 사람의 주관적인 경험을 철저히 배제하는 상태에 이른다. 이런 식의 접근은 성령의 사역까지도 신학적으로는 인정되지만 실제적 차원에서는 의심되거나 부인되는 영적 시스템 안에서 나타난다.

영성에 대한 이런 식의 접근은 권위가 하나님과의 친밀함이나 성령에 대한 순종과 예민함 대신 고도의 교육이나 지적 능력에만 기초를 두고 있는 영적 시스템을 만들어 낸다. 이런 종류의 시스템은 성경과 그리고 하나님의 성령과 상반된다. 사도행전은 베드로와 요한을 심문하던 제사장들에 대해 다음과 같이 전한다. "그들이 베드로와 요한이 담대하게 말함을 보고 그들을 본래 학문 없는 범인으로 알았다가 이상히 여기며 또 전에 예수와 함께 있던 줄도 알고 또 병 나은 사람이 그들과 함께 서 있는 것을 보고 비난할 말이 없는지라"(행 4:13). 베드로와 요한의 확신과 권위는 그들이 예수님과 함께 있었고 성령으로 충만했기에 나타났던 것이다(8절).

객관성을 극도로 중시하는 영적 시스템은 하나님을 우리가 설명하거나 입증하거나 경험할 수 있는 방식으로만 역사하시도록 제한한다. 그것은 하나님을 상자 안에 가둔다. 그것은 "성부" 하나님, "성자" 하나님, 그리고 "성경" 하나님과만 관계를 맺을 뿐, "성령" 하나님을 철저히 간과한다. 그로 인해 그런 시스템 안에서는 오직 성경을 이해하고 암기하는 것만이 하나님의 음성을 들을 수 있는 유일한 방식이 된다. 그런 곳에서 우리는 하나님께서 역사하시는 일반적인 방법을 기리는 찬송을 부르는 일에 묶이고 만다. 그런 곳에서 우리는 더 이상 위대한 여호와를 예배하지 않는다. 그곳에서 우리가 예배하는 대상은 한때 위대한 여호와이셨던 분에 불과하다.

균형의 결여를 보여 주는 또 다른 접근방식은 기독교적 삶에 대한 극단적 주관주의extreme subjectivism를 통해 나타난다. 이런 식의 접근이 나타나는 시스템 안에서는 진리가 감정과 경험에 의해 결정되고, 그런 것들이 성경이 선포하는 내용보다 더 중시된다. 또한 그런 시스템에 속한 이들은 그들의 지도자들이 하나님으로부터 오는 영적 계시를 통해 진리를 받아 자기들에게 나누어 주기 전까지는 그 어떤 진리도 알거나 이해하지 못한다.

또한 그런 시스템 안에서는 당신이 성경이나 당신 자신의 영적 성장과정을 통해 얻은 진리를 따라 행동하는 것보다 당신을 위한 말씀을 갖고 있다고 간주되는 영적 지도자의 말을 따라 행동하는 것이 더 중요하다.

그런 시스템 안에서 사람들은 하나님의 지혜의 말씀과 지식의 말씀이 오직 영적으로 예민한 특정한 남자와 여자들을 통해서만 온다고 믿는다. 그러나 그런 이들이 갖고 있는 말씀은 우리의 성경에 실려 있으며 그 자체로 하나님의 말씀인 바울이나 베드로나 야고보나 요한의 말씀과 동일한 권위를 갖지 못한다. 특정한 남자나 여자들을 통해 온 하나님의 말씀이 당신을 위한 말씀이 될 수 있는 유일한 길은 그 말씀이 기록된 하나님의 말씀인 성경의 내용과 일치하는 것뿐이다.

그러나 이 경우에도 우리는 성경을 이용해 다음과 같은 방식으로 사람들을 조종하려 해서는 안 된다. "나는 성경에서 아나니아와 삽비라에 관한 이야기를 읽다가 당신 생각을 했어요. 당신은 자신이 교회에 충분한 헌금을 드리고 있다고 확신하세요?"

어떤 이가 당신에게 하나님의 말씀을 전하는 것이 곧 그가 당신을 위한 하나님의 말씀을 갖고 있음을 의미하는 것은 아니다. 어떤 이가 당신에게 무언가를 지시하거나, 당신을 어딘가로 이끌거나, 혹은 당신의 무언가를 바로잡기 위해 당신에게 하나님의 말씀을 전할 경우—그 말씀이 성경을 통해서 온 것이든, 아니면 영적 은사를 지닌 사람을 통해서 온 것이든 간에— 그 말씀은 일차적으로 당신 안에 거하시는 성령에 의해 확증되어야 한다. 성령의 확증을 얻기 전까지는 그 말씀을 하나님께로부터 온 것으로 여기지 말라. 설령 그 말씀이 당신의 담임목사를 통해서 왔을지라도 말이다.

더 나아가, 만약 당신이 어떤 이가 권위 있는 지위를 갖고 있고 따라서 당신이 마땅히 그에게 순종해야 한다고 믿기에 그가 내리는 명령을 받아들이고 그 명령대로 행한다면, 그런 일은 아주 부적절할 뿐 아니라 심지어 위험하기까지 하다. 마지막 날에 우리 모두가 그 앞에 서서 우리가 행한 모든 일에 대해 설명해야 할 분은 오직 하나님 한 분뿐이다.

극도로 객관적인 접근법을 지닌 사람들과 마찬가지로, 극도로 주관적인 접근법을 지닌 사람들 역시 교육에 대해 나름의 견해를 갖고 있다. 대개 그들은 교육을 나쁘거나 불필요한 것으로 여긴다. 심지어 자기들이 아무런 교육도 받지 않은 것에 대해 자부심을 갖거나 교육받은 사람들을 경멸하는 경우도 있다. 그들은 자기들에게 필요한 모든 것을 성령을 통해 배울 수 있다고 여긴다. "어쨌거나, 베드로나 디모데가 대학이나 신학교에 다녔던 것은 아니잖아……."

그러나, 사실을 말하자면, 베드로는 신학교에 다녔다. 그가 얻은 객관적 진리와 주관적 경험은 모두 예수님이라는 신학교를 통해 얻은 것이었다. 디모데가 다녔던 신학교는 바울이었다. 그 시절에 사람들은 랍비식 교수법을 통해 교육을 받았다. 랍비식 교수법이란 학생이 그의 영적 멘토와 함께 살면서 그와 나누는 경험을 통해 가르침을 받는 것을 의미한다. 베드로의 학습은 3년간이나 계속되었다. 디모데는 독자적인 사역을 시작한 후에도 바울과의 서신 교환을 통해 통신 신학교 과정을 계속해 나갔다. 바울이 편지를 통해 디모데에게 한 말을 떠올려 보라. "너는 진리의 말씀을 옳게 분별하며 부끄러울 것이 없는 일꾼으로 인정된 자로 자신을 하나님 앞에 드리기를 힘쓰라"(딤후 2:15). 흠정역(KJV)은 이 구절을 다음과 같이 번역한다. "… 하나님 앞에 부끄럽지 않은 일꾼으로 인정받도록 공부하라." 하나님의 말씀을 공부하는 것은 중요하다. 하나님의 말씀을 정확하게 이해하기 위한 도구를 얻는 것은 좋은 일이지 결코 나쁜 일이 아니다.

자신이 교육을 받지 않은 것에 대해, 혹은 어느 특정한 학교에서 교육을 받은 것에 대해 영적 프리미엄을 주장하는 자들을 경계하라. 혹시 당신이 성령을 통한 보다 고차원적인 계몽을 주장하는 어느 선생에게서만 가르침을 받았을 뿐 그 외에는 다른 그 누구에게서도 가르침을 받지 않았다면, 지금 당신은 영적으로 매우 위험한 상황에 처해 있을 수 있다.

＊ ＊ ＊

다음 장에서는 영적 학대의 성격을 지닌 교회들이 사람들이 그곳을 떠나는 것을 극도로 어렵게 만드는 몇 가지 방식들에 대해 살필 것이다.

Escape from Spiritual Abuse!

영적 학대의 성격을 지닌 교회에 속한 이들은 대개 상처를 받고 지쳐 있다. 앞 장에서 우리는 그들이 그렇게 된 이유를 설명했다. 이 장에서는 그들이 자신들이 교회에서 영적으로 학대를 받고 있음을 분명하게 인식한 후에도 그 교회를 떠나지 못하는 이유를 살펴볼 것이다.

제6장

교회
혹은 블랙홀

천문학자들이 "블랙홀 black hole"이라고 부르는 현상이 있다. 블랙홀은 그 질량이 믿을 수 없을 만큼 커서 "밖으로"가 아니라 "안으로" 폭발하는 별을 가리키는 용어다. 그 별의 중력은 점점 강해져 결국에는 빛의 발산조차 가로막는다. 그로 인해 "블랙홀"이라는 용어가 나타났다.

앞서 말했듯이, 영적 학대의 특성을 지닌 교회는 그 구성원들이 그곳을 떠나는 것을 극도로 어렵게 만든다. 그런 교회에서는 모든 초점이 수행에 맞춰지기에 교회 밖에 있는 사람들의 눈에는 그 교회의 모든 것이 좋아 보인다. 그로 인해 그 교회는 교회 밖에 있는 사람을 안으로 끌어당기는 영적 자석처럼 작동한다. 그러나 또한 그 교회는 엄청난 영적 중력을 지닌 블랙홀처럼 작동함으로써 사람들이 그 교회를 벗어나는 것을 극도로 어렵게 만든다. 사실, 우리가 "말하지 말라"라는 규칙을 다루면서 보았듯이, 그런 교회에서는 그 안에서 진행되고 있는 일들에 관한 최소한의 정보조차 유출되지 않는다. 만약 당신이 교회 밖에 있는 누군가에게 교회의 사정에 대해 말한다면, 당신은 그 즉시 문제아 취급을 당할 것이다. 아래에서 우리는 영적 학대의 성격을 지닌 교회의 구성원들이 그 교회에서 벗어나는 것을 어렵게 만드는 3가지 역학에 대해 살필 것이다.

편집증

영적 학대의 성격을 지닌 교회에는 "다른 이들은 우리의 상황을 이해하지 못한다. 그러므로 그들이 우리를 조롱하거나 핍박하지 않도록 그들에게 우리의 상황을 알리지 말라"라는 발설된 혹은 발설되지 않은 규칙 혹은 의식이 존재한다. 여기에는 다음과 같은 몇 가지 가정이 전제되어 있다. 첫째, 우리가 지금처럼 말하고, 알고, 행동하는 것은 우리가 다른 이들보다 훨씬 더 깨어 있기 때문이다. 둘째, 다른 이들은 그들이 우리와 하나가 되지 않는 한 결코 우리를 이해하지 못한다. 셋째, 그러므로 다른 이들은 우리를 부정적으로 대할 것이다.

권위가 자연스럽게 드러나는 것이 아니라 주장되고 법제화되는 교회에서는 교묘한 박해 의식을 통해 모든 것을 교회 안으로 귀속시키려는 움직임이 나타난다. 어째서일까? 그것은 교회 밖에 있는 악하고 위험하고 영적이지 않은 사람들이 "우리"를 약화시키거나 파괴하려 하기 때문이다. 이런 의식은 그 학대적인 교회 주위에 강한 성벽이나 지하 벙커를 만들고, 학대자들을 검증이나 책임으로부터 보호하고, 사람들이 그 시스템을 벗어나는 것을 더욱 더 어렵게 만든다(그들이 그곳을 떠날 경우 그들 역시 외부인이 될 것이기 때문이다). 물론 교회 밖에는 악한 세상이 있다. 하지만 또한 거기에는 선한 세상도 존재한다. 그러나 학대적 성격을 지닌 교회에 속한 이들은 오직 자기네 교회 안에서만 안전이 보장된다는 잘못된 생각을 하도록 이끌린다.

그러나, 아이러니하게도, 예수님과 바울은 한 목소리로 양 떼에게 가장 위험한 이리들이 "집 안에" 있다고 경고했다(마 10:16; 행 20:29-30).

얼마 전에 우리는 미국 서부에서 탁월한 명성을 얻으며 출발했던 한 선교단체와 관련된 안타까운 소식을 들었다. 어느 시점에 그 단체의 지도자가 의심스러울 뿐 아니라 불법적이고 부도덕하기까지 한 일들을 하기 시작했다. 한 신문이 의혹을 제기했고, 그로 인해 그에 대한 의구심이 일어나기 시작했다. 결국 그 사람은 성적으로 부적절한 일을 했다는 죄목으로 고소를 당했다. 그러자 그는 그 사건을 재판 없이 합의를 통해 해결하기로 했다. 그로 인해 그 문제는 사라졌고, 그 사람 역시 사라졌다.

그 기간에 그는 언론을 통해 철저한 검증을 받았는데, 그 검증에 대한 그의 대응이 흥미로웠다. 지역 신문이 그에 대해 의혹을 제기하거나 그가 저지른 잘못을 폭로하면, 그는 자기가 발행하는 소식지를 통해 다음과 같은 말을 되풀이했다. "이럴 때일수록 우리는 하나님께서 우리에게 원하시는 일에 매진해야 합니다. 사탄이 사악한 세속의 언론을 통해 날마다 우리를 공격하고 있기 때문입니다!" 그러나, 우리가 보기에는, 오히려 그 선교단체에 속한 이들 중 아무도 진실을 말하지 않기에 하나님께서 세속의 언론을 통해 그에 대한 추악한 진실을 폭로하시는 것 같았다.

이것은 **편집증** paranoia, 즉 내부의 사람들이 그 어떤 타당한 의문도 제기하지 못하도록 외부의 적에게 초점을 맞추는 방식을 보여 주는 한 예다. 이런 편집증은 구성원들이 그 시스템을 떠나는 것을 어렵게 만들 뿐 아니라 그들에게 필요한 도움도 얻지 못하도록 가로막는다.

로마서에서 바울은 "네가 권세를 두려워하지 아니하려느냐"라고 물은 후 다음과 같이 답했다. "선을 행하라"(롬 13:3). 그는 문제를 감추라고 말하지 않았다.

　최근에 우리는 어느 목회자가 "악하고 세속적인" 사회복지 시스템을 믿을 수 없어서 그의 교회에 속한 어느 가정에서 아동 학대가 일어나고 있다는 사실을 감춰왔다는 소식을 들었다. 물론 세속의 사회복지사들이 하나님의 은혜와 사랑에 대해 알지 못할 수도 있다. 그러나 그것은 자기 자녀를 학대하는 그리스도인 부모들 역시 마찬가지다. 반면에 사회복지사들은 학대당하는 이들을 돕는 방법을 알고 있다. 또한 그들은 자녀들을 학대하는 자들에게 책임을 묻는 방법도 알고 있다. 아동 학대는 범죄다. 그리고 하나님께서는 세속의 법률 시스템을 "악을 행하는 자에게 진노하심을 따라 보응하는 자"(롬 13:4)로 삼으실 수 있다.

　영적 편집증에 관한 또 다른 예는 많은 그리스도인들이 알코올 중독 방지회 Alchoholics Anonymous(흔히 AA로 불린다–역주)나 다른 자조自助 단체들에 대응하는 방식을 통해서도 드러난다. AA는 술을 끊으려는 사람들에게 잘 준비된 맞춤형 지원을 제공한다. 그 단체는 자기들이 사람들을 예수님께 인도하겠노라고 약속하지 않는다. 그러나 그 단체는 사람들이 술을 끊도록 돕는다. 그럼에도 많은 그리스도인들이 AA가 예수 그리스도를 구주로 인정하지 않는다는 이유로 그 단체에 도움을 요청하거나 사람들을 그리로 보내려 하지 않고 있다.

　분명히 AA는 사람들이 기독교적인 방식을 따라 살도록 돕기 위해 존재하는 단체가 아니다(사람들이 술에 취하지 않는다면 그들의 삶이 향상된다는 것은 의심할 여지가 없을지라도 말이다). 그러나 그들은 "보다 높은 힘"과 "당신이 이해한 방식대로의 하나님"에 대해 언급한다. 그런데 도대체 우리 중 "우리가 이해한 방식대로의 하나님"과 관계를 맺고 있지 않은 자가 누구인가? 그렇게 해서 AA는 하나님에 대해 믿기 어려울 만큼 부정적인 이미지를 갖고 있는 사람들이 엄청난 분량의 신학을 마스터하지 않고도 다시 하나님을 찾도록 이끌고 있다. 그로 인해 실제로 AA는 교회가 그 단체로 보내는 사람들보다 훨씬 더 많은 사람들을 교회로 보내고 있다. 하나님의 양 떼를 이끄는 일을 맡은 이들이 해야 할 중요한 일들 중 하나가 상처 받은 자들에게 필요한 영적 도움을 제공하는 것임을 잊지 말라. 비록 그것이 우리가 거의 아무런 지식도 갖고 있지 않은 분야에서 경험을 쌓은 누군가에게 의지하는 것을 의미할지라도 말이다.

마지막으로 그동안 우리가 상담을 진행하면서 접했던 가장 기괴한 사례 하나를 소개하려 한다. 그것은 학대를 통해 구성원들을 붙잡아 두는 교회가 어느 정도나 균형을 잃을 수 있는지를 보여 줄 것이다.

몇 해 전에 우리는 비슷한 시기에 같은 교회를 떠난 두 쌍의 서로 다른 부부들과 상담을 했다. 그 부부들 중 어느 쪽도 우리가 그들이 전에 다녔던 교회를 떠난 다른 부부와 상담을 하고 있다는 사실을 알지 못했다. 그 각각의 부부들은 자기들이 교회를 떠날 수밖에 없었던 비슷한 이유를 제시했으나 그들의 이야기가 정확하게 같지는 않았다. 그러나 그들이 동일하게 지적했던 한 가지 상황이 있었는데, 그것은 아주 소름끼치는 것이었다.

그 무렵에 그들 외에도 많은 이들이 그 교회를 떠나 그 지역에 있는 다른 교회들로 옮겨 갔다. 우리가 상담했던 그 두 쌍의 부부에 따르면, 그들의 전 담임목사와 그의 아내는 그 지역의 다른 교회들에서 자기들에 대해 어떤 말이 오고가는지가 몹시 궁금했다. 그래서 그들은 일종의 유체이탈(영혼여행)을 시도했고 다른 교인들에게도 그렇게 하라고 권했다. 그들이 그런 엉뚱한 짓을 한 것은 자기들을 떠난 교우들의 집 안으로 눈에 띄지 않게 들어가 그들이 하는 말을 훔쳐 듣고 그들이 자기들에 대해 험담을 하고 있지 않다는 사실을 확인하고 싶어서였다. 이 정도면 거의 정신병이라 할 수 있을 것이다!

잘못된 충성

최근에 우리는 어느 기독교 기관이 그 기관에 속한 청년 사역자들에게 기묘한 서약을 하게 했다는 소식을 들었다. 그 서약을 통해 그들은, 혹시라도 자기들이 그 기관을 떠날 경우, 일정 기간 동안 그 지역에서는 사역을 하지 않겠다는 약속을 해야 했다.

우리는 묻지 않을 수 없다. 지금 우리는 누구의 나라를 세우고 있는 것인가? 만약 지금 우리가 하나님의 나라를 세우고 있는 것이라면, 어째서 우리가 그런 서약을 해야 하는 것인가?

영적 학대의 성격을 지닌 교회의 또 다른 특성은 **잘못된 충성**misplaced royalty을 조장하고 요구한다는 것이다(지금 우리는 예수 그리스도에 대한 충성에 대해서가 아니라 특정한 교회나 그 교회의 지도자에 대한 충성에 대해 이야기하고 있는 중이다). 그러나, 다시 말하지만, 대개 그런 교회에서는 권위가 주장되고 요구되기에, 즉 그 권위가 실제가 아니기에 그 권위에 대한 추종을 법제화할 수밖에 없다.

그런 일이 이루어지는 가장 일반적인 방식은 그 교회의 지도자에 대해 반대나 이의를 제기하는 것을 하나님에 대한 불충과 동일시하는 것이다. 교회의 지도자들에 대해 의문을 제기하는 것은 곧 하나님에 대해 의문을 제기하는 것과 같다. 교회의 지도자는 곧 권위자이며 권위자는 항상 옳다. 이런 주장은 그 교회의 구성원들로 하여금 그 교회의 지도자에게 잘못된 충성을 하도록 이끈다. 일단 이런 주장을 통해 그 교회 주위에 강력한 벽이 세워지고 나면, 그 교회의 구성원들은 그곳을 떠나기가 점점 더 어려워진다.

학대적 성격을 지닌 교회가 교인들로부터 잘못된 충성을 이끌어내는 데 자주 이용하는 세 가지 방법이 있다.

"우리만 옳다"라는 의식

첫 번째 방법은 교인들에게 "우리만 옳다"라는 의식을 주입시키는 것이다. 이 잘못된 세상에서 안전하고자 한다면, 혹은 하나님과 좋은 관계를 유지하고자 한다면, 혹은 잘못되거나 타락했다고 간주되지 않으려면, 그들은 그 교회 안에 남아 있어야 한다.

앞에서 말했듯이, 한때 나(제프)는 어느 약물중독 치료센터에서 일한 적이 있다. 당시에 그 센터의 직원들은 약물 중독을 치료하는 데 필요한 새롭고 신선한 아이디어를 얻기 위해 인근에 있는 대학에 가서 연장 교육을 받고 싶어 했다. 그러나 우리는 센터의 경연진으로부터 다음과 같은 말을 들었다. "우리는 여러분이 알아야 하는 모든 것을 가르칠 수 있어요. 사실 우리는 그 대학보다도 더 잘 가르칠 수 있어요. 우리가 그들보다 훨씬 더 많은 것을 알고 있기 때문이죠." 그럼에도 몇몇 직원들이 그 대학에 등록해 연장교육을 받았다. 그리고 그 일로 인해 "벌을 받았다." 그들은 그 대학에서 배운 것을 활용할 수 없었고, 어쩌다 활용할지라도 칭찬과 격려는커녕 비난과 조롱만 받았을 뿐이다.

그러나, 조금만 생각을 달리한다면, 우리는 얼마든지 "우리만 옳다"라는 생각을 벗어버리고 자유롭게 살아갈 수 있다. 내가(데이빗) 우리 교회에서 사용하는 방식에 대해 말해보겠다. 어떤 교우가 나를 찾아와 다음과 같이 말한다. "나는 당신의 말에 동의할 수 없어요. 나는 이 교회의 방향을 지지할 수 없어요." 그러면 나는 그가 어떤 점에서 나와 혹은 우리 교회와 의견을 달리하는지 묻는다(그 점을 분명히 하는 것이 중요하다). 그리고, 만약 우리가 끝내 서로 의견을 달리할 경우, 나는 그에게 다음과 같이 말한다. "당신은 당신의 마음을 열고 하나님께서 당신에게 주시는 말씀을 받아들일 수 있는 곳에 있어야 할 필요가 있어요. 만약 나와 이 교회가 당신에게 그런 것을 제공할 수 없다면, 부담 갖지 말고 당신에게 적합한 교회를 찾아보세요. 그러나, 혹시 그 교회도 당신에게 그런 것을 제공하지 못해 다시 이곳으로 돌아오고 싶으면, 언제든지 돌아오세요. 당신은 하나님께서 당신에게 가라고 하시는 곳으로 갈 필요가 있어요. 당신은 성령의 도우심을 받아 교회를 선택할 수 있어요."

나는 그렇게 해서 우리 교회를 떠난 그 누구의 이마에도 "불충"이니, "믿음의 부족"이니, "교만"이니 하는 무시무시한 빨간딱지를 붙이지 않는다. 그 사람은 그저 나의 목회 철학과 방향에 동의하지 않을 뿐이다. 그리고 그런 일은 얼마든지 있을 수 있는 일이다. 그가 동의하지 않는 것은 한 사람의 목회자인 나일 뿐 우리 모두의 주님이신 그리스도가 아니다.

공갈

잘못된 충성을 이끌어 내는 두 번째 방법은 "공갈"이다. 앞에서 우리는 편집증에 관한 논의를 하면서 이와 유사한 방법에 대해 얼마간 살펴보았다. 그러나 공갈이라는 방법은 좀더 심각하다. 그것은 지금의 교회를 떠나면 악한 세상에 의해 오염되리라고 경고하는 것 정도를 훨씬 넘어선다.

몇 해 전에 한 남자가 우리를 찾아왔다. 그는 그동안 자기가 "불신자들"과 교제하지 않는 방식으로 세상과 절연해 왔다고 말했다. 그런데 그와 대화를 나누는 과정에서 우리는 그가 말하는 "불신자"가 비그리스도인에 국한되지 않는다는 사실을 알게 되었다. 그는 자기와 다른 교단에 속한 교인들, 자기와 같은 교단에 속해 있는 어떤 그리스도인들, 그리고 심지어 그 자신이 출석하고 있는 교회에 속해 있으나 그와 같은 생각을 하지 않는 몇몇 다른 교우들까지 "불신자"로 규정했다. 사실 그때 우리는 단지 우리가 그의 의견에 동의하는 않는다는 이유만으로 그가 우리들 역시 "불신자"로 여긴다는 것을 알고 무척

당황했다. 우리가 보기에 그는 불신자와의 교제는 곧 악을 용인하는 것이므로 하늘의 벌을 받을 수밖에 없다고 가르쳤던 어느 종교 지도자의 공갈에 세뇌되어 있었다.

그동안 우리는 오랜 고민 끝에 교회를 떠나기로 결심한 후 교회의 지도자들로부터 온갖 무섭고 끔찍한 말들을 들어야 했던 이들을 만날 수 있었다. 대개 그들은 다음과 같은 말들을 들었다. "이제 하나님께서 당신과 당신의 가정에서 성령을 거둬 가실 거예요." "하나님께서 당신의 사업을 망하게 하실 거예요." "우리의 보호가 없으면 사탄이 당신의 자녀들을 집어삼킬 거예요." "당신과 당신의 가족은 저주를 받을 거예요." 이런 말들은 그야말로 영적 블랙홀이자 영적 학대다. 안타까운 것은, 이런 터무니없는 공갈이 실제로 많은 사람들을 그 학대적 성격을 지닌 교회 안에 주저앉히고 있다는 사실이다.

굴욕

잘못된 충성을 이끌어 내는 세 번째 방법은 "굴욕"이다. 이것은 비난, 폭로, 혹은 교회의 모든 활동과 교제에서 배제시키키는 방식을 통해 이루어진다. 의심할 바 없이, 교회 안에서도 적절한 징계가 이루어질 필요가 있다(이 문제에 대해서는 나중에 살필 것이다). 그러나 학대적 성격을 지닌 교회에서는 적발, 모욕, 그리고 배제 등이 교인들의 충성을 이끌어내고 교회의 지도자에 대해 함부로 말하지 못하게 하는 데 이용된다. 그런 교회에서 당신은 너무 많은 질문을 한다고, 무언의 규칙들을 지키지 않는다고, 혹은 권위자에게 동의하지 않는다고 비난을 받을 수 있다. 어떤 이들은 그 교회에 속한 다른 이들에게 모종의 메시지를 전하기 위해 공개적으로 본보기가 될 수도 있다. 그런 경우에 사람들은 그들의 친구나 다른 교인들에게 전화를 해서 당신이 얼마나 위험한 사람인지에 대해 경고한다.

몇 차례 그런 압력을 받은 이들은 대개 다음 세 가지 태도들 중 하나를 취하게 된다. 첫째, 현 상태에 머물며 입을 닫는다. 둘째, 사람들로부터 고립되다가 영적 죽음에 이른다. 셋째, 마침내 일어서서 다음과 같이 말한다. "좋아, 나는 떠나겠어. 이것은 학대가 분명하고 나는 이런 상황에 동의할 수 없어."

많은 이들이 우리에게 자기들이 그런 입장을 취한 후에 겪은 흥미로운 일에 대해 이야기해 주었다. 그들의 교우들은 차라리 그들이 교회를 떠나기를 바랐다. 그러나 정작 그들이 교회를 떠나자 그 교우들은 그들에게 전화나 편지를 해 그들이 다시 교회로 돌아와 주기를 요청했다. 그리고 그들 중 어떤 이들은 실제로 그 권유를 받아들여 다시 그곳으로 돌아가기도 했다.

은밀함

어떤 시스템에 속한 이들이 **은밀하게** secretively 행동할 경우, 당신은 조심할 필요가 있다! 사람들은 적절하고 떳떳한 것들은 숨기지 않는다. 그들이 숨기는 것은 그렇지 않은 것들이다. 학대적 성격을 지닌 교회가 은밀해지는 이유는 그들이 자기들의 이미지를 너무 많이 의식하기 때문이다. 그런 교회에 속한 이들은 자기들이 스스로 정한 기준에 이르지 못한다는 사실을 알고 있다. 그래서 그들은 자기들의 실제 모습을 감추려 한다. 어떤 이들은 자기들이 하나님의 거룩하신 이름을 보호하기 위해 그렇게 해야 한다고 믿는다. 그렇게 해서 그들에게는 실제보다 겉모양이, 그리고 다른 이들이 자기들을 어떻게 생각하는지가 훨씬 더 중요해진다. 결국 그들은 스스로 하나님의 홍보 에이전트가 되어 힘이 부칠 정도로 온갖 애를 쓴다. 그러나 사실 하나님께서는 우리 중 그 누구에게도 그런 직책을 맡기지 않으셨다.

교회가 은밀해지는 또 다른 이유는 그 교회의 지도자들이 교인들을 얕잡아 보기 때문이다. 그런 태도는 종종 교회 지도자들 사이의 모략謀略으로 이어진다. 그들은 자기들끼리 모여서 이렇게 말한다. "저들은 진리를 다룰 만큼 성숙하지 않아." 그러나 사실 그런 모략은 평신도들 사이에서도 나타날 수 있다. 그들은 어떤 문제를 교회 전체에 드러내는 것이 옳지 않다고 여기고 자기들끼리 문 뒤에서 혹은 전화상으로 이런저런 모략을 꾸미면서 그 문제를 비공식적으로 해결하려 한다. 그러나 그들에게는 아무런 권한이 없기에 그들이 제 아무리 문제를 풀고자 애쓸지라도 실제로는 아무것도 풀리지 않는다. 그리고 결국 그렇게 애쓰는 과정에서 정작 하나님의 나라를 세우는 일은 뒷전으로 밀려난다.

약물중독 치료센터에서 일하던 시절에 나는 몇몇 동료들과 함께 그 센터의 문제를 풀기 위해 토론과 논의를 거듭했다. 그때 우리는 그 문제를 공개적으로 그리고 정면으로 다루지 못했다. 그럴 경우 우리의 처지가 어려워지리라는 것을 알았기 때문이다. 우리는 경영진 몰래 우리끼리 모임을 가졌다. 직원들의 작은 모임은 이런저런 궁리를 하면서 센터의 문제를 풀고 또 풀었다. 그러나 그 모든 것은 아무 소용이 없었다. 결국 우리는 우리의 도움을 필요로 하는 이들을 섬기는 일보다 경영진 몰래 센터의 문제에 대해 고민하는 일에 더 많은 시간을 쏟는 지경에 이르고 말았다.

＊ ＊ ＊

교회 안에서 이상과 같은 특성들이 나타날 때, 그로 인한 결과는 영적 학대가 될 수 있다. 그리고 그런 교회는 소속 교인들의 이탈을 방지하기 위해 견고한 빗장을 둘러 친 폐쇄적인 시스템이 될 수밖에 없다. 그런 교회에서는 교회 밖에는 엄청나게 많은 악이 존재하므로 교인들을 자기 안에 묶어두어야 한다는 의식이 나타난다. 또한 교인들에게 종교적 수행을 강요하기 위해 엄청난 허세가 나타난다. 그런 곳에서 사람들은 계속해서 지치고 상처를 받다가 결국 자기들이 영적이지 않거나 미쳤다고 느끼게 된다. 그리고 하나님과 관계하는 일에서 심각한 문제들을 겪는다.

뿐만 아니라 그런 교회에 머무는 이들은 계속해서 안으로 웅크리다가 세상에서 살아가기 위한 아무런 준비도 하지 못하게 된다. 그래서, 비록 그들이 큰 용기를 내서 그 교회를 떠날지라도, 그들은 바싹 마른 낙엽처럼 잔바람에도 이리저리 불려가거나 혹은 아주 쉽게 또 다른 학대적 성격을 지닌 교회 안으로 흡수된다.

도대체 이런 일은 어떻게 해서 가능한 것인가? 하나님을 사랑하는 이들이 어떻게 그분을 피하기로 결심할 수 있는가? 한때 학대적 성격을 지닌 교회에서 고통을 당했던 이들이 어째서 또 다른 학대적 성격을 지닌 교회 안으로 뛰어드는 것인가?

우리가 아는 한, 이런 질문에 대한 한 가지 대답은 영적 학대의 성격을 지닌 교회가 성경을 이용하는-엄밀히 말하자면 오용하는-교묘한 방식 때문이다. 이 문제는 아주 심각한 문제이며 따라서 면밀한 검토가 필요하다.

■ ▥ ■

"너희가 너희 전통을 지키려고 하나님의 계명을 잘 저버리는도다"

(막 7:9)

올바르게 사용될 경우 하나님의 말씀은 우리의 마음의 동기를 드러내는 칼이나 그분을 따르는 이들을 위해 길을 밝혀 주는 등불이 된다. 그러나 잘못 사용될 경우 그것은 겉치레를 순종과, 그리고 침묵을 평화와 동일시하는 자들의 손에 들려 있는 몽둥이가 될 수도 있다. 그 차이를 살펴보자

제7장

영적 학대의
도구로서의 말씀

몇 해 전에 나(제프)는 어느 신학교에서 수치심을 이용한 영적 학대가 교회와 가정에 끼치는 영향에 대해 가르친 적이 있다. 어느 날 강의를 마쳤을 때 한 여학생이 내게 다가왔다.

"요즘 나는 통 성경을 읽지 못하고 있어요," 그녀가 얼굴을 찡그리며 말했다. "그동안 하나님의 말씀이 내게 너무나 소중했기에 나는 이런 상황이 너무 슬퍼요. 이상하게도 요즘 나는 성경을 읽으려 할 때마다 위장에 탈이 나요."

잠깐 동안의 대화를 통해 나는 그동안 그녀의 담임목사가 성경을 이용해 그녀를 영적으로 학대해 왔음을 알게 되었다. 그녀의 담임목사는 그녀와 그녀의 가족에게 좋지 않은 일이 일어날 때마다 그녀에게 놀라운 믿음의 승리와 관련된 성경 구절들을 언급했다. 그리고 그런 구절들에 근거해 만약 그동안 그녀가 참된 기도를 드리고 영적인 수행을 해왔더라면 그런 나쁜 일들이 결코 일어나지 않았을 것이라고 단언했다.

"정말로 내 자신이 문제가 아닌가 싶어요. 사실 나는 충분한 믿음을 갖고 있지 않아요. 나는 형편없는 그리스도인임이 분명해요." 그녀는 그렇게 결론을 내렸다. 성경에서 자신의 신앙의 모자람을 지적하는 말씀을 읽게 되리라는 두려움이 점점 커졌기에 이제 그녀는 더 이상 성경을 읽을 마음을 먹지 못할 정도가 되고 말았다.

그런데 정말로 성경은 그처럼 사람에게 두려움을 주는 말씀들로 가득 차 있는 것일까? 결코 아니다. 분명히 말하지만, 성경 안에 우리의 모자람을 지적하는 두려운 말씀들이 들어 있는 것이 아니라, 그녀에게 성경 구절을 들이댔던 그녀의 담임목사가 그녀를 자기 마음대로 통제하고 조종하기 위해 성경을 옳지 않은 방식으로 해석했던 것이다.

바울이 젊은 목회자 디도에게 하는 말을 들어보자.

미쁜 말씀의 가르침을 그대로 지켜야 하리니 이는 능히 바른 교훈으로 권면하고 거슬러 말하는 자들을 책망하게 하려 함이라 불순종하고 헛된 말을 하며 속이는 자가 많은 중 할례파 가운데 특히 그러하니 그들의 입을 막을 것이라 이런 자들이 **더러운 이득을 취하려고** 마땅하지 아니한 것을 가르쳐 가정들을 온통 무너뜨리는도다 (딛 1:9-11)

이 구절은 교회의 지도자들이 성경을 오용하거나 남용함으로써 이미 개인적인 삶의 문제로 고통을 당하고 있는 교인들에게 종교적 수행이라는 또 다른 무거운 짐을 지우는 것에 대한 바울의 깊은 우려를 보여 준다.

오늘날 많은 영적 지도자들이 하나님의 말씀을 다른 이들을 자기가 원하는 방향으로 몰아가기 위한 막대기나 몽둥이로 사용하고 있다. 그들이 그렇게 하는 이유는 다양하다. 다른 이들이 자기에게 책임을 지우는 것을 막기 위해서, 자신의 이미지를 보호하기 위해서, 자기의 모든 사역의 토대가 되는 교리를 유지하기 위해서, 헌금을 강요하기 위해서, 자신의 종교적 왕국을 건설하기 위해서 등등. 다시 말해, 교회의 영적 지도자들이 교인들을 치유하고 해방시키기 위해서가 아니라 "더러운 이득을 취하려고" 하나님의 말씀을 이용할 수 있다는 것이다.

학대자들이 바라는
"좋은 땅"을 이루는 3가지 요소

학대적 성격을 지닌 교회 안에는 교회의 지도자들이 성경을 이용해 교인들을 학대하는 것을 가능하게 해주는 환경이 존재한다. 그런 환경은 학대자들의 입장에서는 무엇이든 뿌리기만 하면 풍성한 열매를 맺는 "좋은 땅"(마 13:8)이다. 학대자들이 바라는 좋은 땅은 다음의 세 가지 요소로 이루어진다─심적 태도, 동기, 그리고 방법.

학대자들이 바라는 "좋은 땅"을 이루는 첫 번째 요소는 신자들이 자기 자신과 성경에 대해 갖고 있는 **심적 태도** mindset다. 학대적 성격을 지닌 교회에 속한 이들은 대개 자기들이 하나님의 말씀을 분별할 만한 능력을 갖고 있다고 여기지 않는다. 또한 그들은 성경을 하나님을 기쁘게 해드리기 위해 혹은 하나님으로부터 어떤 반응을 이끌어내기 위해 고안된 수많은 규칙들을 기록해 놓은 책으로 여긴다. 다시 말해, 그들에게 성경은 우리를 그리스도의 모습으로 변화되도록 이끌어 주는 책이 아니다. 오히려 그것은 하나님으로부터 우리의 노력에 상응하는 복을 이끌어 내기 위해 적절하게 행동하는 법을 알려 주는 책이다. 이로써 영성이 조작으로 대체된다.

또한 그들은 교회의 지도자들을 하나님의 말씀의 의미와 목적에 대한 최종적 결론을 갖고 있는 자들로 여긴다. 왜냐하면 그들이 보기에 그 지도자들은 그동안 영적으로 옳게 행동함으로써 복을 받았기 때문이다. 혹은 그들 스스로 그렇다고 주장하고 있기 때문이다.

교회의 지도자들이 그들 자신과 성경과 그들의 추종자들에 대해 갖는 심적 태도는 자기들이 이미 영적 성취의 고점高點을 돌파했으므로 다른 사람들을 이끌 권리를 "얻었다"는 것이다. 그러나 이런 경우에 그 지도자들이 "이룬 것"이 양 떼의 수행을 위한 기준이 된다는 것에 주목하라. 그 기준은 그 지도자들의 개성을 따라서 전도나 증언이 될 수도 있고, 청년들을 제자화하는 것이 될 수도 있고, 믿음을 통한 승리를 주장하는 것이 될 수도 있고, 셀그룹을 조직하는 것이 될 수도 있다. 다시 말해, 그런 교회의 목표는 내적 변화를 통해 그리스도를 닮아가는 것이 아니라 지도자가 처방해 놓은 과제를 이행하는 것이 된다. 과제를 열심히 이행한 사람은 보상을 받고, 그렇지 않은 사람은 비난이나 무시를 당한다. 그리고 개인적인 문제로 어려움을 겪는 이들은 지도자가 처방한 과제를 이행하는 것이야말로 모든 문제의 해결책이라는 말을 듣게 된다.

학대자들이 바라는 "좋은 땅"을 이루는 두 번째 요소는 그들이 성경을 이용하는 동기motive다. 그들의 동기는 자신들의 필요를 충족시키기 위해 교인들에게 종교적 수행을 강제하고, 그렇게 함으로써 자기들이 옳다는 것을 입증하는 것이다. 다시 말해, 그들의 동기는 양 떼를 먹이거나 양들이 하나님께서 그들에게 바라시는 것을 이루도록 돕는 것이 결코 아니다. 따라서 그들이 교인들에게 "성경대로" 살라고 압박하는 것은 그들을 탈진시킬 뿐 아니라 하나님에 대한 왜곡된 인식을 심어준다. 그런 경우에 하나님의 이미지는 교회 지도자들의 이미지를 따라 형성된다. 그리고 그런 일은 교인들이 하나님을 그분의 말씀을 통해 좀 더 깊이 이해하도록, 즉 다양한 아름다움을 지니신 그분의 참 모습을 이해하도록 도와주지 않는다. 사실 교인들이 성경을 제대로 그리고 깊이 이해할수록, 그 교회의 학대적 성격은 그만큼 더 분명하게 드러나게 된다.

학대자들이 바라는 "좋은 땅"을 이루는 세 번째 요소는 그들이 성경의 진리를 연구하거나 적용하는 **방법**method이다. 영적 학대의 성격을 지닌 교회에서 성경은 그것을 사용하는 사람의 의제를 지지하는 데 이용된다. 그로 인해 "귀에 걸면 귀걸이, 코에 걸면 코걸이" 식의 성경 해석 방법이 나타난다. 특히 이런 일은 목회자가 무언가를 주장하려 할 때 일어난다. 그는 성경에서 (겉보기에) 자신의 주장을 지지하는 것처럼 보이는 구절을 찾아낸다. 그리고 그 구절을 그것과 관련된 원래의 쟁점이나 배경을 지나치게 확대하거나 혹은 철저히 무시하는 방식으로 해석한다.

목회자가 성경을 그런 식으로 왜곡하기에 그에게서 배우는 교인들 역시 성경을 그런 식으로 왜곡해서 읽게 된다. 그로 인해 그 교회 안에서 "진리의 말씀을 옳게 분별하는"(딤후 2:15) 능력은 완전히 사라질 수밖에 없다.

성경 왜곡의 가능성을 최소화하기 위해서는 논란의 여지가 있는 성경 본문을 해석할 때 다음 4가지 질문을 제기하고 그것에 답할 필요가 있다. 첫째, 문맥상 그 말씀은 누구를 향하고 있는가? 둘째, 그 말씀을 듣는 이들의 문제 혹은 쟁점은 무엇인가? 셋째, 그 말씀이 원래의 청중에게 의미했던 것은 무엇인가? 넷째, 그것은 영원한 진리인가, 아니면 특정한 상황에서 주어진 일시적인 해답인가? 때로는 문제가 되는 성경 구절의 맥락만 간략하게 훑어보아도 어떤 이가 그 구절을 이용해 입증하고자 하는 주장이 그 구절의 본래의 의도와 아무 상관이 없거나 전혀 다르다는 사실을 분명하게 알아차릴 수 있다.

그동안 우리는 성경을 왜곡하는 영적 지도자들 때문에 고통을 겪어야 했던 많은 이들과 대화를 나눴다. 그런 오용의 사례들을 열거하려면 아마도 이 책 전체로도 부족할 것이다. 이 장에서 우리는 교회에서 성경에 대한 왜곡이 일어나는 몇 가지 방식들에 대해 살펴볼 것이다. 그러나 그보다 먼저 우리는 수많은 성경 오용의 근거가 되는 보다 광범한 의미의 성경 오용의 문제를 살펴볼 필요가 있다. 그것은 성경 전체에서 발견되는 하나님의 율법4 및 기타 다양한 하나님의 법들과 관련되어 있다.

율법의 의미에 대한 왜곡

율법의 의미에 대한 왜곡이야말로 교회에서 나타나는 온갖 형태의 성경 왜곡을 위한 토대를 이룬다. 그리고 그런 왜곡은 하나님께서 우리에게 율법을 주신 목적에 관한 두 가지 중대한 오해들 중 하나에 근거한다.

첫째, 종교 지도자들 중에는 우리가 율법을 행함으로써 하나님과 올바른 관계를 맺을 수 있다고 믿는 이들이 있다. 하지만 바울은 다음과 같이 말한다. "사람이 의롭게 되는 것은 율법의 행위로 말미암음이 아니요 오직 예수 그리스도를 믿음으로 말미암는 줄 알므로 우리도 그리스도 예수를 믿나니 이는 우리가 율법의 행위로써가 아니고 그리스도를 믿음으로써 의롭다 함을 얻으려 함이라 율법의 행위로써는 의롭다 함을 얻을 육체가 없느니라"(갈 2:16).

둘째, 신자들 중에는 하나님께서 우리에게 율법을 주신 것은 우리가 그분의 은혜를 얻어 승리하게 하시기 위함이라고 믿는 이들이 있다.

그러나 하나님께서 우리에게 율법을 주신 것은 우리가 율법의 행위에

---

4. 모세에게 주어진 십계명(출 20:3-17; 신 5:6-21)은 하나님의 율법, 즉 인간에 대한 그분의 요구를 요약한다. 더 나아가 예수께서는 하나님의 율법을 하나님과 이웃에 대한 완전한 사랑으로 요약하셨다(마 22:35-40).

근거해 자신과 올바른 관계를 맺게 하시기 위함도, 또한 그것을 지킴으로써 승리하는 삶을 살게 하시기 위함도 아니다. 하나님과의 올바른 관계는 하나님께서 그리스도를 통해 이루신 일로 인해 값없이 제공되는 선물이다. 우리는 그것을 얻어낼 수 없고 단지 받을 수 있을 뿐이다. 또한 승리하는 삶은 우리가 율법을 지킴으로써가 아니라 우리의 부족함에도 불구하고 그분의 자녀답게 살아가도록 힘을 주시는 성령을 의지함으로써만 가능한 일이다.

우리에게 율법을 주신 이유

하나님께서 우리에게 율법을 주신 이유는 세 가지다.

첫째, 우리가 죄인임을 깨닫게 하시기 위해서다. 하나님의 율법은 우리의 영적 수행이 그분의 기준에 얼마나 많이 모자라는지를 보여 주는 거울과도 같다. 로마서에서 바울은 다음과 같이 말한다. "그러므로 율법의 행위로 그의 앞에 의롭다 하심을 얻을 육체가 없나니 율법으로는 죄를 깨달음이니라"(롬 3:20). 우리가 죄를 지었음을 깨닫는 것은 우리에게 좋은 일이다.

둘째, 우리가 아무리 노력할지라도 목표점에 이를 수 없음을 알려 주시기 위해서다. 바울은 또 말한다. "하나님께서 모든 사람을 순종하지 아니하는 가운데 가두어 두심은…"(롬 11:32). 여기에서 "가두어 두다"에 해당하는 헬라어는 문자적으로는 "감옥에 감금하다"를 의미한다. 즉 하나님의 율법은 우리가 하나님과 평화를 이루게 하기 위한 수단으로 제공된 것이 아니라는 것이다. 또한 그것은 우리에게 거룩한 삶을 살라고 도전하기 위한 것도 아니다. 오히려 그것은 우리에게 하나님과의 평화나 거룩한 삶은 우리의 노력으로는 얻어질 수 없음을 알리기 위해 제공된 것이다. 하나님의 율법은 우리를 죄의 상태에 가두고 국한시킨다.

셋째, 그리스도를 통한 은혜의 행위를 통해 우리를 자신과의 관계 속으로 이끌어 가시기 위해서다. 앞에서 인용한 로마서 11장 32절의 나머지 부분을 읽어보자. "… 모든 사람에게 긍휼을 베풀려 하심이로다." 하나님은 그분 자신의 비용으로 우리에게 자신과의 평화와 올바른 관계를 선물로 제공하신다! 그리고 그런 일이 일어날 때에야 비로소 율법의 목적이 성취된다. 바울은 말한다. "그리스도는 모든 믿는 자에게 의를 이루기 위하여 율법의 마침이 되시니라"(롬 10:4).

갈라디아서에서 바울은 그런 생각을 보다 확실하게 밝힌다.

믿음이 오기 전에 우리는 율법 아래에 매인 바 되고 계시될 믿음의 때까지 갇혔느니라 이같이 율법이 우리를 그리스도께로 인도하는 **초등교사**가 되어 우리로 하여금 믿음으로 말미암아 의롭다 함을 얻게 하려 함이라 믿음이 온 후로는 우리가 초등교사 아래에 있지 아니하도다 (갈 3:23-25)

"초등교사"라는 단어는 이 구절이 말하는 율법의 의미를 올바로 전달하지 못한다. 어떤 번역본들은 이 단어를 "선생" 또는 "교원"으로 번역하는데, 그것 역시 이 단어에 대한 올바른 해석이 되지 못한다.

이 구절에 나오는 "초등교사"에 해당하는 헬라어는 "파이다고고스 paidagogos"다. 부모들이 파이다고고스를 고용하는 이유는 그에게 자기들의 자녀를 학교에 데려다 주도록 시키기 위해서다. 아이들이 학교에 가다가 곁길로 새면, 파이다고고스는 긴 막대기로 아이들을 때린다. 그로 인해 아이들은 말 그대로 소떼처럼 학교로 내몰린다. 그러나 아이들이 실제 교사가 있는 학교에 도착하면 파이다고고스의 일은 끝난다. 파이다고고스의 일은 아이들을 실제적인 배움의 장소인 학교에까지 데려다 주는 것이다.

파이다고고스가 아이들을 옳은 길에서 벗어나지 못하게 하면서 학교에까지 데려다 주는 것처럼, 율법은 우리를 그리스도께로 몰아간다. 우리가 그 과정에서 옳은 길을 벗어나면, 율법은 우리가 하나님의 기준을 따르지 않고 있음을 상기시킨다. 그것은 우리를 때려 그리스도와의 올바른 관계로 되돌아가게 한다. 우리가 그리스도께 인도되면, 율법(파이다고고스)의 일은 끝난다. 그때 우리에게는 믿음이 있기에 더 이상 파이다고고스의 지배하에 있지 않다. 그러나, 만약 우리가 기독교적 삶을 살기 위해 율법에로 되돌아간다면, 그때 우리는 지치고 녹초가 되는 것을 피할 수 없다.

더 열심히 노력하는 것은 영성을 얻기 위한 적절한 방법이 아니다. 그런 것은 기껏해야 자기의로, 그렇지 않으면 더 많은 피곤함으로 이어질 뿐이다. 우리에게 필요한 것은 그리스도께서 우리를 위해 십자가에서 이루신 일에 의지하면서 성령의 인도하심을 따라 살아가는 것이다.

바울은 우리가 하나님을 위해 열매를 맺도록 하기 위해 무언가 중대한 일이 일어났다고 말한다. "그러므로 내 형제들아 너희도 그리스도의 몸으로 말미암아 율법에 대하여 죽임을 당하였으니 이는 다른 이 곧 죽은 자 가운데서 살아나신 이에게 가서 우리가 하나님을 위하여 열매를 맺게 하려 함이라"(롬 7:4).

우리가 이 구절을 통해 분명하게 알아야 할 것은 우리는 열매를 생산할 수 없으며 다만 하나님께서 생산하신 열매를 맺을 뿐이라는 것이다. 만약 당신이 누군가에게 영적으로 학대당한 적이 있다면, 당신은 그때 당신을 학대했던 이가 줄곧 당신에게 무언가 열매를 생산하라고 강요했던 것을 기억할 수 있을 것이다. 그리고 그가 당신에게 그렇게 강요하기 위해 사용했던 방법은 당신을 율법—그리스도께서 우리를 그것에서 해방시키기 위해 죽으셨던 바로 그것—아래로 밀어 넣는 것이었으리라.

행위를 통한 구원?

　내가(제프) 처음으로 기독교 신앙을 받아들인 후 얼마 되지 않아서였다. 나는 교회가 주관하는 1주일짜리 "기독교적 삶을 위한 세미나"에 참석했다. 그 세미나는 초심자들에게 기독교적 삶을 사는 방법을 가르치기 위한 것이었다. 그 세미나의 강사는 우리가 해야 할 영적인 일들과 그것들을 수행하는 데 필요한 방법들에 관한 긴 목록을 제공했다. 세미나를 마치고 집으로 돌아 왔을 때, 왠지 모르게 나는 자신에 대해 아주 좋지 않은 기분을 느꼈다. 또 나는 하나님께서도 나에 대해 좋지 않은 감정을 갖고 계시다고 느꼈다.

　지금도 나는 그와 유사한 세미나들에서 벌어지고 있는 그와 유사한 일들에 대해 여러 가지 이야기를 듣고 있다. 그런 이야기를 들을 때마다 우려가 되는 것은 그런 세미나들에서 인용되는 성경 구절들이 본래의 문맥에서 완전히 벗어나 있다는 점이다. 그런 세미나를 주관하는 이들의 목표는 사람들에게 어떤 행위를 하도록 만드는 것이다. 따라서 그런 목표를 이루기 위해 그들은 서슴없이 성경을 "귀에 걸면 귀걸이, 코에 걸면 코걸이" 식으로 해석한다.

　최근에 나는 이 문제와 관련해 다음과 같은 결론에 도달했다. 첫째, 우리가 그런 식의 세미나를 마친 후 자신에 대해 편한 마음을 갖는 것은 불가능하다. 그런 세미나를 통해 사람들을 그리스도께 이끌고자 하는 이들은 대개 우리를 우리 자신에게 완전히 몰입하도록 만든다. 그런데, 우리가 우리 자신을 살펴게 되면, 우리는 자신이 모자라도 한참 모자란다는 사실을 발견하지 않을 수 없다. 물론 어떤 이가 그리스도인으로서 자신의 행위를 살핀 후 아무런 죄책감도 느끼지 않을 수도 있다. 그러나, 유감스럽지만, 흔히 그런 상태는 "자기의"라는 부정적인 이름으로 불린다.

　둘째, 그런 세미나들은 사람들을 "잘못된 이유에서" 기독교적 삶을 살아가도록 이끌고 있다. 불편한 마음으로 그리고 해야 할 일들의 목록을 손에 쥐고 세미나 장소를 떠나는 이들은 대개 자신들의 마음을 편안하게 하기 위해 기독교적 삶을 살아내고자 안간힘을 쓰게 된다. 그러나 바울은 디모데에게 다음과 같이 말한다. "이 교훈의 목적은 청결한 마음과 선한 양심과 거짓이 없는 믿음에서 나오는 사랑이어늘"(딤전 1:5). 이 구절에서 바울은 자신의 가르침의 목적이 사람들에게 청결한 마음과 선한 양심과 믿음에 기초한 사랑을 일깨우는 것이라고 말한다. 그것들은 아름다운 기독교적 삶을 이루는 필수적인 요소들이다. 그런데 도대체 우리는 어떻게 해야 그런 것들을 얻을 수 있을까? 우리에게 제공된 종교적 수행 목록을 잘 이행함으로써? 혹은 우리의 삶을 좀더 잘 살아냄으로써? 아니다, 결코 아니다. 히브리서 기자의 말을 들어보자.

> 그러므로 형제들아 우리가 예수의 피를 힘입어 성소에 들어갈 담력을 얻었나니 그 길은 우리를 위하여 휘장 가운데로 열어 놓으신 새로운 살 길이요 휘장은 곧 그의 육체니라 또 하나님의 집 다스리는 큰 제사장이 계시매 우리가 마음에 뿌림을 받아 악한 양심으로부터 벗어나고 몸은 맑은 물로 씻음을 받았으니 참 마음과 온전한 믿음으로 하나님께 나아가자 (히 10:19-22)

우리는 기독교적 삶을 위한 핵심적인 요소들을 우리의 종교적 행위에 기초해 얻어낼 수 없다. 뿐만 아니라, 사실 그런 것들은 예수님으로 인해 이미 우리의 것이 되어 있다. 그러므로 우리는 하나님께서 예수님을 통해 우리에게 주신 것을 감사함으로 받으면 되는 것이다.

이제 율법에 대한 이와 같은 이해에 유념하면서 그동안 우리가 상담했던 이들의 사례를 통해 드러난 성경 본문에 대한 교묘한 왜곡에 대해 살펴보자.

아래에서 언급되는 성경 구절들은 교회에서 가장 자주 왜곡되는 구절들 중 일부다. 그러나 그런 구절들을 살피기 전에 우리가 그런 말씀들을 폄하하려는 의도를 갖고 있지 않음을 분명하게 밝혀 두어야 할 것 같다. 그 구절들은 모든 신자들을 위한 중요하고도 유용한 하나님의 말씀이며, 신자인 우리는 마땅히 그 말씀들을 소중히 여기며 따라야 한다. 그럼에도 또한 우리는 그동안 교회에서 그 말씀들이 매우 학대적인 방식으로 왜곡되어 왔음을 인정해야 한다.

자기 부인

■ **"나는 날마다 죽노라"**(고전 15:31).

상담과정에서 우리는 이 말씀을 따라 "날마다 죽기 위해" 애를 쓰고 있는 많은 사람들을 만날 수 있었다. 대개 그들은 혹시 자기들 안에 여전히 부인되거나 시정되어야 할 것이 없는지 살피기 위해 항상 자기를 돌아보며 자신들의 상태에 집착했다. 그들은 그런 것들을 느끼거나, 알아차리거나, 원하지 않기 위해 안간힘을 썼다.

그러나 이 말씀이 등장하는 고린도전서 15장의 문맥을 잠시 살펴보자. 그러면 거기에서 우리는 바울이 살기 위해 죽는 문제에 대해 말하고 있다는 것을 알게 된다. 사실 그가 복음을 위해 생명의 위협을 감내할 수 있었던 것은 죽음으로부터의 부활에 대한 확신 때문이었다. 즉 이때 그는 실제로 생명의 위협을 당하는 상태에서 "나는 날마다 죽노라"라고 말했던 것이다. 다시 말해, 이때 바울은 남들 앞에서 자기는 낮추는 "겸손"이나 영적 권위자의 명령에 대한 "순종"에 대해서가 아니라, 문자 그대로 "몸의 죽음과 부활"에 대해 말하고 있었던 것이다. 뿐만 아니라 갈라디아서에서 바울은 자기가 말하는 낡고 죽은 "나"가 "그리스도와 함께" 죽었다는 사실을 분명하게 밝힌다. 그러므로, 바울에 따르면, 새롭고 그리스도의 생명으로 가득 찬 "나"는 종교적 행위 목록에 적힌 내용을 열심히 이행하는 것을 통해서가 아니라 예수님께 매달림으로써 다시 살아난다.

■ "이에 예수께서 제자들에게 이르시되 누구든지 나를 따라오려거든 자기를 부인하고 자기 십자가를 지고 나를 따를 것이니라"(마 16:24).

이 구절 역시, 앞에서 언급한 고린도전서 15장 31절과 마찬가지로, 자기 부인이라는 이름으로 사람들에게 종교적 수행의 무게를 더하기 위해 자주 왜곡되어 왔다. 무엇보다도 영적 학대의 성격을 지닌 교회에서 "네 십자가를 지라"라는 말씀은 대개 그 교회의 지도자들의 지시와 요구에 순종하라는 명령으로 변질된다.

우리가 관심을 가져야 할 것은 사람들을 하나님 안에서 쉼을 누리는 삶으로 이끄는 것이다. 기독교적 삶은 자기에 대한 부인(대개 그것은 장황한 영적 수행 목록들 중 "겸손"이라는 항목에 체크 표시를 하기 위해 이런저런 기독교적 행위를 하도록 요구한다)으로 시작되거나 지속되는 것이 아니다. 물론 우리가 신앙생활을 하면서 자기를 부인하는 것은 아주 중요하다. 사실 그것은 우리의 기독교적 삶의 핵심이기에 우리는 영원한 생명을 얻기 위해 우리 스스로 무언가를 할 수 있다는 생각 자체를 부인해야 할 정도다. 우리가 생명을 얻는 것은 오직 그리스도의 십자가의 토대 위해서만 가능하다. 만약 그분이 지신 십자가가 우리를 위한 것이 아니라면, 그래서 우리가 우리 자신의 십자가, 즉 종교적 행위와 자기 부인의 기초 위에 세워진 십자가를 직접 짊어져야 한다면, 우리는 심각한 문제에 빠질 수밖에 없다.

헌금

■ "사람이 어찌 하나님의 것을 도둑질하겠느냐 그러나 너희는 나의 것을 도둑질하고도 말하기를 우리가 어떻게 주의 것을 도둑질하였나이까 하는도다 이는 곧 십일조와 봉헌물이라"(말 3:8).

■ "주라 그리하면 너희에게 줄 것이니 곧 후히 되어 누르고 흔들어 넘치도록 하여 너희에게 안겨 주리라 너희가 헤아리는 그 헤아림으로 너희도 헤아림을 도로 받을 것이니라"(눅 6:38).

■ "이것이 곧 적게 심는 자는 적게 거두고 많이 심는 자는 많이 거둔다 하는 말이로다"(고후 9:6).

목회자들이 교인들에게 헌금을 바치라고 요구할 때 근거로 제시하는 성경 구절들은 이것들 외에도 많이 있다. 또한 그들이 교인들에게 헌금의 필요성 내지 효용성을 강조하며 제시하는 이유들 역시 다양하다―하나님의 선한 일에 동참하기 위해서, 하나님 편에 머물기 위해서, 더 많은 것을 얻기 위해서 등등. 그리고 대개 그런 가르침들은 교인들로 하여금 실제로 헌금을 바치게 하는 데 성공한다. 그것은 주로 그런 가르침들이 사람들의 탐욕이나 두려움에 호소하기 때문이다.

우리가 교회에 빚을 지고 있기에 헌금을 바쳐야 한다는 주장에 대해서는 어떻게 생각하는가? 우리의 친구들 중 하나는 최근에 그녀가 출석하고 있는 교회로부터 편지 한 통을 받았다. 편지의 내용은 그녀가 교회의 모든 예배에 참석해 은혜를 받고 있으면서도 교회에 헌금을 하지 않는 것에 대한 유감 표명이었다. 그 편지는 교회가 지난 1년간 그녀가 바친 헌금 내역을 조사했으며, 그 결과 그녀가 교회에 바친 헌금보다 훨씬 더 많은 것을 교회로부터 받아갔음이 밝혀졌다고 주장했다. 결국 그동안 교회가 그녀에게 아주 싼 값에 풀 서비스를 제공해 왔다는 것이었다.

이어서 그 편지는 그녀에게 성경에는 십일조와 헌금에 관한 수많은 구절들이 있음을 상기시켰다. 심지어 그 편지는 예수께서는 회개에 대해서보다 헌금에 대해 더 많은 말씀을 하셨다고 주장하기까지 했다(그런데 도대체 그들은 성경 어디에서 그런 말씀들을 찾아낸 것일까?). 그리고 그 편지는 다음과 같은 말로 끝났다. "우리 교회에는 당신의 헌금을 기다리고 있는 수많은 사역들이 있습니다. 만약 우리가 당신이 교회를 위해 헌금하는 것을 도울 방법이 있다면, 우리는 즐거운 마음으로 당신을 돕겠습니다."

우리가 아는 어느 부부가 최근에 새로운 교회에 출석하기 시작했다. 많은 교회들에서 그렇게 하듯이, 그들 역시 "신입 교인 카드"를 작성해 헌금함에 넣으라는 요구를 받았다. 그 카드에는 그들의 이름과 주소를 적는 난 외에도 그들이 목사의 심방을 원하는지를 표기하는 난이 있었다.

며칠 후, 목사가 그들을 찾아왔다. 잠시 가벼운 대화를 나눈 후, 목사가 그들에게 자기가 그들의 급여명세서를 볼 수 있겠느냐고 물었다. 당황한 그들이 이유를 묻자 목사가 그들에게 답했다. "두 분의 소득에 기초해 두 분이 헌금하실 수 있는 적정한 금액이 얼마나 되는지 알 수 있을까 해서요." 사생활을 침해당했다고 느낀 부인이 얼굴을 찌푸리며 대답했다. "목사님이 먼저 우리에게 목사님의 급여명세서를 보여주신다면, 우리도 우리의 것을 보여드리죠."

십일조는 어떠한가? 신약성경에서 그것은 아주 드물게, 그것도 아주 부정적인 맥락에서 언급될 뿐이다(마 23:23; 눅 18:9-12). 십일조는 구약성경에서 유래되었다. 그것은 제사를 담당하는 레위인을 부양하고, 국가적 축제를 지원하고, 고아와 과부 같은 가난한 자들을 돕기 위해 마련된 제도였다. 즉 이스라엘 백성에게 십일조는 비선택적인 헌금이었다. 그 시절에 이스라엘 백성은 신정 국가 theocracy라고 불리는 정치 형태를 갖고 있었다. 이것은 그들이 하나님과 종교적 시스템의 지배하에 있었음을 의미한다. 그러므로 당시의 십일조는 신정 국가를 운영하기 위한 세금이나 다름없었다. 그러나 오늘 우리는 고대 이스라엘 백성들처럼 신정정치 체제하에서 살고 있지 않다. 고대 이스라엘에서 신정정치 체계가 백성들에게 제공했던 것들 대부분을 지금은 각국의 정부가 담당하고 있다. 즉 오늘날에는 3천여 년 전에 고대 이스라엘이라는 신정 국가가 그 나라 백성들에게 십일조를 요구할 수 있었던 환경 자체가 존재하지 않는다.

그렇다면 우리는 다른 헌금에 대해 어떻게 생각해야 하는가? 출애굽기 25장은 모세가 성소를 세우는 데 필요한 자원을 마련하기 위해 백성들에게서 예물을 거뒀던 것에 대한 이야기를 전한다. 하나님께서 모세에게 말씀하셨다. "이스라엘 자손에게 명령하여 내게 예물을 가져오라 하고 기쁜 마음으로 내는 자가 내게 바치는 모든 것을 너희는 받을지니라"(2절). 그후 10여 장에 걸쳐 성소와 관련된 설명을 한 후, 모세는 다시 예물을 바치는 문제에 대해 언급한다. 출애굽기 35장에서 그는 다음과 같이 말한다. "여호와께서 명령하신 일이 이러하니라 이르시기를 너희의 소유 중에서 너희는 여호와께 드릴 것을 택하되 마음에 원하는 자는 누구든지 그것을 가져다가 여호와께 드릴지니…"(4-5절).

신약시대에 와서 바울은 헌금과 관련해 다음과 같이 말한다. "각각 그 마음에 정한 대로 할 것이요 인색함으로나 억지로 하지 말지니 하나님은 즐겨 내는 자를 사랑하시느니라"(고후 9:7). 그리고 다음 절에서 그는 헌금을 드릴 마음이 어디로부터 오는지를 밝힌다. "하나님께서 능히 모든 은혜를 너희에게 넘치게 하시나니 이는 너희로 모든 일에 항상 모든 것이 넉넉하여 모든 착한 일을 넘치게 하게 하려 하심이라"(8절).

이상에 인용한 성경 구절들 중 어디에서도 헌금은 강제 규정이 아니다. 헌금은 하나님의 은혜에 대한 응답의 성격을 갖고 있을 뿐이다. 물론 고린도 후서의 말씀처럼 "하나님은 즐겨 내는 자를 사랑하신다." 그러나 그것이 곧 그분께서 즐겨 내지 않는 자들을 덜 사랑하신다거나 못마땅하게 여기신다는 의미는 결코 아니다. "감사할 것이 많으니 마땅히 바쳐야 한다"는 주장은, 얼핏 들으면 그럴듯하지만, 진심에서 우러나와야 하는 감사를 강제 규정으로 만드는 것이나 다름없다.

마지막으로, 더 많은 것을 얻기 위해 헌금을 바치는 문제와 관련해 바울은 다음과 같은 수사학적인 질문을 던진다. "누가 주께 먼저 드려서 갚으심을 받겠느냐"(롬 11:35). 그 질문에 대한 대답은 "아무도 그럴 수 없다"이다. 실제로 아무도 하나님께 무언가를 "먼저" 드릴 수 없다. 왜냐하면 우리가 가진 모든 것이 그분으로부터 온 것이기 때문이다. 영적인 의미에서 우리는 우리가 뿌린 것을 거둔다. 선행에는 보상이 따른다. 그것은 옳은 진술이다. 그러나, 만약 우리가 어떤 보상을 얻기 위해, 혹은 하나님을 우리의 채무자로 만들기 위해 뿌리거나 일한다면, 우리는 아무것도 얻지 못할 것이다. 하나님은 아무에게도 아무런 빚도 지고 계시지 않다. 그리고 예수께서는 만약 우리가 어떤 일을 누군가에게 보이거나 누군가의 인정을 받기 위해 한다면 그때 우리는 "이미" 그 일에 대한 보상을 받은 셈이라고 말씀하셨다(마 6:1-4). 그리고 그때 우리가 받을 수 있는 유일한 보상은 다른 이들이 그 사실을 알아주는 것뿐이다.

일치와 평화

■ "화평케 하는 자는 복이 있나니 그들이 하나님의 아들이라 일컬음을 받을 것임이요"(마 5:9).

■ "마음을 같이하여 같은 사랑을 가지고 뜻을 합하며 한마음을 품어"(빌 2:2).

■ "평안의 매는 줄로 성령이 하나 되게 하신 것을 힘써 지키라"(엡 4:3).

그리스도의 몸인 교회의 일치와 평화는 중요하다. 그러나 우리가 교회에서 일치와 평화를 경험한다는 것은 실제로는 서로에게 동의하지 않으면서도 동의하는 척하거나 서로 잘 지내는 것처럼 위장하는 것을 의미하지 않는다. 위에 인용한 구절들은 교인들로 하여금 그들이 실제로는 서로 다른 생각을 하면서도 같은 행동을 하도록 부추기는 데 자주 이용되어 왔다. 그 결과 교회의 지도자들로 인한 문제가 곪고 있음에도 그들 중 아무도 책임을 지지 않는 관계, 즉 "말하지 말라"라는 법칙이 지배하는 시스템이 나타나게 되었다. 그런 시스템하에서는 사람들이 어떤 문제에 대해 이견이 있어도 그것에 대해 공개적으로 토론을 벌이지 않는다. 그리고 그러는 사이에 그 이견은 뒷말이나 험담을 통해 점점 커지고 심각해진다.

위에 인용한 빌립보서의 구절에서는 "가지다"와 "품다"라는 단어들이, 그리고 에베소서의 구절에서는 "지키다"라는 단어가 사용되고 있다. 그런데 우리가 평화와 일치를 갖거나, 품거나, 지키기 위해서는 그런 것들이 이미 존재하고 있어야 한다. 존재하지도 않는 무언가를 갖거나, 품거나, 지키는 것은 애당초 불가능하기 때문이다. 그러기에 영적 학대의 성격을 지닌 교회에 속한 교인들은 대개 평화와 일치를 위조하는 법을 배운다. 아이러니한 것은, 그런 곳에서 실제로 유지되는 것은 평화와 일치가 아니라 그런 것들의 결여다.

오늘날 상담 분야에서 거짓된 평화를 유지하거나 강요하는 이들을 가리키는 용어가 하나 있다. 흔히 그런 이들은 "평화를 지키는 자 peace-keeper"라고 불린다. 그들은 서로 갈등하는 사람들 사이로 들어가 그들이 서로에 대해 품고 있는 불만을 애써 무시하도록 유도한다. 대개 그들은 모든 사람이 서로 잘 지내게 하는 일에 큰 책임감을 느낀다.

그러나 사실 "평화를 지키는 자"는 그런 사람들에 대한 정확한 묘사가 아니다. 왜냐하면 평화를 지키기 위해서는 그곳에 이미 평화가 있어야 하는데, 그들이 개입한 곳에는 그것이 존재하지 않기 때문이다. 그러므로 오히려 그들에게는 "휴전 협정가 truce-maker"라는 용어가 더 적합하다. 휴전은 여전히 불화하고 있는 그리고 서로의 차이를 해소하지 못하고 있는 사람들이 당분간 싸움을 중지하는 것을 의미하기 때문이다.

교회 내의 휴전 협정가들이 가장 피하고 싶어 하는 것은 그 교회 안에 어떤 갈등이 존재한다는 사실이 알려지는 것이다. 그리고 그런 일로 인해 교인들이 교회의 지도자들과 갈등하게 되는 것이다. 그들에게 갈등은 무언가가 잘못되었음을 보여 주는 징표다. 무언의 규칙을 추종하는 이들은 교회 안에 무언가 잘못된 것이 존재해서는 안 된다고 여긴다.

그러나 참으로 "화평케 하는 자 peace-maker"는 평화가 없는 곳으로 들어가 평화를 만들어 내는 사람이다. 그는 거짓 평화라는 겉옷으로 불화를 감추는 사람이 아니다. 그는 서로 견해를 달리하는 사람들에게 마치 그들이 같은 의견을 갖고 있는 것처럼 거짓된 행동을 하도록 조장하지 않는다.

그들은 휴전이 아닌 실제적인 평화가 나타나기 위해서는 어떤 근본적인 변화가 있어야 한다는 것을 알기에 그런 변화를 이루기 위해 애쓴다. 그렇다면 그런 변화는 어디로부터 오는가?

야고보의 말을 들어보자.

그러나 너희 마음속에 독한 시기와 다툼이 있으면 자랑하지 말라 진리를 거슬러 거짓말하지 말라 이러한 지혜는 위로부터 내려온 것이 아니요 땅 위의 것이요 정욕의 것이요 귀신의 것이니 시기와 다툼이 있는 곳에는 혼란과 모든 악한 일이 있음이라 오직 위로부터 난 지혜는 첫째 성결하고 다음에 화평하고 관용하고 양순하며 긍휼과 선한 열매가 가득하고 편견과 거짓이 없나니 화평하게 하는 자들은 화평으로 심어 의의 열매를 거두느니라 (약 3:14-18).

야고보가 시기와 다툼이 "마음"의 문제임을 상기시키는 것에 주목하라. 또한 그런 것들이 있는 곳에 "혼란"이 있다고 말하는 것에 주목하라. 즉 혼란이 존재한다는 것은 마음에 어떤 문제가 있음을 보여 주는 신호라는 것이다. 그리고 바로 그것이 사람들이 흔히 행하는 겉치레 말로는 문제가 해결되지 않고 오히려 상황이 더 악화되는 이유다. 또한 야고보가 위로부터 난 지혜가 무엇보다도 "성결"과 관련이 있으며 "화평"은 성결 다음이라고 말하는 것에 주목하라. "성결하다"라는 단어는 더럽혀지지 않고, 진짜이고, 참되다는 의미다. 그러므로 위로부터 오는 지혜는 휴전 truce이 아니라 진리 truth를 통해 평화를 가져온다.

바울은 말한다. "너희는 열매 없는 어둠의 일에 참여하지 말고 도리어 책망하라 … 그러나 책망을 받는 모든 것은 빛으로 말미암아 드러나나니 드러나는 것마다 빛이니라"(엡 5:11, 13). 책임, 마음의 변화, 그리고 심지어 평화조차 진리의 빛을 통해서만 가능하다. 어둠은 혼란이 활동하는 곳이다. 야고보는 거짓 평화와 위선을 "귀신의 것"이라고 부른다.

권징

■ "네 형제가 죄를 범하거든 가서 너와 그 사람과만 상대하여 권고하라 만일 들으면 네가 네 형제를 얻은 것이요 만일 듣지 않거든 한두 사람을 데리고 가서 두세 증인의 입으로 말마다 확증하게 하라 만일 그들의 말도 듣지 않거든 교회에 말하고 교회의 말도 듣지 않거든 이방인과 세리와 같이 여기라"(마 18:15-17).

■ "[내가] 이런 자를 사탄에게 내주었으니 이는 육신은 멸하고 영은 주 예수의 날에 구원을 받게 하려 함이라"(고전 5:5).

이 두 구절은 "권징"에 관한 말씀이다. 교회에서 권징은 아주 중요하다. 하지만 때로 그것은 그리스도인들 사이에서 자주 오해를 불러일으키고 때로는 학대와 관련된 문제가 되기도 한다.

위에 인용한 두 구절은 각각의 맥락에서 아주 중요하다. 전자는 동료 그리스도인들 사이에서 화해를 이루는 일과 그리고 다른 하나는 그리스도의 몸 안에 있는 위험으로부터 사람들을 보호하는 일과 관련되어 있다. 그러나 학대적 성격을 지닌 교회에서 이 구절들은 행위를 강조하는 이들이 다른 이들에게 어떤 특정한 방식으로 행동할 것을 강요하기 위해, 그리고 혹시라도 그들이 그렇게 하지 않을 경우 그들을 내쫓기 위해 악용될 수도 있다.

여기에서도 우리는 이 두 구절의 요지를 이해하기 위해 그 구절들이 나타나는 맥락에 주목할 필요가 있다. 마태복음 18장의 구절들 바로 앞에는 길 잃은 양에 관한 이야기가 나온다. 거기에서 목자는 나머지 양들을 놔둔 채 그 잃어버린 양 한 마리를 찾기 위해 길을 나선다. 고린도전서 5장에서 쟁점은 자기 아버지의 아내(아마도 그의 계모였으리라)와 음행한 자를 어떻게 치리해야 하는가이다. 그 놀라운 사건은 교회 안에 이미 다 알려져 있었고(1절), 또한 교회 전체에 아주 부정적인 영향을 끼치고 있었다(6절).

당신에게 죄를 지은 형제는 길을 잃고 방황하는 양과 같다. 그러므로 "가서 그를 꾸짖으라." 다시 말해, 가서 그를 붙들어 다시 데려오라. 만약 그가 듣지 않으면, 다른 몇 사람과 함께 다시 그를 찾아가라. 그래도 그가 듣지 않으면, 교회에 그 사실을 알려라. 여기에서 "교회"는 일주일에 몇 차례 같은 지붕 아래에 모이는 사람들 전체를 가리키지 않는다. 여기에서 교회는 그동안 그 방황하는 사람과 긴밀한 관계를 맺어 왔던 소수의 사람들을 의미한다. 그들이 그 사람을 찾아가 권면해야 한다. 그럼에도 그가 여전히 듣지 않는다면, 그를 그대로 내버려 둘 수밖에 없다(다음 장에서 우리는 "이방인과 세리와 같이 여기라"는 말씀의 의미를 좀더 상세하게 논할 것이다).

고린도전서 5장에는 다른 이야기가 나온다. 여기에 등장하는 인물은 길을 잃고 방황하는 사람이 아니다. 이 사람은 교회 안에서 죄를 지었고, 교회에 속한 모든 이들이 그 사실을 알고 있다. 그의 죄는 교회 전체에 영향을 주고 있다. 어째서인가? 가족이나 교회 같은 관계 중심의 시스템 안에서는 한 사람의 행동이 그 시스템의 구성원 전체에게 영향을 주기 때문이다. 성범죄를 저지른 이가 그 범죄의 피해자에게 부정적인 영향을 줄 것은 너무나 분명하다. 이 장에 등장하는 간통 사건은 어떠한가? 그 교회에 속한 이들은 누구나 그 사실을 알고 있기에 그들 모두가 그 사건으로 인해 부정적인 영향을 받을 수밖에 없다. 왜냐하면 그들은 자기들이 그 사실을 안다는 사실 자체를 숨겨야 하는 짐을 감당해야 하기 때문이다. 그런데 그들로서는 그 문제를 다룰 때 못지않게 그 문제를 다루지 않을 때도 막대한 에너지를 소모할 수밖에 없다. 사실 후자에 더 많은 에너지가 필요하다. 왜냐하면, 그 문제를 다루지 않을 경우, 교인들은 그 문제 자체를 짊어져야 할 뿐 아니라, 또한 그것을 덮기 위해서도 많은 애를 써야 하기 때문이다.

이 경우에 바울은 아주 단호하다. 그는 고린도 교인들이 "그 일 행한 자를 너희 중에서 쫓아내지 아니"(고전 5:2)하기 위해 그 상황의 심각성을 외면하고 있는 것에 분개했다. 그러나 9-10절에서 바울은 그들에게 다음과 같이 말한다. "내가 너희에게 쓴 편지에 음행하는 자들을 사귀지 말라 하였거니와 이 말은 이 세상의 음행하는 자들이나 탐하는 자들이나 속여 빼앗는 자들이나 우상 숭배하는 자들을 도무지 사귀지 말라 하는 것이 아니니 만일 그리하려면 너희가 세상 밖으로 나가야 할 것이라." 바울은 교회 밖에서 일어나는 일에 대해 편집증을 갖고 있는 사람이 아니었다.

그럼에도 그는 고린도 교회 안에서 일어난 일에 대해 깊은 우려를 갖고 있었다. 그의 경고는 "형제라 일컫는 자가"(11절) 부도덕한 사람이 되는 것에 대한 것이었다. 그러나 때로 어떤 교회들에서 권징을 시행하는 것은 쉽지 않다. 간혹 징계를 받아야 할 사람이 책임 있는 자리에 앉아 있기 때문이다.

＊ ＊ ＊

이 장의 목적은 성경의 왜곡에 관한 모든 예들을 열거하고 풀어내는 데 있지 않다. 그런 일은 현실적으로 불가능하다. 다만 우리는 당신이 이상에서 언급된 문제들과 관련해, 성경을 해석하는 방식과 관련해, 그리고 다른 이들로 하여금 "진리의 말씀을 옳게 분별"(딤후 2:15)하도록 돕는 문제와 관련해 몇 가지 분명한 관점을 얻기를 바랄 뿐이다.

　　주지하다시피 하나님의 말씀은 양날을 가진 강력한 검이다. 그것은 우리에게 하나님의 사랑을 상기시키는 은혜의 도구가 될 수도 있고 우리의 삶에 질서를 가져다 줄 수도 있다. 그러나, 혹시라도 그 말씀이 옳지 않은 이들의 손에 들어갈 경우, 그것은 사람들에게 부당한 짐을 지우고 그들로 하여금 하나님이 아니라 특정한 지도자가 바라는 일을 하나님의 이름으로 수행하도록 강제하는 데 악용될 수도 있다.

　　다음 장에서 우리는 그동안 종교 지도자들이 하나님의 말씀을 제멋대로 왜곡함으로써 이미 어떤 일로 인해 상처를 입은 이들을 얼마나 고통스럽게 해왔는지에 대해 살필 것이다.

■ ▨ ■

“그러므로 율법의 행위로 그의 앞에 의롭다 하심을 얻을 육체가 없나니
율법으로는 죄를 깨달음이니라”(롬 3:20)

Escape from Spiritual Abuse!

"진리를 알지니 진리가 너희를 자유롭게 하리라"(요 8:32). 감정적으로, 육체적으로, 그리고 영적으로 상처받은 이들이 그 모든 문제들로부터 자유롭게 되는 것은 그들이 자신들의 고통의 실상을 인정하고 도움을 요청할 때만 가능하다. 신앙의 이름으로 진실이 억압될 경우, 희생자들이 다시 희생되는 일이 발생한다. 그리고 침묵에 대한 명령이 진리의 근원이신 하나님의 말씀에 의해 강화될 경우 문제는 더욱 심각해진다.

Escape from Spiritual Abuse!

"진리를 알지니 진리가 너희를 자유롭게 하리라"(요 8:32). 감정적으로, 육체적으로, 그리고 영적으로 상처받은 이들이 그 모든 문제들로부터 자유롭게 되는 것은 그들이 자신들의 고통의 실상을 인정하고 도움을 요청할 때만 가능하다. 신앙의 이름으로 진실이 억압될 경우, 희생자들이 다시 희생되는 일이 발생한다. 그리고 침묵에 대한 명령이 진리의 근원이신 하나님의 말씀에 의해 강화될 경우 문제는 더욱 심각해진다.

제8장

학대의 희생자
두 번 죽이기

하나님께서 우리에게 성경을 주신 것은 그것을 통해 우리에게 생명을 주시고, 우리가 살아가도록 구비시키시고, 우리를 생명으로 이끄시기 위해서였다. 바울의 말처럼 "모든 성경은 하나님의 감동으로 된 것으로 교훈과 책망과 바르게 함과 의로 교육하기에 유익하니 이는 하나님의 사람으로 온전하게 하며 모든 선한 일을 행할 능력을 갖추게 하려 함이다"(딤후 3:16-17). 시편 119편은 모두 176절로 이루어진 하나님의 말씀에 대한 찬가인데, 그 시편을 쓴 이는 105절에서 다음과 같이 노래한다. "주의 말씀은 내 발에 등이요 내 길에 빛이니이다."

그러나 때로 하나님의 말씀은, 교회의 지도자들이 그것을 자기들 입맛에 맞도록 왜곡해서 해석할 경우, 우리의 신앙에 도움은커녕 걸림돌이 될 수도 있다. 즉 그것은 우리를 진리의 길로 이끄는 등이나 빛이 되는 대신 오히려 우리의 가정과 교회를 해치고 그 안에서 이루어지는 어둡고 은밀한 일들을 지속시키는 도구가 될 수도 있다. 그럴 경우 누군가로부터 학대를 당해 이미 큰 고통 가운데 있는 자들이 "주의 법도"(시 119:93) 덕분에 회생되기는커녕 오히려 그것으로 인해 더 큰 고통을 당하기도 한다. 심지어 어떤 이들에게는 그들에게 꼭 필요한 치유가 하나님의 말씀 때문에 중단되기도 한다. 하나님의 말씀이 그런 식으로 왜곡되는 교회에서는 "진리가 너희를 자유롭게 하리라"(요 8:32)라는 예수님의 말씀이 "훌륭하게 되는 것이 정직하게 되는 것보다 낫다" 혹은 "어떤 값을 치르더라도 평화를 유지하라"라는 인간의 교훈에 의해 대체된다.

이 장에서 우리는 학대로 인해 상처 받은 사람들이 하나님의 진리의 말씀을 그들에게 아무런 도움이 되지 않는 방식으로—심지어 그들을 두 번 죽이는 방식으로—경험하는 몇 가지 경우들을 예시할 것이다.

절대로 맞서지 말라

■ **"나는 너희에게 이르노니 악한 자를 대적하지 말라 누구든지 네 오른편 뺨을 치거든 왼편도 돌려 대며"**(마 5:39).

예수님은 이 말씀을 진지하게 하셨던 것일까? 그렇다, 그분은 이 말씀을 우리들 대부분이 생각하는 것보다 훨씬 더 진지하게 하셨다. 그러나 이때 예수님은 정말로 사람들에게 그 어떤 악한 자들과도 맞서지 말라고 말씀하고 계셨던 것일까? (참고로 구약성경에서 그분의 아버지이신 성부께서는 이스라엘 백성에게 적들을 진멸하고 온 땅에서 악을 쓸어버리라고 자주 명령하셨다). 혹은 더 나아가 예수님은 이 말씀을 통해 정말로 우리에게 우리 자신을 해로운 상황에 계속해서 내맡기라고 제안하고 계셨던 것일까? 사실 이것이야말로 이미 큰 고통을 당하고 있는 많은 사람들이 학대적 성격을 지닌 시스템 안에서 받게 되는 전형적인 충고다.

이 구절은 종종 학대의 희생자들로 하여금 그 나쁜 상황에 머물면서 계속해서 학대를 당하도록 부추기는 데 사용된다. 또 이 구절은 종종 교회의 지도자들이 다른 사람들에게 수치를 주거나 그릇된 조언을 할 때 아주 옳지 않은 방식으로 인용되기도 한다.

우리가 이 구절이 나타나는 문맥과 관련해 주목해야 할 것이 몇 가지 있다. 첫째, 이 구절은 "심령이 가난한 자는 복이 있나니 천국이 그들의 것임이요"(마 5:3)라는 말씀으로 시작되고 "그러므로 하늘에 계신 너희 아버지의 온전하심 같이 너희도 온전하라"(48절)라는 말씀으로 끝나는 장에서 나타난다. 둘째, 이 구절은 "내가 너희에게 이르노니 너희 의가 서기관과 바리새인보다 더 낫지 못하면 결코 천국에 들어가지 못하리라"(20절)라는 말씀으로 시작되는 특별한 단락 안에서 나타난다. 셋째, 이 구절 바로 앞에는 "또 눈은 눈으로, 이는 이로 갚으라 하였다는 것을 너희가 들었으나"(38절)라는 말씀이 나온다.

이 구절을 이해하기 위해 우리는 몇 가지 질문을 제기할 필요가 있다. 천국에 들어가는 사람은 심령이 가난한 자인가, 아니면 서기관과 바리새인보다 나은 의를 지닌 사람인가? 어느 쪽인가? 그리고 도대체 우리는 어떻게 해야 하늘에 계신 우리의 아버지만큼 완벽해질 수 있는가? 지금 예수님은 학대의 희생자가 된 자들에게 그들이 어떻게 살아야 하는지에 대해 처방을 내리고 계신 것인가, 아니면 사람이 천국에 들어가는 방법에 대해 말씀하고 계신 것인가?

이상의 질문들을 염두에 두고 위에 인용된 말씀의 의미를 살펴보자. 무엇보다도 예수님은 이때 그분의 제자들에게 그 시대에 "죄인"이라고 불리던 이들(나병 환자, 창녀, 세리, 그리고 바리새인 등)의 문제에 대해 가르치고 계셨다.

즉 이때 그분은 그러지 않아도 이미 상처를 받은 이들에게 그들 스스로 다시 상처를 받기 위해 노력하는 것이 영적으로 얼마나 덕스러운 일인지에 대해 말씀하고 계셨던 것이 아니다. 그럼에도 그동안 많은 종교 지도자들이 이 구절을 이용해―이 구절의 전후 문맥이 이 말씀이 "의"와 관련된 문제요 또한 "사람이 어떻게 천국에 들어가느냐"에 관한 문제임을 분명하게 보여 주고 있음에도―어떤 관계 안에서 학대를 당한 이들에게 계속해서 그 학대적인 관계 안에 머물러 있으라고 조언해 왔다.

"바리새인의 의를 능가하는 의"(마 5:20)를 갖는 문제와 관련해 우리가 보일 수 있는 가장 잘못된 반응은 그들보다 "더 열심히" 노력하는 것이다. 반면에, 그 문제와 관련해 우리가 보일 수 있는 가장 적절한 반응은 우리의 의의 부족과 우리가 그런 의를 낳을 수 없음을 인식하고 "나는 할 수 없습니다"라고 말하는 것이다. 그때 우리는 부서진 사람들, 즉 심령이 가난한 사람들이 된다. 그리고 하나님의 나라는 우리처럼 심령이 가난한 사람들에게 속해 있다.

마찬가지로, 하나님처럼 온전해지려고 애쓰는 문제와 관련해 우리가 보일 수 있는 가장 잘못된 반응은 그렇게 되기 위해 "더 열심히" 노력하는 것이다. 반면에, 그 문제와 관련해 우리가 보일 수 있는 가장 적절한 반응은 하나님 앞에서 얼굴을 땅에 대고 "우리는 할 수 없습니다. 우리에게는 당신의 은혜가 필요합니다"라고 고백하는 것이다. 히브리서 기자는 말한다. "[율법은 아무 것도 온전하게 못할지라] 이에 더 좋은 소망이 생기니 이것으로 우리가 하나님께 가까이 가느니라"(히 7:19). 또한 그가 "그가 거룩하게 된 자들을 한 번의 제사로 영원히 온전하게 하셨느니라"라고 말하는 것에 주목하라 (10:4).

구약 시대에 "눈에는 눈으로"(마 5:38)라는 법은 강하고 부유한 자들로부터 약자들을 보호하기 위해 제도화된 정의의 한 형태였다. 그 법의 핵심은 "복수"(눈에는 반드시 눈이다)가 아니라 "형평"(눈에는 오직 눈만이다, 그 외에 다른 것은 절대 안 된다)에 있었다. 그리고 예수님 시대의 종교적 권력자이자 부유한 자들이었던 바리새인들은 그 법을 철저히 이행하고 있었다. 즉 그들은 어떤 잘못을 저지른 이들이 그 잘못에 상응하는 벌을 받거나 그것을 상쇄할 만한 일을 하는 것을 당연하게 여기고 있었다. 어쨌거나 법은 법이지 않은가! 그러나 예수께서는 사람들의 잘못에 대한 그들의 그런 반응을 통해 드러나는 그들의 잘못된 태도와 맞서셨다.

예수께서는 듣는 이에 따라 아주 다르게 들릴 수 있는 말씀을 하셨다. "너희 자신을 다시 희생시키라." 아마도 가난하고 무력했던 이들에게 이 말씀은 그저 통상적인 소리로 들렸을 것이다. 하기야 그들이 그런 일을 당하지 않기 위해 무슨 일을 할 수 있었겠는가? 그러나 바리새인들의 사정은 달랐다. 그들에게 이 말씀은 아주 우스꽝스럽게 들렸을 것이다. 그것은 소위 "적법한" 행동이 아니었다. 그렇다면 도대체 예수께서는 이 말씀으로 무엇을 의도하셨던 것일까?

헬라어 원어는 예수께서 이 구절에서 언급하시는 것이 "손등으로 맞는 것"이었음을 알려 준다. 이것은 단순한 폭력이 아니라 일종의 경멸을 의미했다. 아마도 손등으로 뺨을 맞은 이는 극도의 모멸감을 느꼈을 것이다. 강력하고 자기의로 가득 찬 바리새인들을 떠올려 보라. 종교적 광휘로 치장한 그들은 "잔치의 윗자리와 회당의 높은 자리와 사장에서 문안 받는 것과 사람에게 랍비라 칭함을 받는 것을 좋아" 했다(마 23:6-7). 그런 마음을 가진 자들이 어떻게 예수님의 이런 명령에 응할 수 있겠는가? 만약 그들이 예수님이 원하셨던 반응을 보인다면, 아마도 그들은 전보다 훨씬 더 의로운 자들이 될 수도 있었을 것이다.

그러나 평균적인 바리새인들, 즉 사람들이 자기들에 대해 생각하는 것에서 자신들의 정체성과 가치와 의미를 발견하는 이들은 절대로 그런 식으로 뺨을 맞지 못한다. 이것은 바리새인들은 물론이고 오늘의 우리들 역시 마찬가지다. 그러므로 우리 모두는 예수님의 이 명령 앞에서 다음과 같이 반응할 수밖에 없다. "나는 그럴 수 없다. 그러므로 나는 영적 실패자임이 틀림없다." 그리고 바로 거기에서 예수님은 "심령이 가난한 자들"을 얻으신다. 그리고 "심령이 가난한 자는 복이 있나니 천국이 그들의 것이다"(마 5:3). 그렇게 해서 예수님은 우리와 같은 영적 실패자들에게 은혜를 제공하신다.

아내들이여, 남편에게 순종하라 그가 당신을 죽일지라도

■ "아내들이여 자기 남편에게 복종하기를 주께 하듯 하라"(엡 5:22).

■ "아내들아 이와 같이 자기 남편에게 순종하라"(벧전 3:1).

그동안 우리는 기독교인 남편으로부터 매를 맞고, 짓밟히고, 심지어 피를 흘려야 했던 수많은 여신도들과 상담을 해왔다. 그리고 그 과정에서 종종 우리는 그들의 담임목사나 다른 영적 지도자들이 그 상처받은 하나님의 딸들에게 했던 조언, 즉 "아내들이여 자기 남편에게 복종하기를 주께 하듯 하라"라는 말을 듣고 소름이 끼쳤다. 안타깝게도 이 구절에 대한 이런 식의 오용은 교회 안에 아주 널리 퍼져 있고 학대 받은 여자들을 그런 파괴적인 상황 속에 계속해서 머물도록 압박하는 데 이용되고 있다. 우리가 다뤘던 여러 가지 사례들 중 하나를 소개한다.

샤롯은 남편에게 매를 맞고 있었다. 하루 종일 그녀는 퇴근한 남편에게 매를 맞지 않기 위해 무엇을 어떻게 해야 할지를 생각하며 지냈다. 남편이 문을 열고 들어오면, 그녀는 자기가 계획했던 모든 일을 했다. 그러나 십중팔구 샤롯은 무언가 잘못된 일─그것이 말이든, 행동이든, 혹은 표정이든 간에 ─을 했고, 그때부터 학대가 시작되었다. 첫 단계는 언어적인 학대였다. 남편은 위협하듯 그녀에게 다가와 그녀의 이름을 부르고 섬뜩한 욕설을 퍼부었다. 한참 욕설을 퍼부은 후 남편은 그녀를 벽 쪽으로 밀어붙였다. 그리고 손바닥으로 그녀를 때렸다. 그는 샤롯의 옷이 그녀의 타박상을 가릴 수 있는 곳만 골라서 때렸다. 그런 상황이 6년 넘게 계속되었다.

그뿐 아니라 샤롯의 남편은 그 기간 내내 독신 여성이나 유부녀들을 상대로 바람을 피웠다. 그와 성관계를 맺은 여자들 중에는 10대 소녀들은 물론이고 샤롯의 친구들까지 포함되어 있었다. 그러면서도 그는 교회 활동에도 아주 열성적이었다.

남편의 학대가 너무 심했던 어느 날 밤, 9살 난 샤롯의 아들이 참다못해 침대에서 뛰쳐나와 현관을 향해 내달렸다. 엄마는 "달려"라고 소리쳤고 아빠는 "거기 서"라고 소리쳤다. 아이는 이웃집으로 달려가 경찰에 전화를 걸었다. 얼마 후 경찰이 도착해 샤롯의 남편을 잡아갔다. 그로 인해 학대가 끝났다 ─일시적으로.

그 사건 직후 샤롯은 교회의 지도자들을 찾아갔다. 그리고 그들에게 자신이 그동안 얼마나 심각한 학대를 당해왔는지에 대해 말했다. 교회 지도자들은 그녀를 동정하는 표정을 지으며 그녀의 말을 경청했다. 마침내 그녀가 굵은 눈물을 뚝뚝 흘리며 말했다. "나는 남편이 두려워요. 더 이상 그 사람과 살 수 없을 것 같아요."

그런데 그 말에 대한 그들의 대답은 그녀가 듣고 싶었던 것이 아니었다.

그들은 이렇게 말했다. "그건 안 돼요. 만약 지금 당신이 남편을 떠난다면, 당신은 하나님의 뜻을 거역하는 거예요. 당신은 남편 곁에 머물러야 해요." 게다가 그들은 그녀의 아들이 아빠의 말을 무시하고 경찰에 전화를 한 것은 옳지 않은 행동이었다고까지 말했다.

그녀에 대한 아무런 지지도, 아무런 도움도 없었다. 그들의 말은 그녀에게 절망에 절망을 더했을 뿐이다. 그녀가 도움을 받고자 찾아갔던 이들이 한 시간 동안이나 온갖 성경 구절을 들이대며 자기들의 주장을 입증하려 했을 때, 그녀의 고통은 절망적인 것이 되었다.

남편에게 학대당한 여자들이 하나님의 말씀을 빙자해 침묵하면서 그 끔직한 상황에 계속 머물도록 설득당하는 이런 우스꽝스러운 일은 교회 안에서 아주 흔하게 일어나고 있다. 그렇다면 도대체 샤롯은 그 한 시간짜리 성경 공부(?)를 통해 교회 지도자들로부터 어떤 메시지를 들었던 것일까?

첫째, 만약 지금 그녀가 남편을 떠난다면, 그것은 그녀의 자녀들에게 "고통에 대한 경건한 대응"을 관찰할 기회를 박탈하는 셈이라는 것이었다. 그들은 그녀에게 "자녀들은 말보다 본보기를 통해 더 많은 것을 배운다"고 말했다. 그러면서 베드로전서에 나오는 다음의 말씀을 인용했다.

> 인간의 모든 제도를 주를 위하여 순종하되 혹은 위에 있는 왕이나 혹은 그가 악행하는 자를 징벌하고 선행하는 자를 포상하기 위하여 보낸 총독에게 하라 곧 선행으로 어리석은 사람들의 무식한 말을 막으시는 것이라 (벧전 2:13-15)

그러나 우리는 이 구절이 "아내들"이 아니라 그 시대의 "종들"에게 주어진 말씀이라는 것에 주목할 필요가 있다. 그러므로 그 교회의 지도자들이 샤롯에게 이 구절을 인용한 것은 그들이 남편과 아내에 대해 어떤 견해를 갖고 있는지를 보여 주는 것일 수 있다. 그들은 남편을 왕이나 총독으로, 그리고 아내를 그들 밑에 있는 하녀 정도로 여겼던 것이다. 즉 그들은 부부 관계를 총체적으로 오해하고 있었던 것이다.

게다가 그들은 사도 베드로가 같은 편지에서 남편들에게 다음과 같이 권하고 있음을 간과했다. "남편들아 이와 같이 지식을 따라 너희 아내와 동거하고 그를 더 연약한 그릇이요 또 생명의 은혜를 함께 이어받을 자로 알아 귀히 여기라"(3:7). 사실 남편들의 이와 같은 행동은 여자들을 열등한 존재로 여겼던 고대 세계의 일반적인 견해와 충돌하는 것이었다. 베드로가 여자들을 "연약한 그릇"이라고 부른 것은 그들의 육체적 연약함을 가리키기 위함이었다. 여자들의 육체적 연약함은 이해의 대상이지 학대의 대상이 아니라는 것이다. 이어서 베드로는 하나님께서 이 가르침에 반하는 행동을 하는 남편들의 기도를 듣지 않으실 것이라고 말한다. "이는 너희 기도가 막히지 아니하게 하려 함이라"(7b절).

같은 편지에서 베드로는 아내들에게 하나님의 말씀에 순종하지 않는 남편에게라도 순종함으로써 그들이 하나님께 돌아오게 하라고 권한다(벧전 3:1). 그런데 이런 권면은 옳게 행동했음에도 고난을 받을 때 인내하라는 교훈(벧전 2)에 뒤이어 나온다. 보다 큰 문맥은 베드로전서 2장 13절에서 시작된다. 거기에서 베드로는 하나님께서 "악행하는 자를 징벌하고 선행하는 자를 포상하기 위하여 보낸 총독"(14절), 즉 인간적인 제도에 순종하라는 교훈을 전한다. 그렇다면 이제 우리는 다음과 같이 물어야 한다. "학대가 이루어지는 결혼생활 속에서 악행하는 자는 누구인가? 학대를 가하는 남편인가, 아니면 그런 악을 폭로하는 아내인가?" 아내가 남편의 악행을 폭로하는 것은 결코 잘못이 아니다. 오히려 그런 악행에 대해 침묵하거나 그런 왜곡된 관계를 방치하는 것이야말로 잘못이다.

　그러나 여기에서 우리가 물어야 할 보다 큰 질문은 이것이다. "지금 베드로는 일반적으로는 그리스도인들에게 그리고 특별하게는 종들과 아내들에게 윗사람들에게 순종함으로써 옳은 일을 하라고 말하고 있는 것인가, 아니면 그들에게 순종도 하고 옳은 일도 하라고 말하고 있는 것인가?"

　보다 큰 문맥에 비추어 우리는 베드로가 후자, 즉 옳은 일도 하고 순종도 하라고 말하고 있다는 결론을 내릴 수 있다. 그렇다면 학대 받는 그리스도인이 어떻게 옳은 일도 하고 순종도 할 수 있을까? 우리는 그것이 그 학대자와의 관계를 유지하는 동시에(필요할 경우, 안전한 그리고 자신을 보호할 수 있을 만한 거리를 두고서) 또한 그에게 법에 따른 책임을 지우는 것으로써 가능하다고 믿는다. 우리는 이것이야말로 그 문제와 관련해 가장 합리적인 대응이 되리라고 믿는다.

　얼마 전에 우리는 어느 여신도로부터 위에 인용한 성경 구절들(엡 5:22; 벧전 3:1)과 관련된 가장 심각한 왜곡에 대해 들을 수 있었다. 담임목사와 상담하던 중에 그녀는 최근에 자기가 남편에게 목이 졸려 거의 죽을 뻔한 적이 있었음을 밝히고 이제 자기가 남편과 이혼하려 한다고 털어놓았다. 그런데 그녀의 이런 고민에 그 담임목사가 무엇이라고 말했는지 아는가? 이렇게 말했다. "남편 곁에 남아 있으세요. 설령 그가 당신을 죽일지라도 말입니다. 하나님은 그 일을 통해 당신의 남편을 그분 자신에게 이끄실 것입니다." 참으로 어처구니없는 말이다. 그녀의 남편을 위해서라면 이미 오래 전에 그녀가 아닌 다른 분이 죽으셨다. 그러나 그에게는 그분의 죽으심조차 아무 효과가 없었다. 그리스도 안에 있는 형제들이여, 이것은 매우 가슴 아플 뿐 아니라 아주 심각하게 병든 조언이다.

　학대자들에게 아무런 책임도 지울 수 없는 가정에 아이들을 내버려 두는 것은 결코 옳은 일이 아니다. 아내를 때리는 남편들의 85%와 남편들로부터 매맞는 아내들의 30%가 폭력 가정에서 성장했다는 통계가 있다.[5] 학대자들은 태어나는 것이 아니라 만들어지는 것이다.[6] 그런 의미에서 샤롯의 영적 지도자들은 옳은 말을 한 셈이다. 그들의 말대로, 자녀들은 말보다는 본보기를 통해 더 많은 것을 배운다. 자녀들이 폭력을 목격하고 그 문제가 건강하지 않은 방식으로 처리되는 가정에서 자라나는 소년과 소녀들은 남자와 여자가 서로 관계하는 방식과 관련해 크게 왜곡된 견해를 배울 수밖에 없다.

끝까지 용서하라

■ "그 때에 베드로가 나아와 이르되 주여 형제가 내게 죄를 범하면 몇 번이나 용서하여 주리이까 일곱 번까지 하오리이까 예수께서 이르시되 네게 이르노니 일곱 번뿐 아니라 일곱 번을 일흔 번까지라도 할지니라"(마 18:21-22).

이 구절은 문맥과 상관없이 인용되거나 적용될 경우 아주 무서운 방식으로 왜곡될 수 있는 또 다른 경우다. 그리고 실제로도 이 구절은 자주 그런 식으로 왜곡되고 있다. 그러므로 우리는 이 구절의 참된 의미를 설명하는 데 약간의 시간을 들일 필요가 있다.

오늘날 교회 안에서 이 구절은 아주 다양한 방식으로 왜곡되고 있다. "당신이 학대받은 사실을 다른 이들에게 알리지 말라." "용서할 수 없다니, 그게 무슨 말이야?" "당신은 남을 용서하지 못하는 옹졸한 마음을 갖고 있군."

<hr>

5. Strauss, Gelles, and Steinmetz, *Behind Closed Doors: Violence in the American Family* (New York: Anchor Books, 1980).

6. Kay Marshall Strom, *In the Name of Submission* (Portland, Oregon: Multnomah Press, 1986).

또한 이 구절은 사람들에게 그들이 실제로는 그렇지 않으면서도 자기들에게 해를 입힌 자들을 용서하고 있는 것처럼 행동하도록 강요하는 데 이용되기도 한다. 그런 일이 일어날 경우, 그들은 자기들에게 해를 입힌 자들을 용서하기 위해 계속해서 자기 자신과 더불어 싸워야만 한다. 그리고 끝까지 그 문제를 해결하지 못할 경우 그들은 다른 사람들로부터 그리고 자기 자신으로부터 옹졸하다는 비난을 당한다. 그러나 이런 경우에 그 문제는 절대로 해결되지 않는다. 그 이유는 아주 단순하다. 그 잘못된 일이 제대로 다루어지지 않기 때문이다.

여기에서도 문맥이 중요하다. 이 구절이 나타나는 장은 제자들이 "천국에서는 누가 크니이까"(마 18:1)라고 묻는 것으로 시작되고, 자기에게 빚진 자를 용서하지 못하는 어떤 사람과 그의 그런 행동에 분개해 그가 진 엄청난 빚을 다 갚을 때까지 그를 옥에 가두게 했던 왕에 관한 이야기로 끝난다. 그리고 이 장의 마지막 구절은 다음과 같은 예수님의 경고를 담고 있다. "너희가 각각 마음으로부터 형제를 용서하지 아니하면 나의 하늘 아버지께서도 너희에게 이와 같이 하시리라"(35절). 그렇게 해서 강조점은 용서라는 외적 행위가 아니라 "마음의 완전함과 순결함"에 놓인다.

앞에서 우리는 형제의 죄를 용서하는 것과 관련해 마태복음 18장 15-17절의 내용을 살핀 바 있다. 이제 우리는 그 내용 중 죄를 범한 후 여러 차례 권고를 받았음에도 회개하지 않는 사람을 "이방인과 세리와 같이 여기라"(17절)는 예수님의 말씀을 좀더 상세하게 살피고자 한다.

유대인에게 이방인은 멀리해야 할 대상이었다. 그들과 함께 있는 것은 의식적 불결함으로 이어질 수 있었기 때문이다. 그러나 세리들은 이방인들보다 훨씬 더 나빴다. 그들은 유대인이면서도 로마를 위해 동족에게 세금을 걷는 사람들이었기 때문이다. 즉 그들은 마땅히 유대인들 편에 서야 했으나 오히려 적들을 위해 일하는 자들이었다. 그러므로 그들 역시 멀리해야 할 자들이었다.

예수께서는 죄를 짓고 권고를 받았음에도 회개하지 않는 이들을 "이방인과 세리로 만들라"가 아니라 "이방인과 세리와 같이 여기라"고 말씀하셨다. 그 사람과 거리를 두기로 한 당신의 선택이 그 사람을 멀리해야 할 사람으로 만드는 것이 아니라, 오히려 그 사람 자신의 악한 행위와 회개에 대한 거부가 그를 그런 사람으로 만드는 것이다. 그리고 당신은 그 상황을 사실로 인정하는 것뿐이다.

그렇다고 할지라도, 예수께서는 우리가 죄를 지은 누군가를 포기하기 전에 적어도 세 번은 그를 권면해야 한다고 말씀하신다(16-17절). 유대인들의 전통에서 세 번이라는 수는 아주 중요하다. 만약 당신이 그를 세 번이나 권면했음에도 그가 말을 듣지 않는다면, 당신은 당신이 할 수 있는 모든 일을 했다고 여기면서 그를 포기할 수 있다.

우리는 베드로가 했던 "일곱 번까지 하오리까"(21절)라는 질문을 그런 관점에서 이해할 필요가 있다. 이것은 마치 그가 속으로 다음과 같이 생각하고 있는 것이나 마찬가지다. "세 번이 충분하다면, 일곱 번은 훨씬 더 훌륭한 것 아니겠어?" 이때 베드로는 천국에서 가장 큰 자가 되는 방법을 찾고 있었던 것으로 보인다(1절 참고). 베드로는 그런 사람이 되기 위해 필요한 의를 자신이 남들을 얼마나 많이 용서하느냐에 기초해 얻으려 했던 것 같다.

그런데 예수께서는 그런 베드로에게 이렇게 답하신다. "일곱 번을 일흔 번까지라도 할지니라"(22절). 합하면 모두 490번이다! 그렇다면 바로 그 숫자가 매직 넘버라는 말인가? 우리는 우리에게 죄 지은 자를 490번까지만 용서하면 되는 것인가? 그렇게 하면 그 후에는 의로워질 수 있는 것인가? 그런데 만약 베드로가 "내게 죄를 지은 사람을 몇 번이나 용서해 주면 되겠습니까? 490번쯤 하면 되겠습니까?"라고 물었다면 어떠했을까? 우리는 그럴 경우 예수께서 "아니다, 490번을 4,900번까지 하라"고 대답하셨으리라고 믿는다. 이때 그분은 베드로에게 사람이 의를 얻는 데 필요한 용서의 횟수에 대해 말씀하고 계셨던 것이 아니다. 이때 그분은 인간이 하나님 앞에서 의롭다 하심을 얻을 수 있는 기준을 인간의 노력으로 도달할 수 있는 범위 너머로 밀어붙이고 계셨던 것이다.

예수님의 이런 대답을 들은 후 우리가 보여야 할 반응은 다른 이들을 더 많이 용서하기 위해 노력하는 것이 아니다. 우리의 반응은 다음과 같아야 한다. "도대체 이런 용서가 어떻게 가능한가? 아무리 노력할지라도 나는 그럴 수 없다. 상황이 그렇다면, 나는 포기할 수밖에 없다. 그러므로 나의 심령은 가난하다."

예수께서 빚진 자의 비유를 통해 하셨던 경고를 기억하는가? 자신에게 빚 진 자를 마음으로 용서하지 못하는 사람은 옥졸에게 넘겨질 것이다(34절). 예수께서는 이 이야기를 통해 많은 것을 말씀하신다.

첫째, 한 번의 진심어린 용서가 열심히 애쓰거나 겉치레하는 과정에서 이루어지는 490번의 용서보다 귀하다. 다시 말해, 용서는 아주 중요하기에 그것은 반드시 참된 것이어야 한다.

둘째, 그분은 참된 용서가 어떻게 가능한지를 알려 주신다. 그것은 어떤 기준을 달성하고자 하는 우리의 노력을 통해 이룰 수 있는 일이 아니다. 참된 용서는 우리가 우리 자신의 절망적인 상황을, 그리고 우리의 유일한 소망이 하나님의 자비에 있음을 깨닫고 그 자비가 우리의 마음속으로 흘러들 어오도록 허락할 때 비로소 가능해지는 것이다.

바로 그것이 임금에게 큰돈을 빌렸던 사람에 관한 비유(마 18:23-35)에 등장하는 이가 갖고 있던 문제였다. 도저히 갚을 수 없는 돈을 갚으라는 요구를 받았을 때, 그가 했던 대답은 부서진 자의 것이 아니었다. 그는 임금에게 자비를 구하지 않았다. 그는 이렇게 말했다. "내게 참으소서 다 갚으리이다"(26절). 그러므로 그가 자기에게 적은 돈을 빌려간 동료를 용서하지 못했던 것은 놀랄 일도 아니다. 그는 자기가 얻은 용서를 실제라고 여길 수 없었기에 자기에게 빚을 진 자도 용서할 수 없었던 것이다.

마지막으로, 우리는 이 이야기가 예수께서 회개하지 않는 죄인을 "세리와 같이 여기라"(17절)고 하셨던 말씀 다음에 나오는 것에 주목할 필요가 있다. 우리는 이 말씀을 우리가 어떤 이를 용서하고도 여전히 그와 거리를 두는 것이 가능하다는 것을 의미한다고 여긴다. 어떤 이를 용서한다는 것은 당신이 그를 그의 빚에서 해방시켜 준다는 것을 의미한다. 그러나 그것이 곧 당신이 계속해서 그를 신뢰하거나 그와 다시 친밀한 관계를 맺어야 한다는 의미는 아니다. 누가복음에서 예수님은 다음과 같이 말씀한다. "너희는 스스로 조심하라 만일 네 형제가 죄를 범하거든 경고하고 회개하거든 용서하라"(눅 17:3). 이 구절이 다른 이에 대한 우리의 용서가 그들의 회개 여부에 달려 있다고 말씀하는 것에 주목하라. 이것은 "조건적 용서"를 의미하는가? 이 말씀만으로는 판단하기 어렵다. 하지만 우리가 분명하게 아는 것은 우리가 우리에게 죄 지은 자를 용서해야 한다는 것이다(마 6:12). 그러나 참된 용서는 우리가 우리 자신에게 용서가 필요하다는 사실을 깨닫고 하나님의 자비를 받아들이는 것에서 오는 것이지, 우리의 상처를 덮거나 우리에게 상처를 준 사람을 용서하기 위해 애쓰는 것을 통해서 오는 것이 아니다.

세상 법정에 호소하지 말라

■ "너희 중에 누가 다른 이와 더불어 다툼이 있는데 구태여 불의한 자들

앞에서 고발하고 성도 앞에서 하지 아니하느냐 성도가 세상을 판단할 것을 너희가 알지 못하느냐 세상도 너희에게 판단을 받겠거든 지극히 작은 일 판단하기를 감당하지 못하겠느냐"(고전 6:1–2).

한 여신도가 담임목사에게 상담을 요청했다. 그런데 상담과정에서 목사가 그녀를 성추행했다. 그녀는 그 문제로 그를 고발했다. 그후 그녀는 교우들로부터 놀라운 말을 들었다. "당신이 목사님을 법정으로 끌어간 것은 매우 비기독교적인 짓이었어요. 그것은 고린도전서 6장의 말씀과 어긋나는 짓이에요." 그녀는 교우들로부터 설령 그녀가 그 문제를 바로잡지 못하는 상황이 올지라도 담임목사를 고발하지 말았어야 했다는 말을 들었다. 위에 인용한 성경 구절에 대한 이런 식의 왜곡 때문에 발생하는 심각한 문제는 교회내의 범죄자들이 그들의 잘못에 대해 아무런 책임도 지지 않고 오히려 그 죄를 계속하도록 허락받는다는 것이다.

이 구절이 언급하는 문제는 민사 사건이다. 민사소송에서 한편은 원고이고 다른 한편은 피고이다. 아마도 이때 바울은 그리스도인들 사이에서 돈 문제로 발생한 분쟁에 대해 언급하고 있었을 것이다. 그리고 이 구절에서 그는 교회에는 그런 문제를 해결할 만한 능력이 있다고 확언한다.

그러나, 만약 이 구절이 형사 사건을 가리키는 것이라면, "위에 있는 권세들"과 관련된 로마서 13장의 가르침은 허튼 소리가 된다. 로마서 13장의 말씀은 범죄 행위를 다루는 문제와 관련해 하나님의 섭리를 보여 주는 구절이다. 형사 사건에서는 국가가 원고다. 그때 정부의 사법권은 하나님께서 세상의 옳지 않은 일들을 처벌하기 위해 사용하시는 그분의 손에 들려 있는 칼이다.

담임목사에게 성추행당한 여자의 경우, 그 목사가 한 짓은 명백한 불법이었다. 그러나 그녀는 그 사건을 고발한 후에 목사에게 당한 수치에 더해 교우들로부터 더 큰 수치를 당했다. 많은 교우들이 오히려 그녀가 목사를 유혹했다고 비난했던 것이다. 그러나, 설령 그녀가 목사에게 추파를 던졌다고 할지라도, 그 목사가 한 짓은 여전히 명백한 불법이다. 그녀의 부도덕한 행위가 그 목사의 불법적 행위를 정당화해 줄 수는 없다. 목사가 자신에게 상담을 요청한 여자를 성추행하는 것은 그 어떤 이유로도 용납될 수 없다. 세상에서 어떤 이들은 남들보다 월등히 건강한 정신과 태도를 갖고 있다고 간주된다. 그리고 누군가에게 영적 도움을 제공하는 이들이야말로 그런 사람이어야 하지 않겠는가?

이것은 빌린 돈을 갚지 않는 이웃을 고소하는 문제가 아니다. 이것은 나라의 법을 어긴 누군가를 법정에 세우는 정부의 소송에 관한 문제다. 그 여인은 성범죄로 인한 희생자로서 국가를 대신해 증언하는 자다. 목사나 상담가가 자기에게 도움을 얻기 위해 찾아온 여자를 성추행했다면, 그것은 범죄다. 어느 남편이 자기 아내를 때린다면, 그것 역시 범죄다. 부모가 자기 자식을 학대하거나 방치한다면, 그것 역시 범죄다. 신자가 그런 명백한 범죄에 대해 고발하는 것은 위에 인용한 고린도전서 6장의 말씀과 어긋나는 것이 결코 아니다. 우리가 그리스도인이라고 해서 어떤 이들의 잘못된 행위에 대해 법적 책임을 지워서는 안 되는 것은 결코 아니다.

과거에 연연하지 말라

■ "형제들아 나는 아직 내가 잡은 줄로 여기지 아니하고 오직 한 일 즉 뒤에 있는 것은 잊어버리고 앞에 있는 것을 잡으려고 푯대를 향하여 그리스도 예수 안에서 하나님께서 위에서 부르신 부름의 상을 위하여 달려가노라"(빌 3:13-14).

그동안 우리는 누군가 그들에게 이 구절을 왜곡해서 들려준 까닭에 자기들이 당했던 그리고 그로 인해 지금도 여전히 고통을 겪고 있는 심각한 범죄들을 억지로 가슴에 묻어야 했던 많은 이들을 만날 수 있었다.

한 남자가 우리에게 자기가 부모에게서 받았던 학대에 관해 어렵게 말을 꺼내기 시작했다. 그가 상담을 받기 시작했다는 소식이 알려진 후, 그는 그의 우편함에서 위에 인용한 구절 및 그와 유사한 다른 구절들이 적힌 카드를 발견하기 시작했다. 그 카드들이 그에게 주고자 하는 메시지는 분명했다. 공연히 과거의 기억을 들춰내 문제를 만들지 말라는 것이었다.

그러나 이 구절을 이처럼 왜곡하는 이들 곁에서 살아가는 이들은 결국 그들의 고통을 자기 안에서 꽁꽁 얼려버리게 된다. 그리고 그로 인한 우울증이나 그보다 훨씬 더 심각한 감정적 혹은 심리적 고통을 맞보게 된다.

그러나 바울이 이 구절에서 실제로 말하고자 했던 것은 그런 것이 아니다. 이때 그는 그동안 자기가 하나님께 용납되었다는 의식을 얻기 위해 행했던 자신의 종교적 수행에 대해 말하고 있었던 것이다(즉 여기에서 바울은 누군가에게 그를 괴롭히는 문제들을 잊거나 무시하라고 권하는 것이 결코 아니다). 이 말을 하기에 앞서 바울은 우리가 "자신의 종교적 수행 안에서" 가 아니라 "주님 안에서" 기뻐해야 한다는 사실을 상기시킨다(빌 3:1-3). 4-6절에서 그는 자기가 그동안 영적인 삶과 의미를 찾기 위해 하나님의 이름으로 행했던 모든 일들을 열거한다. 7-11절에서는 이제 자기가 그 모든 것을 내버렸을 뿐 아니라 "내 주 그리스도 예수를 아는 지식이 가장 고상하기 때문에" 그 모든 것들을 배설물처럼 여긴다고 말한다. 이어서 그는 우리가 예수님의 영적 임재 안에서 살아가는 과정을 묘사하는데(12-16절), 그것은 종교적 수행 목록을 따라 살아가는 것이 아니라 마음의 변화를 받는 것이다. 그는 모든 초점을 예수님에게 맞춘다. 그리고 그동안 자신이 하나님께 용납되기 위한 수단으로 여겼던 모든 종교적 행위들을 과감하게 내버린다.

하나님은 상처 받은 이들의 편이시다

마태복음 12장 15-21절은 부서지고 상처 입은 자들을 향한 예수님의 태도를 놀랍게 그리고 힘을 북돋아 주는 방식으로 묘사한다. 그분은 자기에게 나아온 모든 이들을 고쳐 주셨고(15절) 이방인들에게 공의를 베푸셨다(18절). 무엇보다도 20절을 보라. "[그는] 상한 갈대를 꺾지 아니하며 꺼져가는 심지를 끄지 아니하신다."

혹시 지금 당신은 자신이 상한 갈대와 같다고 느끼고 있는가? 그렇다면 하나님께서 당신의 편이심을 기억하라. 그분께서 당신을 곧게 펴주실 것이고 강하게 만들어 주실 것이다. 혹시 지금 당신은 자신이 꺼져가는 심지와 같다고 느끼고 있는가? 그렇다면 그분의 영이 당신을 위하신다는 사실을 기억하라. 그분께서 당신의 부서진 마음에 바람을 불어넣으실 것이고, 다시 한 번 당신이 그분을 위해 그리고 당신의 이웃들을 위해 뜨겁게 불타오르게 해주실 것이다. 하나님께서는 우리가 부서져서 쓸모없게 되었다는 이유로 우리를 내버리시는 분이 결코 아니다.

사실 우리의 고통을 치유하시고 영적 건강을 회복시켜 주시는 것은 하나님께는 일도 아니다. 고린도후서 7장에서 바울은 자신이 지치고 두려워하고 낙심에 빠져 있다고 고백한다. 하지만 그럼에도 그는 여전히 "낙심한 자들을 위로하시는 하나님" 안에서 기뻐한다(6절). 바울이 그럴 수 있었다면, 우리 역시 그럴 수 있다.

학대적인 지도자들은 왜 그런 덫에 빠지는가

Abusive Leaders and Why They Are Trapped

제1부에서 우리는 영적 학대의 성격을 지닌 시스템—그것이 가정이든, 사역 단체이든, 교회이든 간에—에 대해 살펴보았다. 또한 그런 시스템이 갖고 있는 몇 가지 특성들에 대해서도 살펴보았다.

제2부에서 우리는 그런 학대적 성격을 지닌 시스템 안에서 핵심적인 위치를 차지하고 있는 지도자들에게 초점을 맞출 것이다. 학대적 성격을 지닌 시스템은, 만약 그 안에 자기들이 하나님에 대한 권위 있는 지식을 갖고 있다고 주장하는 이들이 없다면, 삶에 대한 허기를 지닌 이들을 그 안으로 끌어들이거나 계속해서 그 안에 붙잡아 둘 수 없을 것이다. 이제 우리는 학대적 성격을 지닌 시스템의 상층부를 이루는 영적 지도자들의 문제를 가능한 한 상세히 조명하고자 한다.

그러나 그러기에 앞서 한 가지 지적해 둘 것이 있다. 솔직히 말하자면, 우리는 오늘날 율법주의적이고 압제적이고 학대적인 태도를 지닌 지도자들은 사실상 그리스도 안에서 누리는 은혜의 삶에 대한 기억을 잃어버렸거나 애초부터 그런 삶을 경험한 적이 없는 자들이라고 믿는다. 그들 중 많은 이들은 성장하는 과정에서 율법주의나 형식적인 기독교를 배웠다(물론 이것은 결코 그들의 잘못이 아니다). 다른 이들은 사역 과정에서 탈진함으로써 우리 모두가 예수 그리스도로 인해 누리게 된 하나님과의 단순하고 즐겁고 놀라움으로 가득 찬 관계를 상실했다. 그리고 또 다른 이들은 정기적으로 교회를 휩쓰는 다양한 권위 운동들Authority movements 중 하나에 빠져들었다. 대개 그런 운동들은 하나님으로부터 오는 환상이나 인도가 특정한 영적 지도자들(목사, 장로, 그룹 지도자, 혹은 남편 등)을 통해서만 온다고 주장하는 동일한 이단의 아류들이다. 그리고 그런 운동에 빠진 이들은 신자들이 누구나 개인적으로 하나님의 음성을 들을 수 있다는 것을 인정하지 않는다.

우리는 오늘날의 수많은 거짓된 영적 지도자들이 그들 편의 특별한 악의 없이 그런 상태에 이르렀음을 인정할 필요가 있다. 우리가 간절히 바라는 것은, 그런 지도자들이 자기들의 잘못을 깨닫고 "처음 사랑"으로 되돌아오는 것이다(계 2:4-5). 또한 그들이 그동안 자기들이 강력하고 무소불위한 존재가 되기 위해 하나님의 자녀들에게 영적 수행이라는 무거운 짐을 지우는 죄를 범해 왔음을 깨닫게 되는 것이다.

그러기 위해 제2부에서 우리는 예수께서 그 시대의 영적 지도자들과 맞서셨던 것에 초점을 맞출 것이다. 우리는 예수 그리스도의 삶을 통해 나타나는 은혜와 영적 수행 사이의 충돌에 대한 관찰이 우리 모두에게 큰 유익을 주리라고 믿는다.

그러나 우리가 무엇보다도 바라는 것은 독자들에게 사랑의 하나님의 초대장을 전하는 것이다. 그 초대장의 내용은 다음과 같다. "바로 지금 너희의 일에서 돌아서라. 무거운 짐을 내려놓으라. 그리고 나를 따라 참된 자유와 쉼에 이르라."

Escape from Spiritual Abuse!

한 아이가 다른 아이에게 "도대체 누가 죽었기에 네가 왕이 된 것이니?"라고 물었다는 이야기를 들어본 적이 있는가? 대개 이 질문은 어떤 이가 나이가 많거나, 덩치가 크거나, 힘이 세거나, 목소리가 크기 때문에 어느 집단의 책임자가 되는 경우에 제기된다. 또한 이것은 그 사람의 "백성들" 편의 좌절감을 보여 준다. 그리고 바로 그것이 예수께서 그 시대의 종교적 시스템 안에서 발견하셨던 역학이다. 또한 그것은 거짓된 영적 지도자들에 대한 첫 번째 경고이기도 하다.

한 아이가 다른 아이에게 "도대체 누가 죽었기에 네가 왕이 된 것이니?"라고 물었다는 이야기를 들어본 적이 있는가? 대개 이 질문은 어떤 이가 나이가 많거나, 덩치가 크거나, 힘이 세거나, 목소리가 크기 때문에 어느 집단의 책임자가 되는 경우에 제기된다. 또한 이것은 그 사람의 "백성들" 편의 좌절감을 보여 준다. 그리고 바로 그것이 예수께서 그 시대의 종교적 시스템 안에서 발견하셨던 역학이다. 또한 그것은 거짓된 영적 지도자들에 대한 첫 번째 경고이기도 하다.

제9장

나, 목사야,
그게 이유야!

최근에 나(데이빗)는 어떤 중요한 문제에 대해 조언을 얻기 위해 나를 찾아온 젊은 부부와 대화를 나눈 적이 있다. 최선을 다하기는 했으나 그들의 문제는 나로서도 조언하기가 쉽지 않았다. 그런데 내 말에 대한 그들의 반응이 놀랄 만큼 즉각적이고 긍정적이었다. 그런데 왠지 나는 그들의 반응을 보면서 마음이 불편했다. 내가 그들에게 해준 말은 사실 그렇게 대단한 것이 아니었기 때문이다! 그들과 대화를 나누는 동안 차츰 나는 그들이 내가 무슨 말을 하든 그 말에 동의할 것이고, 무엇을 지시하든 그 모든 것을 이행하리라는 느낌을 받았다.

내가 무엇 때문에 찜찜해 했는지 이해할 수 있겠는가? 그 부부는 젊고 총명하고 지적이었다. 그리고 두 사람 모두 자기 분야에서 성공한 이들이었다. 그렇다면 무엇이 문제였는가? 내가 보기에 그들은 영적인 문제와 관련해서는 모든 판단을 철저히 중지하고 있는 듯 했다. 나는 그들과의 계속된 대화를 통해 그동안 그들이 영적인 문제와 관련해서는 모든 식별과 판단을 그들의 담임목사에게 전적으로 맡겨왔다는 것을 알게 되었다. 그리고 이번 경우에는 그 대상이 나였다!

나는 호기심이 발동했다. 그래서 그동안 그 부부가 어떻게 신앙생활을 해왔는지에 대해 물었다. 그리고 그 질문에 대한 답을 들으면서 그들의 문제가 무엇인지 이해하게 되었다. 그들은 자기가 하는 모든 말을 하나님의 말씀과 동일시했던 어느 뻔뻔한 목사 밑에서 오랫동안 영적으로 학대를 당해 왔다. 그들이 출석했던 교회에서는 담임목사에게 의문을 제기하거나 그의 지시에 순종하지 않는 것은 곧 하나님께 의문을 제기하고 그분의 명령에 불복하는 것과 같았다. 혹시라도 누군가가 담임목사의 말에 이의를 제기하거나 반대할 경우, 그는 다른 교우들로부터 "여호와의 기름 부음을 받은 자를 건들지 말라"라는 엄중한 말을 들어야 했다. 그 교회에서 무언가가 잘못되었다는 의견을 냈던 이들은 즉각 문제아로 정죄되었다.

그런 시스템이 그 구성원들에게 끼쳤던 위력을 과시하기라도 하듯, 그 젊은 부부는 이미 그 교회를 떠났으면서도 여전히 과거의 태도에서 벗어나지 못하고 있었다. 그들은 어떤 권위 있는 인물―이번 경우에는 나―에게 맹목적으로 복종했고, 그 영적 권위자가 그의 지위에 기초해 하는 말들을 무조건 수용했다. 삶의 다른 분야에서는 견고하고 예리한 지성을 자랑하는 젊은 부부가 영적인 일을 분별하는 문제와 관련해서는 옥수수 죽마냥 풀어지고 말았다. 그들은 그런 일에 대한 책임을 나에게 넘겼다. 왜냐고? 그것은 내가 목사였기 때문이다! 그것이 이유였다!

가짜 권위

"나, 목사야, 그게 이유야!" 이런 말은 그 말을 듣는 이들에게 아주 엄중한 것이 된다. 그리고 이 말은 다음과 같은 것들을 의미한다. "지금 내 말을 의심하는 거요?" "내 권위를 인정하지 않는 거요?" "공연히 문제아가 되지 마시오." "교회의 질서와 평화를 소중히 여기시오." "윗사람 말에 순순히 복종하시오."

얼핏 이런 식의 맹목적인 순종과 복종을 가르치는 것처럼 보이는 성경 구절들이 떠오른다. "너희를 인도하는 자들에게 순종하고 복종하라 그들은 너희 영혼을 위하여 경성하기를 자신들이 청산할 자인 것 같이 하느니라 그들로 하여금 즐거움으로 이것을 하게 하고 근심으로 하게 하지 말라 그렇지 않으면 너희에게 유익이 없느니라"(히 13:17). "각 사람은 위에 있는 권세들에게 복종하라 권세는 하나님으로부터 나지 않음이 없나니 모든 권세는 다 하나님께서 정하신 바라 그러므로 권세를 거스르는 자는 하나님의 명을 거스름이니 거스르는 자들은 심판을 자취하리라"(롬 13:1-2).

흔히 우리는 이런 성경 구절들을 떠올리며 스스로에게 다음과 같이 말한다. "나는 성경을 믿어. 그리고 성령의 지시에 순종하고 싶어. 그는 목사이고, 목자이고, 하나님의 종이고, 그분의 대변인이야. 실제로 그는 나보다 훨씬 더 많은 것을 알고 있어. 그러니, 만약 내가 목사에게 의문을 제기한다면, 그것은 미친 짓이고 완전히 잘못된 거야. 도대체 내가 뭔데? 그러니 그에게 찬동하는 편이 나아. 왜냐고? 그는 목사이니까!"

어떤 이가 이런 식의 사고를 하고 있다면, 그것은 그가 자기들의 권위에 대한 순종을 제도화하고 강요하는 지도자 밑에서 신앙생활을 하고 있음을 보여 주는 징표다. 그런 사고는 권위의 가짜 근거에 의존하고 있다.

우리 주님께서는 그 시대의 거짓된 영적 권위와 대결하셨다. 마태가 전하는 그분의 말씀에 주목해 보라.

이에 예수께서 무리와 제자들에게 말씀하여 이르시되 서기관들과 바리새인들이 모세의 자리에 앉았으니 그러므로 무엇이든지 그들이 말하는 바는 행하고 지키되 그들이 하는 행위는 본받지 말라 (마 23:1-3)

물론 예수께서 이 구절에서 언급하시는 "모세의 자리"는 문자적 의미의 자리 chair가 아니다. 오히려 그것은 권위 있는 직위를 가리키는 것이다. 예컨대, 대학의 학과장 chair은 문자적 의미의 자리가 아니라, 그 과에서 가장 존경받는 혹은 가장 권위 있는 직위를 가리킨다. "자리"에 해당하는 헬라어는 "카세드라 cathedra"인데, 라틴어는 이 단어를 취해 "엑스 카세드라 ex-cathedra"라는 문구를 만들어 냈다. 이것은 "권위 있는 자리에서 말하다"를 의미한다. 만약 내가 당신에게 권위 있는 자리에서 말한다면, 즉 당신보다 높은 자리에서 당신을 향해 무언가를 말한다면, 내가 하는 말은 당신에게 구속력을 갖는다. 그것이 구속력을 갖는 이유는 내가 권위 있는 자리에서 말하기 때문이다.

예수님은 위에 인용한 말씀을 통해 두 가지 사항을 지적하셨다. 첫째, 서기관과 바리새인들은 모세의 자리에 스스로 앉았다. 즉 그 자리는 그들이 스스로 취한 것이지 하나님께서 그들에게 주신 것이 아니다. 둘째, 그들이 지금과 같은 권위를 갖게 된 유일한 근거는 서기관과 바리새인이라는 그들의 직책 혹은 지위뿐이다. 다시 말해, 그들의 권위는 그들이 현명하거나 분별력이 있거나 진실되기 때문이 아니었다. 그들의 권위는 오직 그들이 공적인 직책을 갖고 있다는 사실에 근거할 뿐이었다.

이 문제에 대해 조금 더 생각해 보자. 이 얼마나 편리한 시스템인가! 만약 지금 당신이 다른 이들을 통제하거나 지배하는 자리에 앉아 있다면, 다시 말해, 만약 당신이 당신의 텅 빈 마음을 외적 경건으로 감추고 있는 바리새인이라면, 단지 기계적인 종교적 수행의 전문가인 서기관이라면, 사람들의 속사정을 들여다보기를 원하지 않는 목사라면, 다른 이들이 당신의 가정 안에서 벌어지고 있는 심각한 문제들에 대해 아는 것을 바라지 않는 장로라면, 이런 시스템은 당신이 별 문제 없이 그 자리에 앉아 있도록 보장해 주는 편리한 방편이 될 수 있다.

권위의 기준

이스라엘에서 지도자 혹은 권위자가 되는 데 필요한 기준은 세 가지였다. 첫째는 나이였다. 그 시절에 당신이 지도자나 권위자가 되기 위해서는 충분히 나이를 먹었어야 했다. 둘째는 성별이었다. 당신은 남자여야 했다. 세 번째는 인종이었다. 당신은 반드시 히브리인이어야 했다. 분명히 이것은 "늙은 히브리인 남자"를 위한 시스템이었다. 그 시스템 안에서 당신은 옳거나, 현명하거나, 점잖거나, 분별력이 있거나, 성령의 인도를 받거나, 혹은 경건하거나 할 필요가 없었다. 만약 당신이 "젊은 이방인 여자"였다면, 당신이 제아무리 현명하거나, 점잖거나, 분별력이 있거나, 성령의 인도하심을 받을지라도, 당신은 그 시스템이 정한 외적 기준에 부합하지 않기에 그 어떤 권위도 가질 수 없었다.

그러나 사도행전 2장을 보라. 오순절에 성령이 오셔서 그 시스템을 산산이 부수셨다. 그리고 선지자 요엘이 했던 다음과 같은 예언이 성취되었다. "하나님께서 말씀하시기를 말세에 내가 내 영을 모든 육체에 부어 주리니 너희의 자녀들은 예언할 것이요 너희의 젊은이들은 환상을 보고 너희의 늙은이들은 꿈을 꾸리라 그 때에 내가 내 영을 내 남종과 여종들에게 부어 주리니 그들이 예언할 것이요"(17-18절).

그러므로 새 언약 안에서 우리는 예수께서 권위를 위한 새로운 기준을 세우셨음을 보게 된다. 그것은 더 이상 나이, 성별, 혹은 인종이 아니었다. 오히려 그것은 당신 안에 있는 성령의 증거에 기초를 두고 있다. 어떤 이가 예수께서 선포하신 권위를 지니고 있음을 입증하기 위해서는 성숙, 지혜, 참된 경건, 그리고 참된 지식 같은 속성들을 드러내 보여야 한다. "내가 그렇게 말했으니까"라는 식의 태도는 이제 더 이상 먹히지 않는다. "나는 목사니까"라는 태도는 말할 것도 없다. 만약 어떤 이의 권위의 기초가 오직 그가 갖고 있는 직책뿐이라면, 그는 그의 권위를 헛것에 두고 있는 셈이다.

참된 영적 권위자들

이제 성경에서 참된 영적 권위를 드러내 보였던 이들을 살핌으로써 참된 권위에 대한 성경의 견해가 어떤 것인지 알아보자.

가장 먼저 살펴야 할 사람은 모세다. 분명히 모세는 하나님과의 인격적인 관계를 통해 영적 권위를 얻은 사람이었다. 예수께서 비난하셨던 서기관과 바리새인들이 취하고 있던 권위가 바로 모세의 권위였다. 그들에게 모세는 절대적인 권위였다. 그러나 사실은 모세의 권위조차 그의 것이 아니었다. 왜냐하면 모세가 어떤 선언을 했다는 이유만으로 그 선언이 자동적으로 권위 있는 것이 되지는 않았기 때문이다. 그의 권위는 그가 백성들에게 하나님께서 자기에게 말씀하신 것을 충실하게 그리고 분명하게 선포했기에 가능했던 것이다. 만약 하나님께서 그에게 그가 선포할 말씀을 주셨는데 그가 그것을 왜곡해서 선포했다면, 그는 지금과 같은 권위를 갖지 못했을 것이다. 그러므로 모세가 가졌던 유일하게 합법적인 권위는 그가 하나님께서 그에게 선포하라고 주신 말씀을 정확하게 선포했을 때 그에게 주어졌던 것이다.

이것은 무엇을 의미하는가? 그것은 모세가 갖고 있던 절대적 권위의 근거가 그 자신이 아니라 그가 선포했던 "진리"였다는 것이다. 즉 모세의 권위는 그가 다른 이들보다 높은 지위를 갖고 있거나 다른 사람들보다 더 훌륭하거나 강력했기 때문이 아니라 그가 진리를 말했기에 그에게 주어졌던 것이다. 모세는 하나님께서 그에게 선포하라고 하신 것을 그 어떤 값을 치르고라도 선포했던 그분의 충실한 종이었다. 그는 참된 영적 권위를 위한 유일하게 적합한 기초인 "진리" 안에서 살았던 사람이었다.

우리는 모세로부터 다음과 같은 결론을 이끌어낼 수 있다. 그것은 사람들이 우리가 가진 지위 때문에 우리를 공경할지라도 우리가 그것만으로 진정한 권위자가 될 수는 없다는 것이다. 만약 우리가 참된 권위를 얻고자 한다면, 우리는 하나님의 진리를 말해야 한다. 만약 우리가 참된 권위를 얻고자 한다면, 우리는 성령의 인도하심에 민감해져야 한다. 우리는 현명해져야 하고 하나님께서 말씀하시는 것을 분명하고 정확하게 알아차리고 선포해야 한다.

다음으로 살필 사람은 디모데다. 디모데는 바울이 이끌었던 에베소 교회의 새로운 목회자였다. 그는 자신의 사역에서 권위를 세우는 문제와 관련해 어려움을 겪고 있었다. 사실 바울이라는 거인의 뒤를 이어 목회를 하는 것은 누구에게도 만만치 않은 일이었을 것이다. 그러나 디모데에게 그것은 특별히 어려운 일이었다. 그는 바울이 가졌던 직관적이고도 적극적인 지도자의 자질을 갖고 있지 못했기 때문이다. 디모데는 그 교회 안에 있는 강력하고 부정적인 세력들로 인해 심신이 지쳐가고 있었다. 디모데전서와 후서는 바울이 디모데에게 그런 문제들을 헤쳐 나갈 방법을 알려 주기 위해 보낸 목회서신이었다.

그런데 바울은 그 편지 어디에서도 디모데에게 가슴을 내밀고 담대하게 "나는 목사다!"라고 외치라고 충고하지 않는다. 아니다, 오히려 그는 이렇게 말한다. "너는 진리의 말씀을 옳게 분별하며 부끄러울 것이 없는 일꾼으로 인정된 자로 자신을 하나님 앞에 드리기를 힘쓰라"(딤후 2:15). 마치 이것은 바울이 디모데를 어느 구석진 곳으로 데려가서 이렇게 말하는 것과도 같다. "아들아, 권위는 네가 진리의 말씀을 옳게 분별할 때 오는 거란다. 그것은 네가 목소리를 높이거나 너의 직책을 사방으로 과시한다고 찾아오는 게 아니란다. 만약 네가 진정으로 권위를 얻고자 한다면, 먼저 하나님께서 예수님을 통해 하신 말씀을 잘 헤아리고 사람들에게 그 말씀의 내용을 충실하게 전하거라. 그러면 바로 그것을 토대 삼아 너의 권위가 세워질 것이다."

계속해서 바울은 다음과 같이 말했다.

너는 배우고 확신한 일에 거하라 너는 네가 누구에게서 배운 것을 알며 또 어려서부터 성경을 알았나니 성경은 능히 너로 하여금 그리스도 예수 안에 있는 믿음으로 말미암아 구원에 이르는 지혜가 있게 하느니라 모든 성경은 하나님의 감동으로 된 것으로 교훈과 책망과 바르게 함과 의로 교육하기에 유익하니 이는 하나님의 사람으로 온전하게 하며 모든 선한 일을 행할 능력을 갖추게 하려 함이라 (딤후 3:14-17)

이 말을 보다 쉽게 풀이하면 다음과 같다. "만약 네가 교인들에게 무슨 말을 해야 할지 알고 싶다면, 성경을 찾아 보거라. 그러면 너는 영감을 받게 될 것이고 네가 무슨 말을 해야 할지 알게 될 거야. 하나님께서 주시는 말씀을 숙고하거라. 디모데야, 바로 그것이 너의 권위의 토대란다. 사람들에게 너의 의견이 아니라 하나님의 말씀을 전하거라. 그들에게 그분이 말씀하신 진리를 선포하거라.”

어떤 이가 혹은 어떤 지도자 그룹이 독점적으로 하나님의 말씀의 모든 내용을 이해하는 것이 가능할까? 아마도 그럴 수는 없을 것이다. 하나님의 생명의 말씀은 어떤 이의 직책과 상관없이 그분을 찾는 모든 이들을 통해서 드러난다. 평신도들은 삶의 어떤 분야들에서 그리고 목회자들은 절대로 경험하지 않을 상황들 속에서 그분의 말씀에 의지하고 그 말씀대로 살아감으로써 참된 권위를 얻을 수 있다. 그러므로 목회자들은 우리 주님만이 양 떼의 목자이시며 목회자인 자기 역시 그분을 따르는 양들 중 하나라는 사실을 기억하면서 그분께서 양 떼를 통해 자기에게 말씀하시는 것에 귀를 기울여야 한다.

우리가 살펴야 할 세 번째 사람은 바울이다. 우리는 바울이 그의 서신들을 통해 했던 모든 말을 권위 있는 것으로 여기지만, 그리고 사실 그것이 옳기도 하지만, 정작 바울 자신은 자기가 무언가를 말했다는 이유만으로 그것이 진리가 되는 것은 아니라고 경고한 바 있다. 그는 갈라디아 교인들에게 다음과 같이 말했다. “그러나 우리나 혹은 하늘로부터 온 천사라도 우리가 너희에게 전한 복음 외에 다른 복음을 전하면 저주를 받을지어다”(갈 1:8). 이것은 마치 그가 다음과 같이 말하는 것과 같다. “갈라디아 사람들이여, 잘 들으시오. 만약 내가 이 복음을 왜곡하기 시작한다면, 그때는 더 이상 내 말을 듣지 마시오. 당신들이 알다시피, 권위는 내 안에 있는 것이 아니오. 내가 진리를 말하는 한, 나는 권위를 가질 것이오. 그러나 권위는 누구에게도 자동적으로 주어지는 것이 아니오. 권위는 진리 안에 있는 것이오.”

우리가 마지막으로 살필 대상은 예수님이시다. 사람들이 예수께서 가르치시는 말씀을 들었을 때, 그들이 보인 공통적인 반응은 놀라움이었다. 그동안 그들은 그런 권위 있는 가르침을 들어본 적이 없었기에 크게 놀랐다.

그분의 가르침은 서기관과 바리새인들의 그것과 아주 달랐다. 그들은 그분의 가르침을 통해 참된 권위가 무엇인지 알게 되었다.

공적 지위와 무관한 권위

모세, 디모데, 바울, 그리고 예수님은 그들의 삶을 통해 그들의 권위가 하나님으로부터 왔음을 입증했다. 그리고 우리는 권세 있는 자들에게 복종하라고 가르치는 로마서 13장 1-2절의 말씀을 이런 맥락에서 조명할 필요가 있다. 만약 어떤 이가 하나님께 순종하는 삶을 통해 드러나는 생생하고 믿을 만하고 진정성 있는 권위에 맞서 반항한다면, 그때 그 사람은 분명히 하나님의 통치에 반대하고 있는 것이다. 그러나 이것은 어떤 지도자가 자기가 이끄는 사람들을 향해 다음과 같이 말해도 된다는 의미가 결코 아니다. "내가 그렇게 말했습니다. 그리고 나는 권위자입니다. 그러니 내 말은 옳습니다. 설령 그것이 옳지 않더라도, 당신들은 내 말에 복종해야 합니다. 왜냐하면 나에게 복종하는 것이 곧 하나님께 복종하는 것이기 때문입니다." 우리가 어떤 권위에 진심으로 복종하는 것은 그 권위가 진리에 기초한 진정성을 드러낼 때뿐이다.

안타깝게도 오늘날에도 우리들 곁에는 서기관과 바리새인 같은 지도자들이 존재한다. 그들은 다음과 같이 말한다. "나는 권위 있는 자리에 앉아 있기에 권위를 갖고 있다. 나는 당신들에게 권위 있는 자리에서 말한다. 그러므로 당신들은 내가 하는 모든 말을 받아들이고 나에게 복종해야 한다."

그런 서기관과 바리새인들은 참된 권위를 갖고 있지 않기에 자기들이 갖고 있는 공적인 지위를 주장할 수밖에 없다. 그들은 예수께서 단순히 진리를 말씀하심으로써 드러내 보이셨던 권위를 알지 못하거나 아니면 무시하고 있다. 그들은 예수님의 권위의 근거가 그분의 직책이나 역할이나 지위에 있지 않았다는 사실을 잊고 있다. 사실 그분은 그런 것들 중 아무것도 갖고 계시지 않았다!

그러므로 우리가 오직 자신이 갖고 있는 어떤 역할이나 직책이나 지위에 근거해 권위를 주장하는 이들을 볼 때 우리는 권위의 거짓된 근거와 마주하고 있는 셈이다. 그리고, 만약 어떤 이가 자신의 영적 권위를 내세우기 위해 "내가 목사거든요, 내가 주의 종이거든요"라는 말만 되풀이하고 있다면, 우리는 그것을 그가 아무런 참된 권위도 갖고 있지 않기에 자기의 지위만 내세우고 있는 것이라고 여겨도 무방하다.

마법사와 작별하기

"오즈의 마법사 The Wizard of Oz"라는 동화를 기억할 것이다. 흥미롭게도 우리는 이 유명한 이야기에서 영적 권위와 관련된 몇 가지 귀한 통찰을 얻을 수 있다. 도로시, 허수아비, 양철 나무꾼, 그리고 겁쟁이 사자는 오즈의 마법사가 자기들에게 필요한 것을 줄 수 있으리라 믿고 그를 찾아간다. 도로시는 집으로 돌아가야 했고, 허수아비는 뇌가 필요했고, 양철 나무꾼은 가슴이 필요했고, 겁쟁이 사자는 담력이 필요했다. 마법사는 자기를 찾아온 그들에게 서쪽 나라에 있는 마녀의 빗자루를 가져 오라고 말한다. 빗자루를 가져오면, 자기가 그들이 원하는 것을 주겠다는 것이었다. 도로시 일행은 천신만고 끝에 마녀에게서 빗자루를 빼앗는다. 그리고 마법사를 찾아가 자기들에게 약속했던 것을 달라고 요구한다. 그러나 사실 마법사는 그들이 돌아오리라고는 생각조차 하지 않고 있었다. 뿐만 아니라 그는 그들에게 약속했던 것들을 줄 만한 능력도 갖고 있지 않았다.

우리의 영웅들은 오즈의 마법사가 그의 일을 수행하는 커다란 방으로 들어간다. 그곳에서 그들은 크고 험상궂은 얼굴을 한 마법사와 대면한다. 그런데 그는 실제로는 사람이 아니라 소용돌이치는 연기와 불과 큰 소음에 둘러 싸여 심각한 표정을 짓고 있는 얼굴에 불과했다. 마법사는 천둥처럼 큰 소리를 내며 그들이 감히 자기에게 도전하려는 것이냐고 물었다. 바로 그때 도로시의 강아지가 그가 있는 작은 방 안으로 뛰어 들어가 커튼을 입에 물고 잡아 내렸다. 그러자 오랫동안 권력의 가면 뒤에 숨어 있던 아주 평범한, 그리고 다른 이들과 똑같은 살과 피를 가진 한 남자가 초라한 모습을 드러냈다. 바로 그 사내가 그동안 커튼 뒤에서 손잡이를 잡아당기면서 연기와 불과 소음을 만들어 내고 있었던 것이다. 그로 인한 결과는 인상적이었지만 허울에 불과했다. 정체가 드러났음에도 그는 이렇게 소리쳤다. "커튼 뒤에 있는 사람에게는 신경 쓰지 말라!"

사실 그 마법사는 권력을 남용하는 자에 불과했다. 그동안 그는 자신에게 힘이 있는 것처럼 보이게 하는 허울을 뒤집어쓴 채 그 도시 전체를 지배해 왔다. 그리고 혹시라도 그 사실을 알아차리는 사람이 있으면 그에게 가혹한 벌을 내려왔다. 마법사가 실제로는 아무것도 할 수 없었던 것이 유일한 문제였던 그 왕국에서 도로시와 그의 동료들은 그곳에 어떤 문제가 있다는 사실을 알아차렸다는 이유로 졸지에 문젯거리가 되었다.

오늘날 너무나 많은 종교 권력 브로커들이 단지 허울뿐인 힘을 갖고서 각자의 영적 왕국을 지배하고 있는 모습을 보면 가슴이 아프다. 그들은 자기 백성들에게 권위, 복종, 심판, 번영, 혹은 종말 같은 주제들과 관련된 성경 구절들을 소낙비처럼 마구 쏟아 붇고 있다. 또한 그들은 커튼 뒤에 숨어 있는 이가 그 어떤 진정성 있는 권위도 갖고 있지 않은 인간에 불과하다는 사실을 알아차리는 이들에게 가혹한 벌을 내리고 있다.

오즈의 마법사 이야기에서 가장 분통 터지는 것은, 모든 사실이 밝혀진 후 그 마법사가 도로시와 그의 일행에게 한 말이다. 그는 이렇게 말한다. "너희는 너희에게 필요한 모든 것을 이미 갖고 있어." 결국 도로시 일행은 그 망할 놈의 마법사 때문에 그들이 이미 갖고 있던 것을 얻기 위해 그들의 목숨을 걸었던 셈이다!

오늘날 너무 많은 그리스도인들이 오즈의 마법사 같은 영적 지도자들로부터 하나님께 용납되기 위해 영적 수행이라는 좁은 굴렁쇠를 뛰어넘으라는 충고를 듣고 있다. 그러나 그들이 간절히 바라는 하나님의 용납은 십자가에서 죽으신 예수님으로 인해 이미 오래 전에 그들의 것이 되어 있었다.

✳ ✳ ✳

만약 학대적인 지도자들이 뒤집어쓰는 허울이 가짜 권위 하나뿐이라면, 어쩌면 우리는 그들을 어렵지 않게 찾아낼 수도 있을 것이다. 그러나 그들은 그것 외에 또 다른 허울을 뒤집어쓰고 있다. 오늘날 훌륭한 판단력과 영적 분별력을 지닌 많은 사람들을 기만하고 그들로 하여금 안전하고 참되며 생명을 제공하는 영성을 넘어서 그들의 지도자에 대한 외적 순응에 빠져들게 하고 있는 그럴듯한 허울이 하나 있다. 그것은 바로 "신뢰"라는 허울이다. 다음 장에서 우리는 그 허울에 주목할 것이다.

Escape from Spiritual Abuse!

위선 : 무언가를 가장하는 행동; 실제로는 아니면서 그런 척함, 혹은 실제로는 믿지 않으면서 믿는 척함; 덕이나 신앙의 외양을 거짓으로 취함. 거짓된 영적 지도자들의 또 다른 특징은 그들이 실제로는 갖고 있지 않은 덕이나 자질을 갖고 있는 척하는 것이다. 또 그들은 자신들에게는 다른 이들에게 적용하는 것과 다른 규율을 적용한다. 한 마디로, 그들은 위선자다.

제10장

나를
믿어요!

신뢰는 누군가에게 요구하거나 법을 통해 강제함으로써 얻어낼 수 있는 것이 아니다. 그것은 어떤 이의 성실함과 정직함이라는 토대 위에서 얻거나 잃어버릴 수 있는 그 무엇이다. 우리가 신뢰할 수 있는 이들은 자기들이 의도하는 것을 있는 그대로 말하고 자기들이 말한 대로 살아가는 사람들이다. 그리고 영적 지도자들에게는 그들의 진정성을 보여 주는 지표로서 더 높은 수준의 언행일치가 요구된다.

당신이 어떤 이의 의견에 동의하지 않을지라도, 혹은 그의 생각을 좋게 여기지 않을지라도, 만약 그가 당신에게 솔직하기만 하다면, 당신은 그를 신뢰할 수 있다. 그럴 경우 당신은 당신의 현위치를 알 수 있다. 그럴 경우 당신은, 설령 당신과 그의 의견이 같지 않을지라도, 그를 안심하고 믿을 수 있다.

그 지도자의 이미지는 아직도 내(데이빗) 눈에 선하다. 그녀의 미소에는 품위가 있었고, 그녀의 눈은 따뜻했고, 그녀의 태도는 조심스럽고 온화했다.

그러나 그런 겉모습 뒤에서 그녀는 자기가 맡고 있던 사역을 철저히 그리고 통탄스럽게 망치고 있었다. 그녀는 겉으로는 아름다운 복음 전도자의 모습을 보였다. 그러나 사람들은 조금씩 그녀가 실제로는 사악하고, 다투기를 좋아하고, 온갖 추문으로 가득 찬 사람임을 알게 되었다.

결국 숨어 있던 문제들이 드러나기 시작했을 때, 그녀는 그것들을 해결하지도 못했고 적절하게 대처하지도 못했다. 누군가가 그녀에게 어떤 문제를 제기하면, 그녀는 그 사람을 요주의 인물로, 즉 아무런 믿음도 갖고 있지 않은 문제아로 규정했다.

그 작은 시스템 안에서 신뢰는 기대되거나 심지어 요구되었다. 그것은 자연스럽게 얻어진 그 무엇이 아니었다. 그런 상태에서 사람들이 어떻게 문제들과 대결할 수 있겠는가? 어떻게 진리에 이를 수 있겠는가? 그 지도자는 늘 따뜻하고 온화해 보였다. 그녀의 모든 행동은 그녀의 훌륭한 정신으로부터 자연스럽게 흘러나오는 듯 보였다. 그녀는 늘 이렇게 말했다. "나를 믿어요. 정말이라니까요." 그러나 그녀가 사적으로 하는 말들은 사람들에게 상처를 주었다. 우리가 보고 있던 그녀는 실제로는 두 사람이었다!

마태복음 23장에서 예수님은 당대의 거짓된 영적 지도자들의 두 가지 치명적인 실상을 드러내기 위해 그들이 뒤집어쓰고 있던 그럴듯한 허울을 거둬내신다. 그 두 가지 실상은 "이중생활"(3절)과 "허튼 소리"(16-18절)였다.

이중생활

그러므로 무엇이든지 그들이 말하는 바는 행하고 지키되 그들이 하는 행위는 본받지 말라 그들은 말만 하고 행하지 아니하며 (마 23:3)

이 구절은 아주 흥미로운 진술로 시작된다. "무엇이든지 그들이 말하는 바는 행하고 지키되…." 이 경우에 제기되는 의문은, 만약 그들이 거짓 선생들이라면, 왜 우리가 그들이 말하는 것을 지켜야 하느냐 하는 것이다. 사실 마태복음 16장 6절에서 예수님은 동일한 청중에게 다음과 같이 말씀하신 바 있다. "삼가 바리새인과 사두개인들의 누룩을 주의하라." 그리고 12절은 제자들이 예수께서 말씀하신 "누룩"이 바리새인들의 율법주의적인 교훈이라는 사실을 알게 되었다고 전한다. 그러기에 예수께서 그들의 교훈이 잘못이라고 경고하셨던 것이다. "그들의 누룩을 주의하라." 그렇다면 어째서 그분은 마태복음 23장에서는 제자들에게 그들이 하는 모든 말을 듣고 행하라고 말씀하시는 것일까?

놀라운 사실은, 거짓된 영적 지도자들조차 성경을 사용한다는 것이다. 바리새인과 서기관들은 당시의 그 누구보다도 성경을 잘 아는 자들이었다. 그들은 그들의 삶의 대부분을 성경을 암송하며 보냈다. 그러나 마태복음 23장 3절이 전하는 예수님의 명령의 의미는 아주 단순하다. 그것은, 거짓 선생들이 성경을 충실하게 사용하는 한, 그들의 말을 듣고 행하라는 것이다. "하나님의 말씀은 좋은 것이다. 설령 그것을 다루는 사람들이 그렇지 않다고 할지라도 말이다. 하나님의 말씀을 내버리지 말라. 그러나 너희에게 그것을 전하는 자들과 그들이 너희에게 하는 요구에 대해서는 현명해지라."

그동안 자기들이 영적으로 학대를 당해 왔음을 깨닫게 된 이들 중에는 간혹 분노 때문에 목욕물과 함께 아기까지 내다버리는 이들이 있다. 이제 성경은 필요 없다. 하나님도 필요 없다. 예수님도 필요 없다. 그 모든 것은 다 거짓이다! 우리는 그런 반응을 이해하고 그것에 대해 공감한다. 그러나 조심하라. 예수님이 여기에서 말씀하시는 것은 그동안 영적으로 학대를 당한 이들이라도—그리고 이제 그들이 그 학대에서 벗어나려 하고 있을지라도-진리의 말씀만큼은 계속해서 따라야 한다는 것이다.

우리들 대부분은 몇 해 전에 지미 스와거트 Jimmy Swaggert(1980년대에 활동했던 유명한 TV 설교가-역주)가 테드 코펠 Ted Koppel이 진행하는 "나이트라인 Nightline"에 등장했던 모습을 잊지 못할 것이다. 그 프로그램에서 그는 짐 베커 Jim Bakker(1970-80년대에 "번영신학"을 퍼뜨렸던 이들 중 하나다-역주)를 "그리스도의 몸 안에 있는 암 덩어리"라고 비난했다. 당시에 짐 베커는 성추문과 사기 혐의로 조사를 받고 있었다. 그에 대한 스와거트의 분노는 당시 내 귀에 조금 불편하게 느껴졌다. 그 후 그 자신의 숨겨졌던 삶의 실상이 만천하에 드러났을 때, 그는 가망없는 위선자가 되고 말았다. 그는 TV에 등장해 기생 라합의 죄를 조목조목 밝히는 일련의 설교를 하던 바로 그 무렵에 매춘부의 집을 들락거리고 있었던 것이다. 다시 말해, 그는 "말만 하고 행하지 아니" 하는 이중생활을 하고 있었던 것이다.

그런 슬픈 사건들을 접할 때 떠오르는 자연스러운 질문은 "어째서?"이다. 어째서 그런 일이 발생하는 것일까? 또 어째서 그런 일이 그렇게 자주 발생하는 것일까? 애초부터 우리의 교회 안에 무언가 근본적으로 잘못된 것이 있었기 때문일까? 도대체 우리 안에서 어떤 역학이 작용하고 있기에 그런 기만과 모순이 거듭해서 나타나는 것일까? 그리고 우리들 각자가 자신에게 물어야 할 질문은 이렇다. "혹시 지금 내 안에서도 그런 역학이 작용하고 있지는 않은가?"

우리가 이 모든 질문에 대해 답하는 것은 불가능하다. 그러나 우리는 그 퍼즐의 한 조각은 분명하게 갖고 있다. 우리는 많은 지도자들이 "이중의 눈 멈 double-blindness"이라고 불리는 상태에 떨어져 있다고 믿는다. 그것은 다음과 같은 식으로 이루어진다. 한편으로 그들은 자기들이 분명히 잘못이라고 알고 있는 행위(예컨대, 매춘부를 찾아가는 일)에 빠진다. 사실 그들은 그런 행위를 실제로 경멸하고 그것으로부터 빠져나오기를 간절히 원한다. "이중의 눈 멂"은 그들이 그런 행위를 방지하기 위해 사용하는 방법이 오히려 그들로 하여금 그 행위를 반복하게 만들 때 발생한다.

우리는 이중생활을 하는 이들이 처음부터 그런 생활을 했다고는 믿지 않는다. 대부분의 경우 그들은 자기들이 하는 일을 혐오한다. 그들 중 많은 이들은 청년 시절부터 죄와 싸워왔고 그 죄에서 벗어나기를 간절히 바랐다. 그런데 대개의 경우 사람들이 죄를 다루기 위해 사용하는 유일한 방법은 가능한 한 강하게 그것을 억누르는 것이다. 교회 안에서 그것을 억누르는 가장 일반적인 방법은 외적 강제(규율, 강제 명령, 칙령, 그리고 금지 명령 등)를 활용하는 것이다. 아마도, 만약 우리가 충분히 큰소리로 설교를 한다면, 충분히 오랫동안 마귀와 맞서 싸운다면, 충분히 열심히 노력한다면, 충분히 사람들에게 겁을 준다면, 충분히 교회에 출석한다면, 우리는 우리의 내면에 있는 문제를 얼마간 제어할 수 있을 것이다.

실제로 그동안 우리는 죄에 빠지지 않기 위해 자신들에게 여러 가지 실제적인 제약을 가했던 이들을 많이 만날 수 있었다. 대개 그들은 아주 선량한 사람들이었다. 그들은 하나님을 사랑했고 자신들의 죄를 미워했다. 그러나 대개 그들이 자기들의 욕망이나 죄를 처리하기 위해 사용했던 유일한 저항 메카니즘은 확고한 결의를 지니고 그것을 억누르는 것뿐이었다. 그러면서 그들은 외적 행위라는 표면 아래에 숨어 있는 상처와 동기를 처리하고 치유하는 일을 무시했다.

실제로 심각한 포르노 중독에 빠져 있으면서 사역을 계획하고 있던 이가 있었다. 그는 우리에게 다음과 같이 말했다. "나는 매주 하나님의 거룩하심에 대해 그리고 우리가 자기를 통제해야 할 필요성에 대해 설교를 할 거예요. 그리고 내가 사람들 앞에서 한 말을 따라 살기 위해 최선을 다해 노력할

거예요. 그러면 나는 그 과정에서 나의 문제를 덮을 수 있을 거예요. 나의
사역이 나를 포르노 중독으로부터 지켜 줄 거예요."

그러나 과연 이런 방법이 그가 욕망으로부터 자유로운 삶이나 내적으로
성결한 삶을 살아가도록 도와줄 수 있을까? 우리는 그렇게 보지 않는다.
신학자 윌리엄 바클레이 William Barclay는 바리새인들의 여러 분파들에 관한
연구를 수행하던 중에 그가 "멍들고 피 흘리는 바리새인들 the bruised and
bleeding Pharisees"이라고 부르는 한 부류의 사람들이 있음을 알게 되었다.
그 부류에 속한 바리새인들이 자신들의 인간적인 노력을 통해 피하고자
했던 죄들은 아주 많았다. 그 중에서도 특히 그들은 욕정을 피하고 싶어
했다. 그들이 욕정을 피하기 위해 택한 방법은 절대로 여자를 보지 않는
것이었다. 여자를 보지 않기 위해 그들은 공적인 자리에 나아갈 때 머리에
두건을 쓰고 땅을 내려다 보았다. 그런 식으로 그들은 자기들의 마음을
흩뜨릴 수 있는 그 어떤 잠재적인 악조차 피하려고 했다. 그러나 머리에
두건을 쓰고 땅만 바라보고 걷다 보니 그들은 또 다른 문제에 부닥치게
되었다. 그들은 계속해서 벽을 향해 돌진하거나 계단에서 굴러 떨어졌던
것이다! 그로 인해 그들은 "멍들고 피 흘리는 바리새인들"이라는 명칭을
얻게 되었다.

그렇다면 이런 식으로 죄를 억제하는 방법에는 도대체 어떤 문제가 있는
것인가? 분명히 그것은 선한 의도를 갖고 있다. 그러나 골로새서 2장은
순전히 외적인 방법을 통해 죄의 권세를 없애고자 하는 것과 관련해 아주
인상적인 진술을 한다.

너희가 세상의 초등학문에서 그리스도와 함께 죽었거든 어찌하여 세상에 사는
것과 같이 규례에 순종하느냐 곧 붙잡지도 말고 맛보지도 말고 만지지도 말라

하는 것이니 이 모든 것은 한때 쓰이고는 없어지리라 사람의 명령과 가르침을 따르느냐 이런 것들은 자의적 숭배와 겸손과 몸을 괴롭게 하는 데는 지혜 있는 모양이나 오직 육체 따르는 것을 금하는 데는 조금도 유익이 없느니라 (20–23절)

만약 우리의 죄를 처리하는 방법이 가능한 한 그것을 억누르는 것뿐이라면, 어느 날 그 죄를 덮는 뚜껑이 날아가 버릴 가능성은 아주 크다.

그러므로 죄에 대한 외적 통제는 전혀 통제가 아니다. 바로 그것이 예수께서 바리새인들에게 다음과 같이 말씀하셨던 이유다. "화 있을진저 외식하는 서기관들과 바리새인들이여 잔과 대접의 겉은 깨끗이 하되 그 안에는 탐욕과 방탕으로 가득하게 하는도다"(마 23:25).

종교 지도자들에 대해 말해 보자. 대개 그들은 주일 아침에는 반짝반짝 빛이 난다. 사실 우리 중 그 누구라도 옳은 것에 관해 말할 수 있고 다른 이들에게 옳은 행동을 촉구할 수 있다. 그러나 만약 그런 빛나는 허울이 우리가 알고 있으면서도 무력함을 이유로 처리하지 않고 있는 우리의 내면의 문제를 가리는 덮개에 불과하다면, 그것은 결코 좋은 것이 아니다. 그러기에 예수께서는 다음과 같이 말씀하셨다. "눈 먼 바리새인이여 너는 먼저 안을 깨끗이 하라 그리하면 겉도 깨끗하리라"(26절).

만약 당신이 죄를 처리하는 방식이 안에 있는 것이 드러나지 않도록 뚜껑을 짓누르고, 표정을 관리하고, 잔의 겉을 깨끗하게 하는 것이라면, 그것은 한동안은 효과를 거둘 것이다. 그러나 결국에는 안에 있는 것이 폭발해 겉으로 드러나게 될 것이다. 그런 일이 생기면, 사방에 사상자가 생길 것이다. 특히 당신이 사역자라면 더욱 그러할 것이다.

유일한 소망, 은혜

예수님은 사역 초기에 하나님 나라의 삶의 원리를 선포하셨다. 그리고 그 선포는, 그 내용이 제대로 이해되기만 한다면, 실제적 자유와 영적 삶으로 이어지는 문을 여는 것이었다. 그분은 새롭고 놀라운 말씀을 하셨다. "부서진 자들[the broken, 이 책의 저자들은 '마음이 가난한 자'를 이렇게 해석하고 있다—역주]은 복이 있다"(마 5:3). 부서진 자들의 언어는 "나는 할 수 없다"이다. 그들은 "유감이다," "슬프다," "기분이 나쁘다"라고 말하지 않는다. 오히려 그들은 "내게는 도움이 필요하다," "내 힘으로는 할 수 없다"라고 말한다.

이런 사실을 깨닫게 될 때 그들은 그들의 유일한 소망이신 하나님의 구원의 은혜에 대해 허기를 느끼기 시작한다. "너희는 그 은혜에 의하여 믿음으로 말미암아 구원을 받았으니 이것은 너희에게서 난 것이 아니요 하나님의 선물이라 행위에서 난 것이 아니니 이는 누구든지 자랑하지 못하게 함이라"(엡 2:8-9).

우리는 우리 자신을 구원할 수도 없고 거룩하게 할 수도 없다. 우리가 구속될 때, 우리는 "새 마음," 즉 성령을 통해 우리 안에 심겨지는 새 마음을 받는다(겔 36; 히 11을 보라). 그 새 마음과 함께 하나님을 사랑하고 섬기며 거룩한 삶을 살고자 하는 새로운 갈망이 찾아온다.

그러나 문제는 여전히 남아 있다. 우리에게 남은 문제는 과연 우리가 어떻게 그럴 수 있는가이다. 그 질문과 관련해 가장 흔하게 제공되는 답은 "더 열심히, 더 많이"이다. 그러나, 우리가 그 답에 부서진 자들의 언어("나는 할 수 없다")를 대입하면, 다음과 같은 말들이 나타나게 된다. "나는 그것을 억누를 수 없다," "나는 그것을 통제할 수 없다," "나는 무력하다." 그리고 우리가 이런 무서운 사실을 깨달을 때—사실 우리는 그런 인식을 피하기 위해 우리가 할 수 있는 모든 일을 하려 한다—우리는 우리의 유일한 소망이신 하나님의 성결케 하는 은혜에 대한 허기를 느끼기 시작한다.

이로써 한 가지 주목할 만한 패턴이 나타난다. 우리가 구원을 얻는 유일한 길은 우리가 스스로를 구원할 수 없다는 사실을 인식하는 것이다. 우리의 자유와 생명은 우리가 은혜를 통해 우리에게 제공되는 믿음에 근거해 우리를 새롭게 하시는 성령의 역사에 대해 갈급함과 허기를 지닐 때 찾아온다.

주목해야 할 또 하나의 패턴이 있다. 그것은 성결한 삶 역시 같은 방식으로 찾아온다는 것이다. 골로새서 2장 6절은 이렇게 말씀한다. "그러므로 너희가 그리스도 예수를 주로 받았으니 그 안에서 행하라." 우리가 그리스도를 받는 방법은 우리가 자신의 의를 세울 수 없다는 사실을 인정하는 것이다. 우리가 "그리스도 안에서" 살아간다는 것은 곧 우리가 우리 자신의 힘으로는 그 어떤 의도 이룰 수 없음을 인정하며 살아가는 것을 의미한다. 우리의 의는 하나님께서 우리 안에서 그분의 일을 수행하실 때 우리를 통해 드러날 수 있을 뿐이다.

예수께서는 "애통하는 자는 복이 있다"(마 5:4)라고 말씀하신다. 여기에서 "애통하다"에 해당하는 헬라어는 "펜도스 penthos"다. 헬라어에는 슬픔과 애통의 다양한 차원들을 묘사하는 단어들이 여럿 있다. 그 중에서도 펜도스는 특별히 내면의 고통을 외적이고 가시적으로 표현하는 것과 관련되어 있다. 다시 말해, 여기에서 "애통하다"라는 말은 자기 안에 있는 고통을 밖으로 드러내 보이는 것을 의미한다.

이 문제에 대해 좀더 생각해 보자. 이것은 무언가를 감추기 위해 그 위에 크고 무거운 뚜껑을 덮고 내리누르는 것과는 크게 달라 보이지 않는가? 사실 그 둘은 서로 정반대다. 자기 안에서 일어나고 있는 일을 밖으로 드러내 보이는 자들은 복이 있다. 당신에게 아무런 슬픔도, 고통도, 두려움도, 혹은 죄도 없는 것처럼 가장하지 말라. 오히려 그것들을 겉으로 드러내라. 그러면 하나님께서 그것들을 치유해 주실 것이다. 바로 그것이 겸손이고 정직이다.

자기 안에서 일어나고 있는 일을 밖으로 드러내 보이는 과정이 없는 곳에는, 다시 말해, 참된 부서짐이 없는 곳에는, 하나님의 은혜를 위한 여지가 존재하지 않는다. 그런 곳에서는 죄가 더 깊은 곳으로 숨어들고, 그로 인해 이중생활이 나타난다.

허튼 소리

어떤 지도자들이 정직하지 않음을 알려 주는 두 번째 요소는 그들이 "허튼 소리 double-talk"를 하는 것이다. 마태복음 23장에서 예수께서는 당시에 유행하던 영적 허튼 소리를 날카롭게 비판하신다.

화 있을진저 눈 먼 인도자여 너희가 말하되 누구든지 성전으로 맹세하면 아무 일 없거니와 성전의 금으로 맹세하면 지킬지라 하는도다 어리석은 맹인들이여 어느 것이 크냐 그 금이냐 그 금을 거룩하게 하는 성전이냐 너희가 또 이르되 누구든지 제단으로 맹세하면 아무 일 없거니와 그 위에 있는 예물로 맹세하면 지킬지라 하는도다 (16-18절)

"맹세하다"라는 말은 자기가 하는 말이 참임을 공적으로 확언하는 것을 의미한다. 우리가 누군가에게 맹세를 하는 것은 그에게 우리의 말이 참임을 확신시키기 위해서다. 그러므로 "나는 맹세한다"라는 말은 "당신은 나를 100% 믿어도 된다"를 의미한다. 우리는 법정에서 증인들이 진실을 말하게 하기 위해 그들에게 다음과 같은 선서를 시킨다. "나는 진실, 온전한 진실,

오직 진실만을 말할 것을 맹세합니다. 신이여 나를 도우소서." 그리고 그런 맹세를 하고도 거짓을 말하는 자에게는 무거운 벌을 내린다.

거짓된 영적 지도자들의 징표는 그들이 자기들을 좋게 보이게 하기 위해 거짓말을 하는 것이다. 그들은 무언가를 "똑바로" 말하지 않는다. 그들이 한 말이 그들의 진짜 의도인 경우는 드물다. 그로 인해 그들을 따르는 이들은 점점 더 그들을 신뢰하기가 어렵다고 느낀다. 그들과 대화를 하다 보면 모든 것이 얼마간 베일에 가려져 있거나 숨겨져 있는 것처럼 보인다. 그리고 그런 느낌 때문에 고개를 갸우뚱거리는 이들은 대개 영적으로 문제가 있다는 비난을 듣게 된다. 얼핏 그 지도자들은 아주 경건하고 영적인 사람처럼 보인다. 그러나 점차 우리는, 비록 그것이 무엇인지가 분명하지는 않으나, 그들의 말에 무언가가 빠져 있다는 느낌을 받는다. 그들은 "옳은" 답을 제공하지만 우리가 그들에게서 "진짜" 답을 얻는 경우는 거의 없다. 그들이 하는 모든 말에는 이중적인 의미가 들어 있다. 그로 인해 그들과 맞서거나 그들의 잘못을 지적하기가 어려워질 뿐 아니라, 또한 우리 자신의 현재의 위치를 파악하는 것도 매우 어려워진다.

마태복음 5장에서 예수께서는 맹세하는 문제와 관련해 중요한 교훈을 제공하신다. 그분은 우리에게 약속이나 맹세를 하는 것, 그리고 무언가를 좀더 믿음직하게 보이게 하기 위해 그것에 하나님의 이름을 갖다 붙이는 것에 대해 경고하신다. "나는 너희에게 이르노니 도무지 맹세하지 말라"(마 5:34). 도무지 맹세하지 말라! 다시 말해, 사람들에게 신임을 얻기 위해 맹세하지 말라, 그저 올바르게 말하라, 진실을 말하라, 네가 의도하는 것을 말하고 네가 말한 것을 의도하라는 것이다. 우리는 바르게 말하는 사람을 신뢰할 수 있다. 그럴 경우 우리는, 설령 우리가 그들이 하는 말에 동의하지 않을지라도, 자신이 어디쯤에 있는지 알 수 있다.

마태복음 23장 16절에서 예수님은 당대의 영적 지도자들의 허튼 소리를 폭로하신다. 그 지도자들은 사람들이 자기들의 말을 믿게 하기 위해 "성전을 두고 맹세했다." 그러나 나중에 그들이 한 말에 문제가 있음이 밝혀져 지적을 받게 될 때조차 그들은 결코 "죄송합니다"라는 말을 하지 않았다. 오히려 그들은 또 다른 거짓말로 앞서 했던 거짓말을 덮으려 했을 뿐이다.

그동안 우리 모두는 한편으로는 온갖 허튼 소리를 들으며 그리고 다른 한편으로는 그것을 말하며 살아 왔다. 그러나 허튼 소리는 기껏해야 짜증나는 소리이며 듣는 이에게 심각한 좌절을 안겨줄 뿐이다. 우리는 허튼 소리를 하는 사람들과는 아무데도 이르지 못한다. 그것은 마치 온도계를 깨뜨려 그 안에 있는 수은을 흘려버리는 것과도 같다. 그런 말에서는 의미와 동기들이 계속해서 빠져나간다. 허튼 소리를 지껄이는 사람은, 한 마디로, "교활한 사람"이다.

정확한 질문

많은 이들과 상담하는 과정에서 우리는 오늘날 많은 이들이 자기들이 진실을 말하지 않아도 된다고 여기고 있다는 것을 알게 되었다. 우리가 보기에 그것은 그들과 대면했던 이들이 그들에게 정확한 질문을 하지 않았기 때문이었다. 아래에 우리가 말하고자 하는 요지를 보여 주는 한 토막의 대화가 있다.

"당신은 10대 소녀를 성추행했다는 이유로 당신이 섬기던 교회에서 떠나라는 요구를 받았군요. 그동안 상담은 받아 보셨나요?"

"그럼요," 그가 답했다. "나는 지난 몇 달 동안 여러 사람들과 상담을 했어요."

"그들은 이런 문제를 다루는 방법을 아는 분들이었나요?"

"물론이죠. 그들은 전문가들이었어요."

"그들이 상담가들이었다는 말씀인가요?"

"음 …… 그러니까 …… 진짜 상담가를 말씀하시는 건가요?"

"네, 그들은 성문제와 관련해 훈련을 받은 상담가들이었나요?"

"아뇨, 아닙니다. 그들은 목사님들이었어요. 그러나 그들은 책을 아주 많이 읽은 분들이었어요. 저, 그런데요 …… 나는 당신이 왜 그 문제를 이렇게 꼬치꼬치 캐묻는지 이해할 수가 없네요."

이렇게 뒤틀려 있는 대화에서 맛보는 좌절감보다 더 심각한 문제가 있다. 그것은 바로 이런 종류의 거짓말이 사람들을 파괴시킨다는 것이다. 사람들을 학대하는 이들이 거짓말을 하고 허황된 약속을 하는 이유는 사람들로부터 신뢰를 얻기 위해서다. 일단 그들이 사람들에게 자기들이 안전하다고 확신시키기만 하면, 사람들은 그들 곁에서 긴장을 푼다. 그리고 일단 사람들이 긴장을 늦추면, 그 지도자들은 그들에게서 자기들이 원하는 모든 것을 얻어낼 수 있다. 그들은 자기를 믿고 찾아온 이들의 영혼 깊숙이 영적인 빨대를 찔러 넣은 후 그들의 영혼의 피를 남김없이 빨아낸다. 그런 일을 당했던 이들은 다른 지도자들을 신뢰하는 문제와 관련해 어려움을 겪을 수밖에 없다. 그들은 이미 그런 문제로 지쳐 있기 때문이다.

당신이 사람들에게 허튼 소리를 했던 때를 돌이켜 보라. 그때 당신이 그렇게 했던 이유 중 하나는 그 당시에 당신이 다른 사람들에게 "좋게" 혹은 "옳게" 보이고자 했었기 때문일 것이다. 당신은 거짓말을 하고 싶지 않았다. 거짓말은 나쁜 것이기 때문이다. 그러나 사람들에게 좋게 혹은 옳게 보이고자 하는 당신의 필요가 진실을 말하고자 하는 당신의 열망을 압도했다. 그러나, 일단 그런 일이 일어나고 나면, 당신의 소위 "옳은" 대답은 "진짜" 대답이 아니다. 당신은 다른 이들에게 당신이 실제로 생각하는 것이 아니라 그들이 당신에게서 듣고 싶어 하는 것을 말한다. 그러나 그것은 거짓말이며 언제라도 거짓말이다.

목회자들이 가장 쉽게 빠져드는 덫이 하나 있다. 그것은 사람들에게 허튼 소리를 하고자 하는 유혹이다. 전부는 아니지만 오늘날 수많은 목회자들이 회중들로부터 다음과 같은 신호를 받고 있다. "당신은 목사이니까 사람들 눈에 좋게 보여야 하고, 아무와도 다투지 말아야 하고, 모든 답을 알아야 하고, 절대로 틀리지 말아야 해요." 당신이 그런 헛된 요구들에 굴복할 때, 당신은 당신 자신을 이중생활과 허튼 소리에 옭아매게 된다. 그러나, 만약 당신이 참된 영적 지도자가 되고자 한다면, 당신은 그런 요구들에서 벗어나 자유를 누릴 필요가 있다!

사실 그 어떤 그리스도인도 모든 사람들에게 늘 좋게 보일 수는 없다. 오히려 우리는 늘 다른 이들과 다툰다. 우리 중 그 누구도 모든 답을 다 알 수는 없다. 우리는 틀릴 수 있다. 그런 현실을 인정하는 것이야말로 우리를 자유롭게 해줄 수 있다. 그때 우리는 다음과 같이 놀라운, 그리고 참으로 우리를 해방시켜 주는 말들을 할 수 있게 된다.

"미안합니다."

"모르겠습니다."

"아니요."

"동의할 수 없습니다."

"당신이 옳아요."

"나에게는 도움이 필요해요."

■ ■ ■

"그들은 말만 하고 행하지 아니하며"(마 23:3)

Escape from Spiritual Abuse!

우리 중 얼마나 많은 이들이 "겉모습이 실제보다 중요하다"라는 무언의 규칙을 따르는 가정과 교회에서 성장해 왔는가? 부모와 영적 지도자들은 그들의 자녀와 그들을 따르는 이들에게 그들이 하나님께 용납되었고 가치 있는 존재라는 의식을 심어주어야 한다. 그러나 거짓된 지도자들은 자기들에 대한 사람들의 인식과 자기들의 그럴듯한 겉모습을 이용해 자기들을 정당화한다. 그리고 그런 얼버무림 속에서 사람들의 실제적인 필요들이 잊혀진다.

제11장

이미지가
전부다!

> 그들의 모든 행위를 사람에게 보이고자 하나니 곧 그 경문 띠를 넓게 하며
> 옷술을 길게 하고 잔치의 윗자리와 회당의 높은 자리와 시장에서 문안 받는
> 것과 사람에게 랍비라 칭함을 받는 것을 좋아하느니라 (마 23:5-7)

언젠가 내(데이빗) 사무실에서 목회학 석사 학위를 위해 인턴 과정을 밟던
학생과 대화를 나누던 중에 갑자기 이 구절이 떠올랐다. 그 학생의 인턴쉽
과정은 앞으로 목회자가 될 사람들에게 어떻게 해야 목회자처럼 행동할
수 있는지를 가르치기 위한 것이었다.

내가 그에게 신학교 수업 시간에 무엇을 배웠는지 묻자 여러 가지 답이
나왔다. 그가 했던 답들을 종합해 보니 한 가지 분명한 결론이 나왔다. 그것은
목회자에게는 이미지가 전부라는 것이었다! 정말로 중요한 것은 사람들에게
어떻게 보이느냐였다. 그저 목회자가 되는 것만으로는 충분하지 않았다.
목회자처럼 보이는 것이야말로 가장 중요했다. 이미지가 좋으면 좋을수록,

그만큼 더 성공할 것이다.

그가 수업 시간에 들었던 가르침들 중 몇 가지는 다음과 같았다. "당신이 목회자로서 공적으로 참석하는 자리에는 반드시 아내와 자녀들을 동반하라. 그것은 당신의 이미지를 유지하는 데 도움이 될 것이고 그로 인해 당신은 당신의 지위에 대한 존경을 확보하게 될 것이다." "강단에 앉을 때는 점잖은 포즈를 취하라. 옷에 어울리는 양말을 신으라. 절대로 다리를 꼬고 앉지 말라. 사람들이 당신의 구두 밑창을 보게 해서는 안 된다. 당신의 영혼 soul은 드러내 보이라. 그러나 당신의 구두 밑창 sole은 절대로 드러내지 말라." 정말이다, 그 학생은 정말로 그런 말을 들었다!

또 다른 조언은 이렇다. "휴일에 차를 운전할 때도 일하는 모습을 보여야 한다. 동네 편의점에 갈 때도 마찬가지다. 사람들 앞에 나서기 전에는 반드시 옷을 바꿔 입어라. 사람들에게 당신이 목회자의 위엄을 벗어난 상태에 있는 모습을 절대로 보지 말라." 그야말로 이미지가 전부라는 것이었다.

또 다른 조언이다. "강단에 오를 때마다 당신이 하나님의 대변자임을 기억하라. 그리고 그런 이에게 어울리는 음성으로 말하라." 그래서인지, 목사들이 입을 벌려 말하기 시작하면, 대개 그들은 마치 연극무대에서 배역을 맡아 연기하는 배우 같은 톤으로 말을 한다.

목회자로서 성공하고자 하는 이들을 위한 또 다른 조언이다. "만약 교회의 전화가 당신의 집 전화와 연결되어 있다면, 그래서 전화벨이 울려서 당신이 전화기를 집어들 때면, 당신의 첫마디는 꼭 이래야 한다. '네, 제일장로교회입니다.' 그래야 사람들에게 당신이 늘 교회에서 일하고 있다는 인상을 줄 것이다."

예수께서 그분의 제자들에게 다음과 같이 가르치시는 것을 상상할 수 있는가? "진실로, 진실로, 너희에게 이르노니 너희가 어떻게 보이느냐가 가장 중요하다. 가능한 한 좋은 인상을 만들어내라. 내가 전에 너희에게 한 벌의 옷만 가지라고 말했던 것은 잊어버려라. 매달 십일조를 바치는 이들 앞에 나설 때는 반드시 옷을 갈아입어라. 절대로, 절대로, 사람들이 너희의 옷에서 어제 먹은 생선 비린내를 맡지 않게 하라!"

정말로 당신은 당신이 강단 위에서 앉는 자세가 당신이 전하는 메시지에 대한 신뢰를 떨어뜨리고 하나님의 능력을 방전시키는 힘을 갖고 있다고 믿는가? 우리가 보기에 목회자가 가장 고민해야 할 문제는 남들에게 어떤 모습으로 보이느냐가 아니다. 오히려 그가 고민해야 할 가장 크고 중요한 문제는 다음과 같다. "과연 내가 사람들에게 전할 하나님의 메시지를 갖고 있는가? 과연 내 마음 속에 뜨거운 불이 있는가? 지금 내 혈관 속에서 성령께서 주시는 은혜와 생명이 고동치고 있는가?"

마태복음 23장에서 예수님은 자기들의 이미지에만 신경을 곤두세우는 거짓된 영적 지도자들을 힐책하신다. "그들의 모든 행위를 사람에게 보이고자 하나니." 당시에는 허세와 과시가 관례였다. 이미지가 모든 것이었다. 이 본문은 당시의 영적 지도자들이 그런 이미지를 만들어 내기 위해 행했던 한 가지 이상한 일에 대해 알려 준다. 그것은 "경문 띠를 넓게 하는 것"이었다(5절). 아마도 그것은 신명기에 나오는 말씀을 왜곡된 방식으로 실천함으로써 나타난 관습일 것이다.

너는 마음을 다하고 뜻을 다하고 힘을 다하여 네 하나님 여호와를 사랑하라 오늘 내가 네게 명하는 이 말씀을 너는 마음에 새기고 네 자녀에게 부지런히 가르치며 집에 앉았을 때에든지 길을 갈 때에든지 누워 있을 때에든지 일어날 때에든지 이 말씀을 강론할 것이며 너는 또 그것을 네 손목에 매어 기호를 삼으며 네 미간에 붙여 표로 삼고 또 네 집 문설주와 바깥문에 기록할지니라

이 말씀이 우리에게 명령하는 것은 하나님에 대한 우리의 사랑이 우리가 생각하고 행하는 모든 일을 지배하고 구속하게 하라는 것이다. 문제는 오랜 세월이 흐르는 동안 우리의 마음을 "위해" 의도되었던 것이 이제 더 이상 마음 "안에서" 의미를 갖지 못하게 되었다는 데 있었다. 이제 그것은 마음 "밖으로" 빠져나갔고 실제로는 전혀 영적이지 않으면서도 영적인 것처럼 보이게 하는 한 가지 수단으로 전락하고 말았다. 예수님 당시의 종교 지도자들은 신명기의 말씀을 기록한 아주 작은 두루마리를 문자 그대로 작은 상자 안에 넣고 그것을 손목과 이마에 매달았다. "경문 띠를 넓게 하는 것"은 그것을 보다 크고 보다 분명하게 만든다는 것을 의미한다. 그렇게 하면서 그들은 다른 사람들이 자기들을 하나님께 크게 헌신하는 자로 여기기를 바랐던 것이다.

영적인 쇼

사도 바울 역시 이와 유사한 영적인 쇼show와 대결해야 했다. 갈라디아서 6장에서 그는 유대인들(거짓된 영적 지도자들)을 "육체의 모양을 내려 하는 자들"(12절)이라고 묘사한다. 그들의 영적인 삶의 핵심은 남들에게 영적인 사람으로 보이는 것이었다. 그들은 중요한 것은 겉모습이라고 믿는 덫에 빠져 있었다. 이런 시스템이 갖고 있는 교묘한 위험은 그 안에서는 영적인 사람이 되는 것보다 그런 사람처럼 보이는 것이 더 중요해진다는 것이다. 그 안에서는 실제로 행복을 경험하는 것보다 행복한 것처럼 보이는 것이 더 중요하고, 실제로 견실한 결혼생활을 하는 것보다 자신의 결혼생활을 견실한 것처럼 보이게 하는 것이 더 중요하다.

목회자인 당신의 결혼생활이 위기에 처해 있다고 가정해 보자. 당신은 아내와 함께 있을 때 행복하지 않고, 하나님과 당신의 관계는 이미 오래전에 깨어져 있다. 그런데, 만약 당신이 겉모습을 중요하게 여기는 시스템에 속해 있다면, 그곳에서 당신은 당신의 문제들 중 그 어느 것도 드러내지 못한다. 그래서 당신은 쇼를 한다. 당신은 아내와 팔짱을 끼고 교회 안으로 들어가 행복한 표정을 지으며 큰소리로 찬양을 한다. 그러나 사실 그 찬양은 당신에게 더 이상 아무런 의미도 없다. 당신은 당신의 영혼 깊은 곳에서 무언가가 심각하게 잘못되어 있다는 것을 안다. 하지만 다른 이들에게 그 문제를 털어놓는 것은 생각조차 하지 못한다. 당신의 교인들 모두가 건강하고 행복하다. 그들은 당신이 하나님에 대해 품고 있는 것과 같은 의문들을 갖고 있지 않다. 그들은 결혼생활에서 갈등을 겪고 있지도 않다. 당신은 무언가가 잘못되어 있음을 의식하지만, 진실이 밝혀질 경우 사람들이 당신을 조롱하지 않을까 두려워한다. 어쨌거나 결국 당신은 선택을 해야 하는데 겉모습이 중시되는 시스템 안에서 당신이 할 수 있는 선택은 하나뿐이다. 그것은 거짓된 이미지를 유지하면서 당신이 영적으로 아주 풍성한 삶을 누리고 있는 것처럼 쇼를 하는 것이다.

이 경우에 가장 큰 비극은 당신이 당신의 삶의 문제와 관련해 아무에게서도 도움을 얻지 못한다는 것이다. 이 경우에는 하나님의 놀라운 은혜조차 당신의 문제를 어루만지고 치유할 기회를 얻지 못한다. 왜냐하면 당신이 그 문제를 숨기기 때문이다. 이미지가 전부일 때, 그리고 겉모습이 가장 중요한 것이 될 때, 그 다음으로 나타나는 문제는 영적 학대다. 왜냐하면, 목회자인 당신이 그처럼 자신을 들볶을 때, 자연스레 당신은 다른 이들에게도 당신과 같은 정도의 엄격한 영적 수행을 요구하게 되기 때문이다.

명예로운 자리

예수께서는 당시의 영적 지도자들이 갖고 있던 "이미지가 전부다"라는 의식과 밀접하게 연관된 또 다른 징표 하나를 지적하셨다. 그것은 자기들의 종교적 수행과 관련해 다른 이들로부터 칭송을 받고자 하는 태도였다. 예수님은 이렇게 말씀하신다. "[그들은] 잔치의 윗자리와 회당의 높은 자리와 시장에서 문안 받는 것과 사람에게 랍비라 칭함을 받는 것을 좋아하느니라"(마 23:6-7).

그들이 하나님을 섬기는 것은 하나님을 위해서가 아니었다. 오히려 그들은 자신들의 영광을 위해 하나님을 섬겼던 것이다. 다른 이들을 학대하는 지도자가 명예로운 자리를 얻지 못할 때, 즉 남들에게서 공적으로 인정을 받지 못할 때, 그는 자기가 아닌 다른 누군가가 그런 자리에 앉는 것을 용납하지 않는다. 그들을 지배하는 것은 질투와 경쟁심이다.

"명예로운 자리"에 대한 우리의 견해를 밝히기 전에, 우리가 교회 안에서 누군가에게 그런 귀한 자리가 주어지는 것에 대해 아무런 편견이나 불만도 갖고 있지 않다는 점을 분명하게 밝혀 두고자 한다. 사실 교회 안에서 명예로운 자리를 얻기에 합당한 이들이 그런 자리를 얻는 것은 지극히 아름다운 일이다. 우리 교회에서 있었던 일 하나를 소개하겠다.

에디스 키엘 Edythe Kiel은 여러 해 동안 우리 교회에서 조용히 그리고 충실하게 다른 이들을 섬겼다. 대부분의 교회들이 그렇듯이 우리 역시 그 충실한 여인을 아주 심하게 부려먹었다. 그러나 그녀는 교회가 요구하는 온갖 일들을 최선을 다해 해냈다. 그것도 아무런 대가도 바라지 않은 채 그렇게 했다. 언젠가 우리는 교회가 그녀의 지칠 줄 모르는 헌신에 대해 감사를 표해야 한다고 느꼈다. 우리는 그녀를 위해 깜짝 파티를 마련하기로 했다. 그런데 주방의 총책임자가 에디스였기에 다른 이들이 그녀 몰래 주방으로 들어가 파티를 준비하는 것은 아예 불가능했다. 그 상황에서 우리가 그 깜짝 파티를 어떻게 준비했는지 아는가?

우리는 에디스에게 그 파티를 준비해 달라고 요청했다(사실 우리 교회에서 파티 음식을 그녀만큼 멋지게 마련할 수 있는 사람은 달리 없었다)! 그러나 우리는 그녀에게 그 파티의 주인공의 이름을 가짜로 알려 주었다. 그 가짜 이름은 "에드 Ed"였다. 여느 때와 마찬가지로 에디스는 누군가를 명예롭게 해주기 위해 그 파티를 정성껏 그리고 기쁜 마음으로 준비했다. 우리는 그녀가 음식 만드는 것을 돕도록 그녀에게 사람들을 붙여 주었다. 그리고 "축하해요, 에드"라는 글을 새긴 케익 하나를 주문했다.

파티가 열리던 날, 에디스가 식당 문 앞에서 만면에 미소를 지으며 에드가 오기를 기다렸다. 그때 갑자기 식당문이 열리면서 그 안을 가득 메운 사람들이 그녀를 향해 소리쳤다.

"서프라이즈, 에디스, 오늘의 주인공은 바로 당신이에요!"

에디스가 자기도 모르게 자신을 위해 만든 음식을 그녀와 함께 나누는 것은 우리 모두에게 너무나 즐거운 일이었다. 때맞춰 우리는 미리 준비해 둔 케익 위에 새겨진 "에드 Ed"라는 이름 뒤에 "이스 ythe"라는 철자를 덧붙였다. 이어서 그곳에 참석한 모든 이들이 돌아가면서 에디스에게 진심어린 사랑과 감사의 말을 전했다. 아, 그때 그들이 한 말은 그녀에게 얼마나 큰 선물이 되었던가! 그날 에디스는 그 즐거운 파티에서 아주 명예로운 자리를 얻었다. 그리고 그녀는 그것을 받기에 충분한 자격을 갖고 있었다. 그날 우리는 기꺼이 그녀에게 그 명예로운 자리를 바쳤고, 그것은 우리 모두에게 아주 즐거운 추억이 되었다.

명예로운 호칭 요구하기

학대적 성격을 지닌 불량한 시스템의 특징들 중 하나는 그 시스템의 지도자들이 스스로 명예로운 자리를 요구한다는 점이다.

대개 어느 지도자의 지위가 안전하지 않을수록, 그는 보다 더 중요한 직책을 떠맡으려고 기를 쓴다. 바리새인들은 그들 안에 실제로 중요한 것을 아무것도 갖고 있지 않았다. 그들이 갖고 있던 모든 것은 외적인 번쩍거림뿐이었다. 그들은 깨끗하기는 하나 속이 텅 빈 그릇 같았다. 상황이 그러했기에 그들은 다른 이들이 자신들의 세련된 영적 수행을 알아주기를 바랐다. 그것만이 자기들의 가치를 주장할 수 있는 유일한 근거였기 때문이다.

몇 해 전, 나는(데이빗) 어느 성공한 의사의 거실에 앉아 있었다. 제럴드의 집은 아름다웠고, 그의 자녀들은 밝았고, 그의 아내는 아름답고 유쾌하고 친절했다. 그러나 그가 내게 자신의 고민을 털어놓았을 때 나는 그의 말에 큰 충격을 받았다. 그가 말한 고민은 요즘 들어 교회에서 너무 많은 "노동자들"이 부쩍 자기를 "박사님"이 아니라 "제리"라고 부른다는 것이었다. 그러면서 그는 이제 자기가 교회를 떠나야 할 때가 된 것 같다고 말했다.

내가 오픈도어 교회에서 사역을 시작한지 얼마 되지 않았을 때였다. 당시 우리 교회의 예배는 전선을 통해 탁아실로 방송되고 있었다. 당시 제프의 딸 제시는 두 살이었다. 어느 날 제시가 스피커를 타고 들려오는 내 목소리를 알아차렸다. 그 아이는 무슨 대단한 비밀이라도 풀은 것처럼 기뻐하며 큰소리로 말했다.

"어, 저거 존슨이다!"

그때 탁아실에서 일하던 어느 친절한 숙녀 한 분이 제시를 자기 무릎에 앉힌 후 부드럽게 타일렀다.

"아니에요, 저분은 존슨 목사님이세요."

제시는 어리둥절해하며 다시 스피커를 쳐다보았다. 잠시 혼란스러워하는 표정을 짓던 제시는 스피커에서 나오는 내 목소리에 다시 한 번 귀를 기울이고 난 후 단호한 표정을 지었다. 그리고 그 숙녀의 잘못을 고쳐주려는 듯이 또박또박 말했다.

"아니에요, 저건 존슨이에요!"

나를 자신의 또다른 아빠로 알고 있던 그 아이에게 "존슨 목사님"이라는 호칭은 아무 의미가 없었다.

어떤 이들에게는 다른 이들이 자기의 이름을 부를 때 적절한 호칭을 사용하지 않는 것이 큰 문제가 된다. 우리가 누군가에게 어떤 호칭을 사용하거나 하지 않거나 하는 것은 중요한 문제가 아니다. 우리 중 누구라도 그렇게 할 수도 있고 하지 않을 수도 있다. 문제는 우리가 다른 이들에게 우리 자신을 그런 호칭으로 불러주기를 바라고 요구하는 것이다. 바리새인들이 그러했다. 그들은 다른 사람들이 자기들을 "랍비"라고 불러주기를 바라고 요구했다. 그리고 예수님은 바로 그것이 그들이 거짓된 영적 지도자들임을 보여 주는 한 가지 징표라고 지적하셨다.

참된 목자와 삯꾼 목자

이 문제의 실제적인 핵심은 예수께서 하신 다음의 말씀을 통해 드러난다.

그러나 너희는 랍비라 칭함을 받지 말라 너희 선생은 하나요 너희는 다 형제니라 땅에 있는 자를 아버지라 하지 말라 너희의 아버지는 한 분이시니 곧 하늘에 계신 이시니라 또한 지도자라 칭함을 받지 말라 너희의 지도자는 한 분이시니

곧 그리스도시니라 (마 23:8-10)

이때 예수님은 우리에게 율법적인 규율을 주고 계셨던 것인가? "너희는 랍비라 … 아버지라 … 지도자라 칭함을 받지 말라"라는? 아니다, 우리는 이 말씀이 그 이상이라고 믿는다. 이 말씀의 깊이는 "너희 선생은 하나요 … 너희 아버지는 한 분이시요 … 너희 지도자는 한 분이시다"라는 설명을 통해 보다 잘 드러난다. 그 문제를 좀더 깊이 살펴보자.

"랍비"라는 칭호는 지식, 좀더 정확하게 말하면 지식의 근원을 가리키는 말이다. 그러므로 이 경고는 당신 자신을 지식의 근원이라고 주장하지 말하는 것이다. 왜냐하면 우리의 선생님은 오직 한 분뿐이시기 때문이다. "지도자"라 는 칭호는 권위와 방향감각을 지닌 사람을 가리키는 말이다. 그러므로 이 경고는 당신 자신을 권위의 근원으로 혹은 다른 이의 삶의 방향을 지정해 주는 사람으로 주장하지 말하는 것이다. 왜냐하면 우리의 지도자는 한 분이시 고, 그분은 곧 그리스도이시기 때문이다. "아버지"라는 칭호는 생명의 근원을 가리키는 말이다. 그러므로 이 경고는 당신 자신을 누군가의 생명의 근원으로 주장하지 말라는 것이다. 왜냐하면 우리의 아버지는 한분이시고, 그분은 하나님이시기 때문이다.

이 점을 분명하게 인식한다면, 우리는 참된 목자와 삯꾼 목자를 쉽게 구별할 수 있다. 삯꾼 목자는 대개 자신을 모든 지식과 권위와 생명의 근원이 라고 주장한다. 예컨대, 삯꾼 목자가 이끄는 학대적 성격을 지닌 교회에 속한 이들은 그들의 목사로부터 다른 교회들은 죽은 것이나 다름없다는 말을 자주 듣는다. 오직 자기만 그리고 자기가 이끄는 교회만 참으로 살아 있는 교회라는 것이다. 그리고 교인들 중 어떤 이가 그 교회를 떠나려 할 경우, 그 삯꾼 목사는 그에게 온갖 협박을 가한다. 그 교회를 떠나면 영적으로 죽거나 타락하게 되리라는…….

그러나 참된 목자는 일관되게 자기가 아니라 예수님을 가리킨다. 우리의
지식과 권위와 삶의 일차적인 근원은 예수님 한분이시다. 예수님은 우리를
(그분이 아시기에) 우리가 그곳에서 그분을 가장 잘 닮아갈 수 있는 공동체
안에 심어주신다. 그리고 때로는, 혹시 그것이 우리에게 최상이고 지금이
바로 그때라고 여기실 경우, 우리에게 그 공동체를 떠나라고 말씀하신다.

이런 징표들을 찾으라

이 장을 마감하면서 우리는 사도 베드로가 참된 목자에 대해 언급하는
구절을 인용하고자 한다. 베드로가 이 말씀을 통해 열거하는 참된 장로(목사)
의 특징들을 당신이 경험했던 것들과 비교해 보라.

너희 중 장로들에게 권하노니 나는 함께 장로 된 자요 그리스도의 고난의
증인이요 나타날 영광에 참여할 자니라 너희 중에 있는 하나님의 양 무리를
치되 억지로 하지 말고 하나님의 뜻을 따라 자원함으로 하며 더러운 이득을
위하여 하지 말고 기꺼이 하며 맡은 자들에게 주장하는 자세를 하지 말고
양 무리의 본이 되라 그리하면 목자장이 나타나실 때에 시들지 아니하는 영광의
관을 얻으리라 젊은 자들아 이와 같이 장로들에게 순종하고 다 서로 겸손으로
허리를 동이라 하나님은 교만한 자를 대적하시되 겸손한 자들에게는 은혜를
주시느니라 (벧전 5:1-5)

그렇다면 이미지만 중시하는 삯꾼 목자는 어떻게 식별할 수 있을까?
다음과 같은 징표들을 살펴보라. 이런 모습을 보이는 자들은 십중팔구 삯꾼

목자들이다.

첫째, 거짓된 권위의 토대 위에서 움직인다.

둘째, 성실함이 부족하다.

셋째, 겉으로만 경건해 보인다.

넷째, 겉치레에 불과한 종교적 수행과 이미지에 집착한다.

다섯째, 자신에 대한 인정을 요구하고 그것을 성직자에 대한 마땅한 존경이라고 부른다.

여섯째, 자신을 교회의 모든 지식, 방향, 권위, 그리고 삶을 위한 일차적 근원이라고 가르친다.

■ ▦ ■

"예수께서 먼저 제자들에게 말씀하여 이르시되 바리새인들의 누룩 곧
외식을 주의하라"(눅 12:1)

Escape from Spiritual Abuse!

"정신 좀 차려요!" 회의를 주관하던 장로가 소리쳤다. 교회의 담임목사가 자기와 자기의 가족이 재정적으로 파탄 상태에 있다고 발언한 직후였다. 장로가 말을 이었다. "지금 우리에게는 다뤄야 할 문제들이 산더미예요. 당신의 문제는 오늘의 의제가 아니란 말이오." 영적 학대의 성격을 지닌 교회에서는 하찮은 문제가 중요한 것이 되고, 정말로 중요한 문제가 하찮은 것이 된다. 그런 교회에서 사람들의 실제적 필요는 교회의 의제를 위해 무시된다.

제12장

하루살이는 걸러내고 낙타는 삼키고

도널드는 여러 해 동안 그리스도인으로 살았고 그 시간의 대부분을 다양한 사역들에 참여하며 지냈다. 3년 전쯤 그는 자기가 하나님과의 관계에서 심각한 문제를 갖고 있음을 깨닫기 시작했다. 그의 영성은 지치고 메말라가고 있었다. 하나님께서는 멀리서 침묵하시는 것처럼 보였다.

그는 여러 가지 수단을 통해 도움과 지원을 얻고자 했다. 그 중에는 오픈도어 교회가 주관하는 "침묵 깨기 Breaking the Silence"라는 모임도 있었다. 그 모임은 중독, 정서적 유기와 무시, 혹은 성적·정신적 학대 같은 문제들로 고민하는 이들을 돕기 위한 5일짜리 워크숍이었다.

도널드가 그 모임에 참석했던 주간에 마침 그의 생일이 들어 있었다. 그는 여러 사람들로부터 생일 축하 카드를 받았다. 그 카드들 중에는 그의 아버지로부터 온 것이 들어 있었다. 도널드가 태어날 무렵에 그의 아버지는 3개의 작은 교회들을 순회하며 섬기는 설교자였다. 그 카드에서 도널드의 아버지는 자기가 오래된 일기를 뒤적이다가 도널드의 생일에 기록해 둔

메모를 발견했는데 마침 그 날이 주일이었다고 했다. 이어서 그는 다음과 같이 썼다. "그 날 나는 두 교회의 예배에 참석할 수 없었단다. 너는 굳이 주일을 골라서 태어났더구나."

그 말이 도널드에게 어떤 깨달음의 문을 열어 주었다. 갑자기 그는 자기가 그다지 중요하지 않은 존재이며 다른 이들의 삶속에 침입한 존재에 불과하다는 50년이나 된 믿음의 원인을 깨닫게 되었다. 마침내 도널드는 자기가 자신의 존재에 대해 그런 식으로 느껴왔던 이유를 알게 된 것이다. 그는 자신이 늘 아버지의 사역에 치이면서 느꼈던 것들에 대해 이야기하는 동안 슬픔과 비탄과 분노를 쏟아냈다.

전도된 영성

도널드의 아버지는 우리가 종종 **전도된 영적 가치**inverted spiritual values라고 부르는 것 때문에 고통을 받았다. 분명히 그는 하나님께서 그에게 허락하신 살과 피로 이루어진 기적을 기쁨으로 받아들이는 것보다 한 무리의 신자들에게 설교하는 것을 더 소중하게 여겼다. 그에게는 새로운 생명이나 삶 자체보다 예배가 더 중요했다. 도널드는 자신의 삶과 그것의 성취를 잘못된 근원에서 끌어내려고 애썼던 한 목회자(그의 아버지)로 인해 고통을 받아 왔던 것이다.

최근에 우리는 믿기 어려울 만큼 심각한 소식을 들었다. 어느 지역 TV 10시 뉴스 화면에 아주 낯익은 얼굴 하나가 등장했다. 그는 그 지역에서 존경 받는 유지였고 큰 교회의 담임목사였다. 그 교회는 보수적이고 복음적이고 근본적인 교회였다. 그는 그 교회에서 15년간 시무했는데, 그가 교회를 이끄는 동안 교회는 비약적으로 성장했다.

그 목사는 10대 소년을 성추행했다는 이유로 고발된 상태였다. 그는 "그 소년의 주장은 사실이 아니다. 그 아이는 자신이 어떤 식으로든 나에게 거부당했다고 느꼈고, 그로 인해 이런 식으로 내게 복수하고 있는 것이다"라고 주장했다. 그러나 그 소년의 주장은 사실이었다. 그리고 그 첫 번째 폭로 이후 유사한 폭로가 잇따랐다. 비밀의 벽에 작은 틈 하나가 생기자 15년간 그 안에 갇혀 있던 진실의 물이 한꺼번에 쏟아져 나오기 시작한 것이다.

그 목사에 대한 조사 과정에서 몇 가지 심각한 사실들이 밝혀졌다. 첫째, 그 교회의 장로들은 이미 담임목사의 그런 행위에 대해 알고 있었다. 그들은 그 일의 정확한 실태까지는 아니지만 적어도 그런 일이 있다는 사실은 알고 있었다. 둘째, 그러면서도 그들은 그 일이 조용히 가라앉기를 바라며 의도적으로 그 일을 덮으려 했다. 그들은 서로에게 이렇게 말했다. "그건 그렇게 큰 문제가 아니야!" "우리는 교회의 사역에 해를 입혀서는 안 돼." 그러나 그 두 가지 말 모두 거짓이었다. 그것은 큰 문제였고, 교회의 사역은 그 일로 인해 이미 큰 해를 입고 있었다.

그들이 그런 엄청난 범죄 행위를 덮기로 결정한 것과 관련된 아이러니 혹은 비극은 그동안 그 교회가 별로 중요하지 않은 문제들에 대해 강경한 입장을 취해 왔다는 점이다. 예컨대, 그 교회는 신자들이 교회에서 착용해야 하는 적절한 의복과 관련해 여러 가지 규정들을 갖고 있었다. 성찬식을 돕는 이들은 양복을 입고 넥타이를 착용하지 않으면 절대로 배찬에 참여할 수 없었다.

이런 전도된 가치를 통해 드러나는 것은 무엇인가? 그들은 사소한 혹은 영적으로 별 의미 없는 문제들에 대해서는 강경한 입장을 취하면서도 정말로 중요한 문제들은 철저히 무시했다. 예수께서는 이런 태도를 두고 "하루살이는 걸러 내고 낙타를 삼키는 짓"이라고 비난하셨다. 중요한 문제들에 대한 무시와 사소한 문제들에 대한 지나친 관심은 영적 학대의 성격을 지닌 교회의 또 다른 특징이다.

예수께서는 다음과 같이 말씀하신다.

화 있을진저 외식하는 서기관들과 바리새인들이여 너희가 박하와 회향과 근채의 십일조는 드리되 율법의 더 중한 바 정의와 긍휼과 믿음은 버렸도다 그러나 이것도 행하고 저것도 버리지 말아야 할지니라 맹인 된 인도자여 하루살이는 걸러 내고 낙타는 삼키는도다 (마 23:23-24)

예수께서 이 말씀을 통해 제기하시는 문제는 전도된 영적 가치에 관한 문제다. 그런 가치를 신봉하는 교회에서는 하찮은 것이 중요한 것이 되고 중요한 것이 하찮은 것이 된다. 또한 무의미한 것이 굉장한 것이 되고 사소한 것이 절대적인 것이 된다.

영적으로 무능했던 바리새인들은 "박하와 회향과 근채" 같은 작은 식물들에 대해서까지 신중하게 십일조를 계산해서 바쳤다. 그러나 그들은 "정의와 긍휼과 믿음" 같은 정말로 중요한 문제들은 철저히 무시했다. 이것은 그들의 영적 가치가 전도되어 있음을 보여 주는 증거였다.

하루살이와 낙타

자신의 말씀의 요지를 분명하게 밝히기 위해 예수께서는 한 가지 예를 제공하셨다. "맹인 된 인도자여 하루살이는 걸러 내고 낙타는 삼키는도다"(24절). 유대인들에게 이 말씀은 아주 분명하게 이해되었다. 레위기의 성결법에 따르면, 낙타와 하루살이는 모두 의식적으로 불결한 것으로 간주되었다.

분명히 하루살이보다는 낙타를 삼키는 일을 피하기가 훨씬 더 쉬웠을 것이다!

하루살이는 귀찮은 존재였다. 사람들은 그것들을 피하기 위해 온갖 애를 써야 했다. 그것들은 어디에나 있었기 때문이다. 예컨대, 포도주를 만드는 경우를 생각해 보자. 당시에는 냉장 시설도, 필터링 시스템도 없었다. 그리고 포도 압착은 야외에서 큰 통에 포도를 넣은 후 사람들이 발로 밟는 식으로 이루어졌다. 그 과정에서 수많은 불결한 하루살이들이 포도주 안으로 들어갔다. 포도주를 마실 때 바리새인들은, 마치 자기들이 그 어떤 불결한 것들의 침입도 막아낼 수 있다는 듯이, 그것을 이빨 사이로 흘려 넣었다. 그리고 그 과정에서 자기들의 이빨에 걸린 벌레들을 손가락으로 걸러냈다. 따라서 그들로서는 예수께서 하루살이와 낙타를 언급하면서 제기하신 문제를 모른 체하기가 어려웠을 것이다. "너희는 하루살이처럼 사소한 문제[박하와 회향과 근초의 십일조]에 대해서는 굉장한 에너지를 쏟으면서도 낙타처럼 큰 문제[부도덕, 부정의, 거짓말, 위선 등]는 모른 척하며 삼켜버리는구나. 너희는 영적 가치들을 전복시키고 있구나."

예수님의 이런 말씀이 오늘 우리에게 주는 의미는 무엇인가? 오늘날 우리는 교회 안에서 전도된 영적 가치의 문제가 여전히 되살아나고 있는 것을 보고 있다. 오늘날 많은 신자들이 다음과 같이 가르치는 교회에서 자라나고 있다. 술 마시지 말라. 담배 피우지 말라. 춤추지 말라. 영화관에 가지 말라. 사실 그런 행위들을 피하는 것은 좋은 것일 수 있다. 그러나, 만약 그렇게 외적으로 깨끗한 이들이 비통함과 분노와 적의로 가득 차 있다면, 도대체 우리는 그들의 상황을 어떻게 해석해야 할까?

내가(데이빗) 성장했던 교회에서 교인들은 늘 자신들의 외적 행위를 세밀하게 점검해야 했다. 심지어 볼링 같은 사소한 오락조차 신중하게 피해야 했다. 그러나 나는 쭈글쭈글한 얼굴을 잔뜩 찌푸리고 있는 것은 괜찮다고

하면서도 어째서 볼링은 그렇게 악한 것으로 여겨야 하는지 이해하기가 어려웠다. 남자들이 머리를 기르는 것은 그가 지옥에 떨어질 사람이라는 증거였다. 그러나 그렇게 머리를 기른 사람에 대해 악의에 찬 험담을 하는 것은 큰 문제가 되지 않았다. 요약하자면, 당시에 우리는 별 의미 없는 규칙들을 우스꽝스러우리만큼 진지하게 수행하고 있었던 것이다.

엘스 벨스

우리(데이빗) 교회에는 크리스마스 이브 때마다 엘레나 Eleanor 부인이 종 연주를 하는 전통이 있었다. 엘레나는 우리 교회의 오르간 연주자였다. 종 연주를 할 때 그녀는 그녀의 종들(소의 목에 다는 방울들이었다!)을 아주 진지하게 다뤘다. 그 종들은 크기가 서로 달랐고 크기만큼이나 음색도 달랐다. 엘레나는 그 종들을 붉은 색 천으로 덮은 탁자 위에 가지런히 올려놓았다. 그녀는 검은색 정장을 차려 입고 흰색 장갑을 착용하고 아주 바른 자세로 사람들 앞에 섰다. 그녀가 연주를 시작하면, 교회 안에 상서로운 침묵이 흘렀다. 교인들 모두가 그 종들에 대해 적절한 존경을 표했다.

그러나, 사실 "모두"는 아니었다! 나와 내 동생 스티브는 예외였기 때문이다. 그때 우리는 아주 어렸고, 그런 우리에게 그 경건하고 등을 꼿꼿이 세운 여인이 소 방울을 들고 "그 어린 주 예수 눌 자리 없어"를 연주하는 모습은 데굴데굴 구를 만큼 우스꽝스러워 보였다. 우리가 좀더 자라고 좀더 "세속적"이 되었을 때, 우리는 그 행사를 큰 애정을 담아 "엘스 벨스 El's Bells"("엘레나의 종 연주"라는 뜻—역주)라고 불렀다. 그것은 우리에게도 정말로 즐거운 성탄절 행사였기 때문이다. 엘레나가 연주를 시작하면, 나와 내 동생은 그 모습이 재미있어서 키득거리지 않을 수 없었다. 그럴 때마다 어머니는 우리의 키득거림을 멈추게 하기 위해 우리의 다리를 사정없이 꼬집으셨다. 그런 일은 크리스마스 때마다 반복되었다.

어느 해 크리스마스 이브에 우리 교회의 "엘스 벨스"의 역사에 길이 남을 만한 사건이 발생했다. 그 해에 나는 아홉 살이었고 스티브는 일곱 살이었다. "엘스 벨스"가 시작되었다. 그리고 우리의 키득거림 역시 시작되었다. 우리는 늘 그랬던 것처럼 최대한 숨을 억제하며 키득거림을 멈추려 했으나 소용이 없었다. 심지어 어머니의 꼬집기조차 소용이 없었다.

우리가 앉았던 줄 바로 앞에 한 부인이 앉아 있었다. 지금 나는 그녀의 이름은 기억하지 못하지만 그녀의 태도는 아주 분명하게 기억하고 있다. 그녀는 유쾌한 사람이 아니었다. 종 연주가 끝났을 때 갑자기 그녀가 획하고 고개를 돌렸다. 그리고 마치 법정의 형리 같은 표정으로 나와 내 동생을 쏘아보며 송곳처럼 날카로운 음성으로 쏘아붙였다.

"너희들 구원~~~~~은 받은 거니?"

나는 그때 내가 두려움을 느꼈던 것을 기억한다. 당시 아홉 살짜리 소년이 었던 나는 혹시 우리가 "엘스 벨스" 때 웃은 것 때문에 정말로 구원을 잃어버리 지는 않을까 하며 한동안 걱정을 해야 했다.

물론 시간이 흐르면서 나는 그 문제를 나름대로 정리했다. 나와 내 동생은 적절하지 못했다. 우리는 "엘스 벨스"에 대해 좀더 존경심을 보여야 했다. 하나님께서는 우리가 그렇게 하기 위해 진심으로 노력했다는 것을 알고 계시다. 그러나 우리에게 분노했던 그 부인은 우리를 질책하기 위해 자기가 생각해 낼 수 있는 가장 야비하고 날카로운 말을 쏟아냈다. 그녀의 목적은 우리를 침묵시키고 우리에게 벌을 주려는 것이었다. 그녀가 사용한 방식은 효과를 거뒀다. 그러나 그 효과는 오래 가지 않았다. 지금 나는, 만약 예수님이 그 예배당에서 엘레나가 소방울로 "그 어린 주 예수 눌 자리 없어"를 연주하는 모습을 보신다면, 그분 역시 우리들처럼 즐겁게 키득거리실 거라고 믿는다.

내가 이 이야기를 하는 목적은 독자들이 영적인 문제들에 대해 분별력을 갖도록 돕기 위해서다. 우리 모두는 "하루살이는 걸러내고 낙타는 삼키는," 즉 별것 아닌 행동에 촉각을 곤두세우면서 정말로 중요한 사람들의 영혼을 무시하거나 심지어 그것에 해를 입히는 잘못을 저지를 수 있다.

오늘날 그리스도인들 사이에서 나타나고 있는, 그리고 보다 중요한 관심사들을 대체하고 있는 몇 가지 근거 없는 걱정거리들을 살펴보자.

오늘날의 하루살이들

우리 교회에서 음악예배 사역을 담당했던 어느 목사는 신학교 시절 내내 그의 음악 교수가 현대기독교음악 CCM의 해악을 강조하는 소리를 들어야 했다. 그 교수는 어떤 이가 노래하는 스타일이 영적인 문제와 상관이 있다고 주장했다. 그가 "감적적인 비브라토"라고 부르는 것이 있었는데, 그에게는 그것이 특히 악해 보였다. 물론 이것은 하나님께서 특별히 좋아하시는 종류의 비브라토가 있다는 것을 전제하고 하는 주장이었다. 그 교수에 따르면, 하나님께서는 오직 전통적인 클래식 음악만 좋아하신다!

여담으로 하는 말인데, 감각적인 비브라토를 맹비난했던 그 존경스러운 교수는 연구실에서 자기가 지도하던 여학생을 성추행하다가 해임되었다. 물론 CCM을 좋아하지 않거나 비난하는 사람들 모두가 그 교수처럼 터무니없는 것은 아니다. 그리고 실제로 어떤 이들에게는 자기에게 좋지 않은 연상을 제공하는 음악을 피하는 것이 유익할 수도 있다. 그러나 우리는 우리의 "영적인 잔" 안에 무엇이 들어 있는지를 직시해야 한다. 그 음악 교수의 경우에 그것은 무엇이 인간의 욕망을 부추기는지에 대한 그 자신의 눈 멂이었다.

자동차를 시속 55마일 이상으로는 몰지 않는 장로가 있었다. 그가 그렇게 하는 이유는 그것이 그에게는 영적인 문제였기 때문이다. 그는 자신의 그런 태도에 대해 대단한 자부심을 갖고 있었다. 그 문제가 그에게 영적으로 보였던 것은 자신이 그렇게 함으로써 정부를 비롯해 모든 권세에 복종하라는 성경의 명령(롬 13:1-2)을 이행한다고 여겼기 때문이다. 그는 법정 제한속도를 위반하는 그리스도인들을 비난했다. 그에 따르면 그렇게 불법을 행하는 이들은 "불량한 증인들"이었다.

그런데 문제는 그 장로가 자기 친구의 아내와 잠자리를 하고 있었다는 것이다. 그러니 그는 사실은 하나님의 법만이 아니라 비그리스도인들조차 소중하게 여기는 우정의 법마저 깨뜨리고 있었던 셈이다.

요약하자면, 학대적 성격을 지닌 영성은 "사람"보다 특정한 "교리"(영적 태도, 의식, 하나님에 대한 견해 등)를 지원하는 데 더 많은 관심을 보인다. 그런 영성은 하나님께서 사람들과 살아 있는 관계를 맺으시는 방식을 배우는 데 관심이 없다. 그분은 우리가 은혜로 그리고 값없이 우리에게 필요한 모든 영적 자원을 얻을 수 있는 원천이 되고자 하신다. 그분은 자신과 관계하고 자신에게서 생명을 이끌어내는 올바른 방법을 찾고자 하는 모든 이들에게 큰 관심과 애정을 갖고 계시다.

하나님이 춤추셨다네

우리는 이 장을 자신의 출생이 자기 아버지의 사역에 대한 침입이었다고, 그리고 교회가 사람보다 중요하다고 여기며 자랐던 도널드의 나머지 이야기로 마무리하고자 한다. 최근에 우리는 도널드를 위해 열리는 댄스파티에 오라는 초대장을 받았다. 그 초대장 하단에 도널드의 아내의 말이 실려 있었다. "그 후에 벌어진 이야기가 있어요. 댄스파티 때 그것에 대해 말씀 드릴게요."

우리가 그녀에게서 들은 이야기는 다음과 같다.

도널드는 그동안 자신이 아버지의 사역을 위해 거부되어 왔음을 깨달았고 그런 영적 학대로부터 회복되기를 바랐다. 그는 정기적으로 한 상담가를 찾아갔다. 그리고 그와 함께 자신이 어린 시절에 받았던 상처와 분노에 대해 이야기를 나눴다. 어느 날 도널드는 그 상담가와 함께 자기가 성경 읽는 것을 왜 그토록 싫어하는지에 대해 대화를 나눴다. 그 과정에서 그는 성경이 자기 아버지에게 일종의 우상이었다는 사실을 깨닫게 되었다. 다시 말해, 그의 아버지는 자신의 가치와 자신에 대한 하나님의 용납을 그분이 주는 선물로서 받아들이는 대신 그 자신이 하나님의 말씀을 선포하는 것을 통해 얻어내려 했던 것이다. 그리고 그 과정에서 그는 자기 아들을 무시했고, 그로 인해 그 아들은 자기가 하나님에게 중요하지 않은 혹은 귀찮은 존재라고 느껴야 했던 것이다.

"이제 내가 어떻게 해야 할까요?" 도널드가 상담가에게 물었다.

"구약시대에 사람들이 우상에 대해 어떻게 했지요?" 상담가가 되물었다.

"음 …… 내 생각에는 그들이 그것들을 불태웠던 것 같아요." 도널드가 답했다.

"그래요?" 상담가가 말했다.

아마도 이런 말을 들으면 틀림없이 많은 그리스도인들이 충격을 받겠지만, 결국 도널드는 그의 성경을 불태웠다. 여기에서 우리는 그가 그의 성경을 불태운 후 직접 새로운 성경을 구입했다는 사실을 서둘러 말해 두어야 할 것 같다. 그가 그렇게 한 것은 그리스도인으로서의 의무감 때문이 아니라 참으로 하나님의 말씀에 대해 내적 허기를 느꼈기 때문이었다. 그는 자기 스스로 하나님과 관계하기 위해 자기 아버지의 우상과 작별해야 했던 것이다.

또한 도널드는 그동안 하나님의 이름으로 학대와 무시를 당했던 목회자와 선교사들의 자녀들을 위한 모임에 가입했다. 그리고 얼마 전에 있었던 그의 생일에 그 모임에 속한 회원 하나가 그에게 시 한편을 선물했다. 시의 제목은 "하나님이 춤추셨다네"였다. 성령께서는 그 시를 사용해 그에게 다음과 같이 말씀하셨다.

"당신이 태어난 날 하나님이 기뻐서 춤추셨다네."

지금 도널드는 하나님과 새로운 관계를 맺기 위해 자기가 직접 구입한 성경을 읽고 있다. 그리고 그 안에서 그는 다음과 같은 말씀을 발견했다.

주께서 내 내장을 지으시며 나의 모태에서 나를 만드셨나이다 내가 주께 감사하옴은 나를 지으심이 심히 기묘하심이라 주께서 하시는 일이 기이함을 내 영혼이 잘 아나이다 내가 은밀한 데서 지음을 받고 땅의 깊은 곳에서 기이하게 지음을 받은 때에 나의 형체가 주의 앞에 숨겨지지 못하였나이다 내 형질이 이루어지기 전에 주의 눈이 보셨으며 나를 위하여 정한 날이 하루도 되기 전에 주의 책에 다 기록이 되었나이다 (시 139:13-16)

도널드는 하나님께서 자기가 태어나기도 전에 이미 자기 때문에 기뻐서 춤을 추고 계셨음을 깨달았다. 에베소서 1장 4절 역시 그에게 다음과 같이 말씀하고 있었다. "[하나님이] 창세전에 그리스도 안에서 우리를 택하셨다." 하나님께서 도널드를 택하신 것은 그가 태어나기 직전이 아니라 창세전부터였던 것이다.

도널드의 생일을 축하하기 위한 댄스파티의 초대장을 받았을 때, 우리는 그의 마음에 무언가 변화가 일어나고 있음을 알았다. 마침내 그는 창세전부터 그의 하늘 아버지의 마음에서 천둥처럼 울리고 있던 "아, 참 좋다!"라는 소리를 들은 것이다. 당신은 50년이나 연착된 생일축하 메시지를 듣는 경험이 어떤 것인지 상상할 수 있는가?

마침내 도널드는 하나님께서 교회가 아니라 사람을 위하신다는 사실을 알게 되었다.

■ ▩ ■

"화 있을진저 너희여 너희는 평토장한 무덤 같아서 그 위를 밟는 사람이
알지 못하느니라"(눅 11:44)

Escape from Spiritual Abuse!

영적 학대자들이 드러내 보이는 또 다른 경향은 그들이 자기를 따르는 이들에게 짐을 더하는 것이다. 사람들이 곤경에 처할 때 그들은 그 사람들에게 은혜와 자비 대신 종교의 짐을 지운다. "내 멍에는 쉽고 내 짐은 가벼움이라"(마 11:30)는 주님의 가르침에 도대체 무슨 일이 일어난 것일까? 이 장에서 그 답을 찾아보라.

제13장

종교의 무게

미국 남동부에 있는 한 대형 교회의 팸플릿을 본 적이 있다. 그 팸플릿의 한쪽 구석에 아래와 같은 내용을 담은 "시험지"가 실려 있었다.

자기 점검표

만약 사람들이 당신과 같다면, 그들은

1. 주일학교 모임에 참석할까?

2. 제때에 참석할까?

3. 성경책을 가져올까?

4. 예습을 해올까?

5. 헌금을 바칠까?

6. 예배에 참석할까?

7. 설교에 귀를 기울일까?

8. 다른 이들을 데리고 올까?

9. 전도를 할까?

10. 정기적으로 기도를 할까?

각각의 질문에 "예"라고 대답할 수 있다면 10점을 부여하라. 점수의 합계가 100점이면 당신은 완벽하다. 90점이면 우수하다. 80점이면 약간 위험하다. 70점이면 조심해야 한다. 60점이면 위급 상황이다.

※ 6주 연속 주일학교 참석 프로그램이 이번 주에도 계속된다. 꼭 참석하라!

어떤가? 이 시험을 치른 후 당신의 영적인 짐의 무게는 전보다 가벼워졌는가, 아니면 더 무거워졌는가? 이 시험지에서 당신은 성령의 음성을 듣는가, 아니면 그 교회 담임목사의 압력을 느끼는가?

바울은 신자들에게 영적 점수를 매기는 시스템과 맞서 싸웠다. 그는 갈라디아 교인들에게 다음과 같이 말했다. "그리스도께서 우리를 자유롭게 하려고 자유를 주셨으니 그러므로 굳건하게 서서 다시는 종의 멍에를 메지 말라"(갈 5:1). 그러나 오늘날 우리 중 얼마나 많은 이들이 "너무 많은 은혜"를 두려워하라는 가르침을 받고 있는가? 얼마나 많은 이들이 만약 우리가 영적 수행이라는 짐을 벗어버리고 죄책과 압력이라는 부담을 떨쳐버린다면 우리가 도대체 무엇으로 이 세상의 죄를 억제할 수 있으며 무엇으로 사람들을 움직여 하나님께 복종하게 할 수 있을까, 하는 두려움을 느끼는가?

우리는 우리 안에 계신 성령께서 충분히 그런 일을 하실 수 있다고 믿는다. 성령께서는 우리를 움직여 자신에게 순종하는 삶을 살아가게 하실 수 있다. 바울은 말한다. "너희 안에서 착한 일을 시작하신 이가 그리스도 예수의 날까지 이루실 줄을 우리는 확신하노라"(빌 1:6). "너희 안에서 행하시는 이는 하나님이시니 자기의 기쁘신 뜻을 위하여 너희에게 소원을 두고 행하게 하시나니"(빌 2:13). "내가 이르노니 너희는 성령을 따라 행하라 그리하면 육체의 욕심을 이루지 아니하리라"(갈 5:16).

나귀 등에 짐 싣기

내가(데이빗) 오픈도어 교회에서 그런 메시지를 전하기 시작하자 많은 이들이 불안한 기색을 내비쳤다. 어떤 이들이 말했다. "이런 메시지는 효과를 거둘 수 없어요. 만약 우리가 모든 외적 압력을 제거하고 성령의 내적 사역에만 의존한다면, 우리 교회는 큰 혼란에 빠지게 될 거예요."

실제로 우리가 교인들에 대한 외적 통제를 그만 두자 몇몇 사람들이 이런저런 죄에 빠져들었다. 그들은 자기들이 원하는 대로 행동하기 시작했다. 그런 상황을 지켜보는 것은 우리로서도 매우 고통스러웠다. 그러나 다른 한편으로 그것은 유익하기도 했다. 그 과정에서 우리는 참으로 어떤 이들이 구속을 얻었는지 그리고 어떤 이들이 아직 구속을 얻지 못했는지를 식별할 수 있었다.

언젠가 10대 아들을 둔 근심 많은 어머니 한 분과 대화를 나눈 적이 있다. 그녀는 내게 자기 아들에게 다른 음악을 듣고, 다른 장소에 가고, 다른 친구들을 사귀도록 조언해달라고 부탁했다. 심지어 그녀는 다음과 같은 말까지 했다. "나는 목사님이 그 아이에게 그 아이가 믿고 고백하는 대로 행동하라고 말씀해주셨으면 좋겠어요."

나는 그녀의 말에 다음과 같이 대답했다. "당신이 알아야 할 것이 하나 있어요. 내가 보기에 그 아이는 이미 그렇게 하고 있어요! 만약 당신이 내게 하나님께서 그 아이의 마음을 깨뜨리시고 새로운 마음을 주시도록 기도해

주기를 바란다면, 나는 그렇게 하겠어요. 만약 당신이 내게 그 아이에게 그의 내면에 무언가 다른 것이 필요하다는 것을 가르쳐 주기 원한다면, 나는 그렇게 하겠어요. 그러나, 만약 당신이 내게 그 아이에게 압력을 넣어 그 아이가 당신이 원하는 행동을 하게 해주기를 바란다면, 나는 그렇게는 하지 않을 거예요. 아마도 내가 그렇게 하고 그 아이가 내 말을 따른다면, 틀림없이 당신은 기분이 좋아질 거예요. 왜냐하면 그 아이가 사람들 눈에 그럴듯하게 보일 테니까요. 그러나 그때 당신과 내가 보게 될 것은 지옥으로 직행하고 있는 세련된 바리새인에 불과할 거예요."

참으로 구속된 사람들은 새 마음을 얻는다. 그들은 그들 안에 내주하시는 성령으로 인해 그리스도의 생명을 경험한다. 그로 인해 그들은 누가 시키지 않아도 하나님을 따르고 그분께 복종하고자 한다. 그러나 이것은 그들이 항상 그렇게 한다는 의미가 아니다. 때로는 그리스도인들도 넘어진다. 아주 심각하게 넘어질 때도 있다. 그러나 그들의 마음은 늘 하나님을 향해 있다. 그분의 생명의 법이 그들의 마음에 새겨져 있기 때문이다(히 10:16).

마태복음 23장에서 우리는 예수께서 사람들을 영적으로 학대하던 당대의 지도자들과 대결하시는 모습을 보게 된다. 그들은 핵심적인 문제들은 모두 무시한 채 사람들에게 압력만 가하는 자들이었다. 그들은 모든 시대의 거짓된 영적 지도자들이 그러하듯이 사람들에게 종교적 수행을 요구함으로써 그들을 통제하고 있었다. 예수님은 그런 지도자들―그분은 그들을 "외식하는 자들"이라고 부르셨다―에 대해 다음과 같이 말씀하셨다. "또 무거운 짐을 묶어 사람의 어깨에 지우되"(마 23:4).

이 말씀을 통해 예수님은 당시의 사람들에게 아주 익숙한, 그러나 슬픈 코미디 같은 장면 하나를 떠올리게 하셨다. 아마도 그분의 말씀을 들었던 이들은 그분이 무슨 말씀을 하고 계신지 즉각 알아차렸을 것이다. 잠시 그 장면을 그려보자.

4륜구동 트럭의 1세기 버전은 "나귀"라는 이름으로 알려진 가련한 짐승이었다. 나귀의 역할은 짐을 나르는 것이었다. 나귀 외에 별다른 운송 수단이 없었던 당시의 사람들은 그 짐승에게 짐을 지울 때 가능한 한 많은 짐을 싣고자 했다. 실제로 그들은 그 짐승의 모습이 보이지 않을 만큼 많은 짐들을 실었다. 그로 인해, 짐을 잔뜩 실은 나귀가 움직이기 시작하면, 그가 진 짐들만 덜렁거리며 움직일 뿐, 정작 짐을 진 나귀 자신은 보이지도 않았다.

바로 그것이 예수께서 당대의 영적 지도자들을 나귀를 부리는 짐꾼들과 비교하면서 전하고자 하셨던 유쾌하지 않은 메시지였다. 그 짐꾼들은 손에 영적 채찍을 들고 있었다. 그것은 사람들에게 더 많은 짐을 지우고 그들로 하여금 그 무거운 짐을 운반하게 하기 위함이었다. 우리에게도 생생하게 느껴지는 이 비유적 표현은 오늘날 많은 이들이 교회에서 겪고 있는 일의 핵심을 보여 준다. 오늘날 그릇된 죄책감과 종교적 수행이라는 무거운 짐 아래에서 살아가는 이들은 그 짐의 무게 때문에 그들이 그리스도 안에서 얻은 새로운 정체성을 잃어버릴 위기에 처해 있다.

참된 목자의 역할은 사람들에게서 외적 수행의 짐을 제거하고 그들로 하여금 그리스도 안에서 새로운 정체성과 그것에 수반하는 자유와 기쁨을 발견하도록 돕는 것이다. 어떤 이들은 그런 짐들을 벗어던진 후에야 자기들이 그동안 하나님을 제대로 알지 못했다는 엄중한 사실을 깨닫는다. 그동안 그들을 신앙인처럼 보이게 했던 것은 그들이 허덕이며 짊어졌던 수많은 종교적 짐들뿐이었다. 어떤 이들은 그 짐을 벗어던진 후에야 비로소 하나님께서 주시는 참으로 복된 삶을 발견한다.

그런데 사실 신자들은 교회가 시작된 때부터 계속해서 교회 안에서 그런 현상을 경험해 왔다. 그 현상을 좀더 면밀히 살펴보자.

허위의식

"행위"는 교회에 속한 많은 이들에게 오랫동안 문젯거리였다. 회심하기 전에 바울은 거룩한 사람이 되기 위해 애쓰는 바리새인으로서 온갖 의로운 행위들에 집착했었다. 그 경험을 통해 그는 한 가지 영적 이해에 이르렀는데, 그것은 종교적 수행에 힘쓰는 신자들의 공동체는 하나님의 구원의 선물이 공짜라는 사실을 잊어버릴 가능성이 크다는 것이었다. "영적 대가를 치르기 위한 영적 행위"라는 허위의식은 오늘날 다음 두 가지 방식으로 교회에 영향을 주고 있다.

첫째, 그런 허위의식은 교인들에게 성경이 어떻게 말씀하든 우리는 우리 자신의 구원을 위해 애써야 한다고 가르친다. 어느 목회자가 다음과 같이 말한다고 치자. "하나님께서는 당신의 모든 선행과 악행을 저울 위에 쌓아올리고 계십니다. 당신의 선행의 무게가 악행의 무게를 능가하면, 하나님께서는 당신을 천국으로 받아들이실 것입니다." 그럴 경우 당신의 목표는 악행보다 선행을 더 많이 쌓는 것이 된다. 그리고 당신이 그런 목회자 밑에서 신앙생활을 하기 위해서는 늘 자신의 선행과 악행이라는 두 가지 짐 모두를 짊어져야 한다. 아무것도 당신의 죄의 무게를 경감시켜 주지 않는다. 당신은 당신에게 은혜의 강한 팔이 펼쳐지는 것을 절대로 경험하지 못한다.

예수께서는 당시에 하나님의 백성들에게 그런 가르침을 전했던 종교 지도자들에 대해 다음과 같이 말씀하셨다. "자기는 이것을 한 손가락으로도 움직이려 하지 않는다"(마 23:4). 그런 시스템 안에서 당신이 가질 수 있는 유일한 희망은 당신의 선행의 무게가 악행의 무게를 "능가하는 outweigh" 것뿐이다. 그러나 이 단어에서 의미 있는 부분은 여전히 "짓누르다 weigh"일 뿐이다. 결국 당신은 선행과 악행이라는 짐 모두를 짊어지고 허덕여야 한다.

만약 당신이 종교적 행위를 통해 의를 얻어야 한다고 가르치는 교회 안에서 당신이 짊어진 짐의 무게에 짓눌려 넘어진다면, 그때 당신이 얻게 될 목회적 도움과 지원은 자비와 은혜가 아니다. 그런 교회에서 당신은 "심령이 가난한 자는 복이 있나니"(마 5:3)라는 말씀, 즉 "스스로 짐을 지고 갈 수 없음을 깨닫는 자는 복이 있나니 천국이 그들의 것이다"라는 말씀을 절대로 듣지 못한다. 오히려 당신은 "더 열심히 노력하라" 혹은 "조금 더 행하라"라는 권고를 듣게 될 뿐이다. 더 나아가 당신은 그동안 충분히 헌신하지 않았다는 이유로 수치를 당할 수도 있다.

둘째, 그런 허위의식은 교인들로 하여금 오늘날 거의 모든 교회들에서 보편적으로 나타나고 있는 질병인 "수행에 기초한 기독교"를 경험하게 한다. 당신 개인과 관련해 그것은 다음과 같은 방식으로 나타난다. 먼저 당신은 "너희는 그 은혜에 의하여 믿음으로 말미암아 구원을 받았으니"(엡 2:8)라는 진리의 말씀을 깨닫고, 죄의 짐을 벗고, 구원을 얻는다. 그러나 그 후에 당신은 다시 성화와 섬김을 위해 혹은 더 큰 은혜를 얻기 위해 개인적 수행이라는 짐을 쌓아올리기 시작한다.

또한 그것은 당신이 다른 이들을 대하는 방식과 관련해 다음과 같은 방식으로 작동한다. 먼저 당신은 사람들에게 오직 예수님만이 그들의 구원을 위한 유일한 소망임을 알려 주기 위해 애쓴다. 당신은 그들에게 다음과 같은 말씀을 전한다. "우리를 구원하시되 우리가 행한 바 의로운 행위로 말미암지 아니하고 오직 그의 긍휼하심을 따라 중생의 씻음과 성령의 새롭게 하심으로 하셨나니"(딛 3:5). 그러나 그 후 당신은 그들이 성공적인 기독교인으로 살아가기를 바라면서 그들에게 전에 그들이 구원을 얻기 위해 거부해야 했던 바로 그 메시지를 전한다. "행하라," "더 노력하라," "더 많이 애쓰라," "그것이 당신의 의무다." 그렇게 해서 당신은 그들의 어깨 위에 또 다시 기대, 규정, 형식, 규칙 같은 온갖 종교적 짐들을 쌓아 올린다.

그러면서 당신은, 그 사실을 의식하지도 못한 채, 예수님을 만나기 전과 동일한 방식으로 살아가기 시작한다. 또한 당신은 자신이 모든 노력을 통해 언젠가는 그리고 어떤 방식으로든 당신에게 요구되는 기준들을 충족시킬 수 있게 되기를 바란다. 그러나, 분명히 말하지만, 당신은 절대로 그 기준을 충족시킬 수 없다. 오히려 당신은 전처럼 짐을 지는 일을 계속하면서 그것을 "풍성한 삶"이라고 부르게 될 뿐이다.

수행에 기초한 영적 시스템 안에서 이런 역학을 발견하는 것은 어렵지 않다. 그곳에서 우리는 항상 나귀를 닮은 짐꾼이 된다. 그러나 은혜에 기초를 둔 교회 안에서 우리는 계속해서 우리의 유일한 소망이신 예수님께 인도되며 우리의 삶과 능력의 유일한 근원이신 그분 안에서 쉼을 얻으라는 격려를 받는다.

복제인간

아래에 실려 있는 노랫말은 스티브 테일러 Steve Taylor(미국의 유명한 대중음악가-역주)가 쓴 것인데, 자기들이 속한 시스템을 좋게 보이게 하기 위해 자신들의 개인적 필요나 하나님과의 관계를 침해당하는 이들의 곤경을 묘사하고 있다.

나는 복제인간이 되고 싶어

그동안 나는 많은 노력을 해왔어
신자가 되기 위해 예배당 가운데 있는

통로를 따라 내려가는 일은 힘들었어
그러나 이제 나는 그것만으로 충분하지 않다는 것을 알아
나는 복제인간이 되고 싶어

나는 주님이 내 마음에 들어오시기를 청했어
그러자 그들이 말했어. "여기에서 출발해야 해,
당신이 수행할 역할이 있어."
나는 복제인간이 되고 싶어

복제인간이 돼, 확신 따위와는 작별해
"복제"는 곧 "거룩함"이야, 안 그래?
나는 그들이 내게 길을 알려 준 것에 감사해
나로서는 독자적으로 그분을 섬길 방법을
알 수 없었기 때문이지
나는 복제인간이 되고 싶어

그들은 내가 그들의 말대로 하지 않으면
이탈자가 될 거라고 말했어
"도대체 성경이 왜 필요하지?"
나는 복제인간이 되고 싶어

그들의 말은 내게 새로웠어
"기독교의 언어"가 내게로 들어왔어
이제 나는 그 말을 유창하게 할 수 있어

나는 복제인간이 되고 싶어

이제 나는 그림 전체를 볼 수 있어
우리 교회는 조립 라인이야
거기에는 내가 맡은 역할이 있어. 그래서 나는 기분이 좋아
나는 복제인간이 되고 싶어

나는 그 위에 떠 있을 만큼은 배웠어
그러나 배를 뒤흔들 만큼은 아니야
나는 그들이 내 목구멍에 그것을 넣어 준 것이 고마워
나는 복제인간이 되고 싶어

삯꾼 목자들은 자기를 따르는 이들의 버거운 삶에 늘 영적 수행이라는
짐의 무게를 더한다. 그리고 그런 종교적 포장작업 과정을 통해 각 개인의
독특한 정체성은 상실된다.

＊ ＊ ＊

우리는 우리를 향하신 하나님의 "놀라운 은혜"가 실제로 유효하다고 믿는
다. 사람들이 그들을 자유케 하는 진리를 경험하면, 그들의 삶은 안에서부터
바뀌기 시작한다. 그들은 자기들의 재산을 이웃과 나누기 시작한다. 하나님
께서 성령을 통해 그들의 마음속에 감사와 확신을 낳으시기 때문이다. 그것은
어떤 규칙에 대한 의무적인 반응이 아니라 참으로 남에게 베풀고자 하는
마음이다. 갑자기 성경에 대한 그들의 자세가 달라진다. 이제 그들은 더

이상 자기들의 훌륭함을 입증하기 위해 성경을 읽지 않는다. 그런 짐은 이미 제거되었기 때문이다. 이제 그들은 예레미야가 했던 말을 반복하기 시작한다. "내가 주의 말씀을 얻어먹었사오니 주의 말씀은 내게 기쁨과 내 마음의 즐거움이니이다"(렘 15:16).

그러나, 우리가 이미 보았듯이, 영적 학대의 성격을 지닌 시스템의 목표는 일차적으로 사람들을 그 시스템 안으로 불러들인 후, 그들이 그곳에서 생명을 발견하든 그렇지 않든, 계속해서 그들을 붙잡아 두는 것이다. 이것은 결코 작은 문제가 아니다. 이것은 아주 심각한, 그리고 때로는 영구적이기까지 한 영향을 끼치는 아주 해로운 역학이다.

Escape from Spiritual Abuse!

그날 성전에서 일어난 일은 굉장한 것이었다. 상을 뒤엎고, 먼지를 일으키고, 비둘기들을 공중으로 날리고, 제사장들을 도망치게 하는 일이 어떻게 성전을 깨끗하게 하는 일이 될 수 있었을까? 그리고 어째서 예수님은 성전의 제사장들과 장사꾼들에게 그토록 분개하셨던 것일까? 그분이 지적하신 문제는 교회 안에서 재활용품 바자회를 여는 정도의 문제가 아니었다. 그것은 하나님의 집의 본래의 목적을 왜곡하는 것이었다. 사람들은 하나님과 그분의 은혜에 자유롭게 다가가기는커녕 비싼 값을 치르고 수행을 해야 했다. 그러고도 그들은 하나님께 도달할 수 없었다. 당신은 그런 식의 느낌을 가졌던 적이 있는가?

제14장

천국 문
닫아걸기

우리 중에는 자기가 소속된 교회가 이상에서 묘사된 특징을 지니고 그로 인한 결과들을 드러내 보이고 있음에도 그저 어깨를 으쓱이고 마는 이들도 있을 것이다. "오, 맞아, 우리 교회에는 분명히 그런 특성이 있어. 하지만 그건 그렇게 큰 문제가 아니야. 어쨌거나 우리 모두는 같은 팀이잖아."

그러나 지금 우리가 다루는 문제는 그렇게 쉽게 넘어가도 될 만큼 하찮은 것이 아니다. 사람들에게 하나님과의 친밀한 교제가 값없는 선물이 아니라 종교적 수행의 결과라고 가르치는 것은 얼마나 큰 잘못인가! 사람들에게 임마누엘("우리와 함께하시는 하나님")과 함께 살아가기 위해 요구되는 특정한 삶의 방식을 가르치는 것은 얼마나 큰 아이러니인가! 예수께서 마태복음 23장에서 말씀하셨던 것이 바로 그런 폭력이었다.

화 있을진저 외식하는 서기관들과 바리새인들이여 너희는 천국 문을 사람들 앞에서 닫고 너희도 들어가지 않고 들어가려 하는 자도 들어가지 못하게 하는도

다 (마 23:13)

이 구절의 상세한 의미를 살피기 전에 우리는 이 구절에 앞서는, 그리고 마침내 바리새인들의 행태에 대한 이처럼 강한 비난으로 이어지는 12개의 구절들의 문맥에 주목할 필요가 있다. 앞에서 언급했듯이, 이때 예수께서는 거짓된 영적 지도자들의 기본적인 특성을 폭로하시는 중이었다. 즉 이때 그분은 영적 학대자들에 대한 인물묘사를 하고 계셨던 것이다. 지금까지 우리는 그런 지도자들이 대개 다음과 같은 특성을 갖고 있음을 보아 왔다.

- 권위의 거짓된 기초(2절)
- 이중적인 삶(3절)
- 사람들에게 무거운 짐을 지우는 습관(4절)
- 사람들의 칭찬을 받기 위해 종교적 겉치레에 치중함(6-10절)

그리고 이제 13절에서 예수님은 그런 종교 지도자들과의 대결을 한층 더 강화하신다. 여기에서 그분은 단순히 그들의 특성을 지적하고 그들이 끼치는 해악에 대해 설명하는 정도를 훨씬 넘어서신다. 우리는 여기에서 그분이 이렇게까지 강력한 어조로 말씀하시는 이유가 우리가 그 일의 위험성을 과소평가하지 않게 하시기 위함이라고 믿는다.

13절에서 예수께서는 그런 일들이 어떤 이들의 목회 스타일에서 발견될 수 있는 약간 비정상적이기는 하나 충분히 허용될 수 있는 사소한 변형에 불과한 것이 아니라 아주 심각한 문제라는 사실을 분명하게 밝히신다. 이 장에서 우리는 종교 지도자들이 사람들 앞에서 천국의 문을 닫아버리는 문제를 다룰 것이다. 이것은 우리가 진지하게 살펴보아야 할 중요한 문제다.

하나님의 통치에 대해
"쾅"하고 문 닫아걸기

이 구절에서 사용된 "닫다"에 해당하는 헬라어는 문자적으로는 "누군가의 면전에서 '쾅'하고 문을 닫아걺으로써 그가 안으로 들어가지 못하게 하다"를 의미한다. 수행 지향적인 종교 시스템 안에서 사람들이 하나님의 나라 안으로 들어가는 것은 불가능하다. 만약 사람들이 그런 시스템 때문에 그들의 삶속에서 하나님의 통치와 지배를 경험하지 못한다면, 그것은 참으로 심각한 문제다.

영적 학대의 성격을 지닌 시스템은 사람들을 회당이나 성전 밖에 머물도록, 혹은 (우리 기독교의 맥락에서 보자면) 교회나 성경 공부 모임 밖에 머물도록 문을 닫아걸지 않는다. 오히려 그런 시스템은 사람들을 자기 안으로 끌어들이기 위해 굉장한 노력을 기울인다. 그로 인해 사람들은 자기들이 그 시스템 안에서 처음으로 누군가와 친밀한 교제를 나누고 하나님과 올바른 관계를 맺고 있다는 느낌을 받는다. 그러나 곧이어 제기되는 거짓 권위의 허세, 점차 늘어나는 의무들, 외적 수행에 대한 요구, 그리고 종교적 교만 등으로 인해 그들이 하나님의 통치 아래에서 계속해서 자유를 누리는 것은 불가능해진다.

어떤 이가 교회 안에서 성장하고, 해야 할 모든 일들을 다 하고, 하지 말아야 할 모든 일들을 하지 않고, 온갖 교리들을 다 이해한 후에도 천국에 들어가지 못하는 것은 얼마든 가능하다. 그런데, 정말로 어떤 이가 일생 동안 신앙생활을 하고서도 자신 안에서 그리고 교회 가운데서 생동하는 그리스도의 현실을 경험하지 못한다면, 그것은 그에게 얼마나 큰 비극인가! 영적 학대의 성격을 지닌 교회 안에는 늘 그런 위험이 존재한다. 우리는 그것을 과소평가해서는 안 된다. 우리는 지금이라도 자신에게 물어볼 필요가 있다. 과연 우리는 사람들에게 성령과 동행하는 삶을 가르치고 있는가? 그리고 사람들이 그 가르침을 통해 그들이 우리의 초대를 처음으로 받아들였을 때 경험했던 열등한 무언가를 대체하도록 돕고 있는가?

미끼 상술

부정직한 상인들의 가방에 들어 있는 가장 흔한 술책들 중에 "미끼 상술 baith-and-switch"이라는 것이 있다. 간혹 우리는 행복이나 부를 약속하는 "미끼 baith"에 걸려들 수 있다. 그럴 경우, 일단 우리가 미끼를 물고 나면, 갑자기 어떤 "변경 switch"이 일어난다. 그로 인해 우리는 우리가 애초에 얻고자 했던 상품 대신 그것의 모조품을 얻게 된다. 학대적 성격을 지닌 교회 안에서 흔히 벌어지는 일이 바로 그것이다. 한 가지 예를 들어보자.

삶의 의미를 찾고 있는 한 부부가 있다. 아니 사실 그들은 그 이상을 찾고 있다. 그들은 하나님을 찾고 있다. 그들은 세상이 제공하는 모든 것에 지쳤고, 그들의 내면은 텅 비어 있다. 그들에게는 그 이상의 무언가가 필요하다. 바로 그때 학대적 성격을 지닌 교회가 그들에게 하나님과의 인격적 관계, 영혼의 쉼, 죄의 용서, 그리고 예수 그리스도 안에서의 전혀 새로운 정체성이라는 엄청난 "미끼"를 제공한다. 그리고 가장 멋진 것은 그 모든 것이 공짜라는 것이다. 그 모든 것은 오직 은혜로 그리고 믿음을 통해서 온다는 것이다.

"변경"은 그들이 그 교회 안으로 들어간 직후 교회가 그들에게 그것을 따라서 살아야 한다며 제시하는 새로운 규정과 외적 수행 목록을 받아들일 때 발생한다. 그 교회에서 그들은 계속해서 하나님의 은혜에 대한 말씀을 듣고 감사찬송을 부르지만 사실 그곳에서 그들은 그 어떤 은혜도 발견하지 못한다. 오히려 그들은 갑자기 그들이 가치 있는 종임을 입증하려면 이런저런 행동을 해야 한다고 강조하는 자칭 그분의 대리자라는 사람의 엄격한 목소리만 들을 뿐이다. 그 교회에서는 계속해서 하나님에 관한 말들이 쏟아지고 사람들은 그 말을 따라 이리저리 휘둘린다. 그러나 그들은 그 말을 따라 아무리 허둥거려도 애초에 얻고자 했던 것을 얻지 못한다. 그들은 그들이 원했던 것의 모조품을 얻는 것으로 끝날 뿐이다.

그런데 이런 "미끼 상술"은 어떻게 발생하는가? 마태복음 23장 13절은 그 역학을 "너희는 천국 문을 사람들 앞에서 닫고 너희도 들어가지 않고 들어가려 하는 자도 들어가지 못하게 하는도다"라는 말씀을 통해 드러낸다. 이 말씀으로 예수께서는 천국에 들어가지 못하는 자들 모두가 하나님을 거부하는 반역자들은 아님을 밝히신다. 그들 중에는 하나님을 전심으로 찾는 자들도 있다. 그들은 하나님을 찾으라는, 그리고 천국으로 들어오라는 그분의 부르심에 전심으로 응답했던 자들이다. 그들은 천국에 들어가기 위해 애쓰는 과정에서 교회에 나가기 시작했다. 그들은 교회에 발을 들여놓았고 그곳에서 열렬한 환영을 받았다. 하지만 그곳에서 그들은 하나님도, 은혜도, 빛도, 생명도 발견하지 못했다. 오히려 그곳에서 그들은 거짓 권위, 율법주의적인 의무, 그리고 내면의 상황과 무관한 외적 수행이라는 무거운 짐을 지고 허덕였을 뿐이다. 온갖 애를 썼음에도 그들은 "능력 없는 경건의 모양"(딤후 3:5)을 얻는 것으로 그쳤다.

그동안 수많은 사람들이 교회를 혹은 기독교의 어떤 형태를 경험했다. 그러나, 만약 그들의 경험이 마태복음 23장이 묘사하는 상황에서 이루어졌다면, 그들은 하나님의 자유케 하시며 생명을 제공하시는 통치를 전혀 경험하지 못한 셈이다. 우리는 교회와 하나님의 나라 사이에는 커다란 간격이 있음을 잊지 말아야 한다. 그리고 어떤 이들에게 그 간격은 삶과 죽음, 영접과 내쫓김,

혹은 천국과 지옥만큼이나 큰 것일 수 있다.

예루살렘 성전의 실상

그런 시스템에 대한 예수님의 태도를 가장 잘 보여 주는 한 가지 예가
마태복음 21장에 실려 있다. 거기에서 우리는 예수께서 성전을 정화하시는
모습을 보게 된다. 잠시 그 장면을 그려보자. 무대는 유월절 직전의 예루살렘
이다. 하나님을 만나고 그분의 명령에 순종하고자 하는 갈망을 지닌 유대인들
이 곳곳으로부터 그 도성을 향해 나아온다. 만약 우리가 예수께서 예루살렘
성전에서 하신 행동의 의미를 보다 잘 이해하고자 한다면, 자신의 가족을
이끌고 예루살렘에 도착한 어느 집의 가장의 경험을 극화劇化해 보는 것이
도움이 될 것이다.

"우리 부부는 올해가 바로 그 해라고 느꼈어요. 우리는 우리 아이들에게
얼마간의 신앙이 생겼다는 것을 알았어요. 아이들은 예전과 달리 하나님의
진리에 대한 깊은 열망을 드러내 보였어요. 그래서 우리 부부는 생각했죠.
그들의 신앙의 불씨에 바람을 불어넣을 곳은 오직 예루살렘 성전뿐이라고
말이에요.

"아이들이 1년생 양을 돌보던 모습이 기억나요. 아이들은 여러 달 동안
그 양을 돌봤어요. 그리고 그 양은, 비록 우리 가족을 위한 희생제물이 될
것이기는 했으나, 그 아이들에게 아주 소중한 것이 되었어요. 아이들은 마치
그것이 애완동물이라도 되는 양 자기들이 직접 그것을 키우겠다고 했어요.
분명히 그 제물은 우리 아이들의 마음을 보여 주는 것이었어요.

"우리 가족은 여러 날의 여행 끝에 예루살렘에 도착했어요. 그리고 그곳에

서 그 이후로 결코 잊지 못할 두 가지 압도적인 광경을 목격했어요.

"첫째는 성전이었어요. 침묵에 잠겨 있는 성전의 돌들은 계속해서 우리를 거룩하신 하나님의 임재로부터 밀어내고 있었어요. 뜰 안에 뜰이 계속 되었는데, 그것들은 갈수록 좁아지면서 지성소 앞으로 나갈 수 있는 사람들의 숫자를 점점 제한하고 있었어요. 가장 바깥에 있는 이방인의 뜰에는 누구든 들어갈 수 있었어요. 그 너머에는 육중한 문을 통해 들어갈 수 있는 또 다른 뜰이 있었죠. 그 뜰 안으로는 오직 유대인 남자들만 들어갈 수 있었어요. 이방인이나 여자나 아이들은 들어갈 수 없었죠. 성전에는 모두 6개의 뜰이 있었어요. 그것들은 앞으로 나아갈수록 그 안으로 들어갈 수 있는 사람들을 제한했어요. 성전 언덕 꼭대기에는 마지막 뜰이 있었는데 그곳은 지성소라고 불렸어요. 그곳에는 오직 대제사장 한 사람만 들어갈 수 있었는데, 그것도 1년에 단 하루, 즉 속죄일에만 들어갈 수 있다고 했어요.

"가족과 함께 이방인의 뜰에 섰을 때, 나는 내 자신이 아주 작고 하찮다는 느낌이 들었어요. 나는 하나님을 알고 싶었어요. 나는 내가 하나님을 사랑한다고 생각했어요. 그러나 나는 과연 내가 그분 앞에서 용납될 수 있을지 확신이 서질 않았어요. 그 문제는 오직 성전에 있는 종교 지도자들만이 답해 줄 수 있을 것처럼 보였어요.

"이어서 우리는 두 번째 압도적인 광경을 보았어요. 그것은 안나스의 시장市場이었어요.

"그 시장은 전임 대제사장 안나스가 성전을 순례하는 이들이 제사를 드릴 때 필요한 각종 물건들을 제공하기 위해 세운 것이라고 하더군요. 이방인의 뜰 안에 있는 공간은 선택된 상인들에게 임대되었고, 그들은 그곳에 작은 점포들을 차렸어요. 각각의 점포들은 희생제사에 쓰일 짐승과 제구들을 팔았어요. 뿐만 아니라 그곳에는 사람들이 자신들의 헌신을 입증하기 위해 구입할 수 있는 각종 자질구레한 제사용 장신구들도 있었어요. 그런데 그 가격이 너무, 너무, 너무 비쌌어요. 성전에서 파는 양 한 마리 값이면 일반 시장에서는 열 마리를 살 수 있을 정도였어요.

"우리는 랍비들로부터 그 시장이 정말로 순례자들에게 필요한 도움을 제공하고 있느냐에 대해 묻지 말라는 교육을 받았어요. 어쨌거나 사람들은 예루살렘까지 오는 긴 여행 과정에서 그들의 희생제물을 잃어버리거나 몇 가지 필요한 제구들을 빼먹고 올 수도 있으니 그 시장에서 그런 것들을 구입할 수 있다면 좋은 것 아니겠느냐는 것이었죠.

"그후 나는 소위 '검색대'라는 곳으로 불려갔는데, 그곳에는 바리새인들 중에서도 가장 엄격한 사람이 서 있었어요. 우리는 우리 가족이 가져온 양으로 제사를 드리기 전에 그곳에서 '승인'을 받아야 했어요.

"우리는 길게 늘어선 사람들 틈에 섞여 우리의 양이 검색을 받는 과정을 초조하게 지켜보아야 했어요. 사람들이 가져온 제물들 대부분이 다음과 같은 이유로 불합격 판정을 받았어. '좋지 않음.' '청결하지 않음.' '적정 크기에 미치지 못함.' 그런 광경을 지켜보면서 우리의 불안은 점점 커져 갔어요. 드디어 우리 차례가 왔을 때, 나는 평가 결과를 짐작했어요. 그리고 내 짐작은 옳았어요. '불합격.'

"우리는 '상인들의 점포로 가시오'는 말을 들었어요. '거기에서 제사를 위해 이미 승인을 받아 둔 양 한 마리를 구입하시오. 그 양에 대해서는 승인을 받기 위해 이리로 다시 올 필요가 없소. 상인들이 당신에게 필요한 모든 것을 잘 살펴 줄 것이오.'

"내 마음은 아주 무거워졌어요. 아이들은 크게 당황했고요. 이제 우리의 양은 어떻게 되는 거지? 우리가 드리는 제사는? 하나님은 그런 것에는 관심이 없으신가? 도대체 우리가 어떻게 하나님께 다가갈 수 있는가? 그러나 우리는 규칙을 따라야 한다고 생각했어요. 어쨌거나 지금 우리는 성전 안에 있었으니까요. 사실, 이 모든 것에는 무언가 문제가 있다는 느낌이 들기는 했어요. 하지만, 그럴지라도 그곳은 하나님의 집이었어요. 성전 벽에도 그렇게 쓰여 있었고요.

"나는 우리가 상인의 점포를 찾아가 양을 구입해야 한다고 생각했어요. 사실 어느 점포냐 혹은 어느 양이냐는 그다지 중요하지 않았어요. 그들 모두 조금씩 다른 광고를 하고는 있었지만, 기본적으로 그들이 파는 상품은 다 그게 그거였거든요. 결국 우리는 한 상인을 택했는데, 그것은 그가 아주 친절하게 보였기 때문이었죠. 그는 우리에게 양 한 마리를 시세의 10배나 되는 가격에 팔았어요. 그후 그는 계속해서 우리에게 우리가 알지는 못하지만 '적절한' 제사를 드리기 위해 꼭 필요한 다른 제구들을 소개해 주었어요. 우리는 하나님에 대한 우리의 참된 사랑을 보이기 위해 그가 권하는 모든 것을 구입했어요.

"그러나 그 날이 끝나갈 무렵에 나는 심각한 고민에 빠지고 말았어요. 그것은 과연 지금 우리가 하나님을 기쁘게 해드리고 있는 것이지, 아니면 성전의 종교 지도자들을 기쁘게 하고 있는 것인지 알 수가 없다는 것이었어요. 천국은 우리가 가닿기에는 너무 멀리 있는 것처럼 보였어요."

성전의 장사꾼들에 대한
예수님의 대응

바로 그것이 예수께서 그날 성전에서 목격하신 장면이었다. 또한 바로 그것이 그분이 의분으로 가득 차 환전상들의 상을 뒤엎으신 이유였다. 애초에 성전은 사람들이 하나님을 만나는 장소가 되도록 하나님 자신에 의해 설계된

곳이었다. "내 집은 기도하는 집이라 일컬음을 받으리라 하였거늘"(마 21:13).
그런데 어느 틈엔가 그곳은 사람들이 하나님의 이름으로 학대당하는 장소로
변질되고 말았다. "너희는 강도의 소굴을 만드는도다"(13b절).

아이러니하고도 비극적인 진실은 이런 시스템 안에서는 성전이 하나님을
만나기에 가장 적합하지 않은 장소가 될 수밖에 없다는 것이다. 그리고
안타까운 것은 이것이 오늘날 많은 이들에게 여전히 현실이라는 사실이다.
하나님을 갈망하는 이들이 있다. 그들은 하나님에 관한 진리를 발견할 수
있는 가장 적절한 장소가 그 진리를 갖고 있다고 스스로 주장하는 교회이리라
고 믿는다. 그러나 그들이 교회를 찾아갔을 때 그곳에서 발견하는 것은
그들이 하나님에게 "가까이" 다가가기 위해 반드시 해야 할 일들을 제시하는
종교적 시스템뿐이다.

탈진한 신자들은 때로 교회를 떠나면서 하나님까지 포기해 버린다. 그러
나 때로는 무언가 변화가 일어나리라고 희망하며 교회 안에 머물기도 한다.
그럴 경우 그들은 교회에 대한 그들의 기대를 한껏 낮춘다. 그들은 상황이
그 이상으로 나아질 수는 없다고 여긴다. "어느 교회도 완전하지는 않아.
게다가 나의 모든 친구들이 아직 이곳에 있거든……." 그러나 그들은 그
교회에 남아 계속해서 값을 지불하고, 지불하고, 지불하면서도 결코 하나님
의 나라를, 즉 하나님의 참된 통치를 경험하지 못한다.

예수님은 오늘날의 영적 지도자들에게 다음과 같이 경고하신다. "만약
너희가 다른 사람들이 천국에 들어가지 못하도록 문을 닫아건다면, 너희에게
화가 있을 것이다." 그러나 이런 경고 너머에는 늘 희망이 있다. 그 희망은
예수께서 우리를 위해 싸우신다는 것이다. 그분은 모든 헛된 종교적 수행과
맞서, 그리고 심지어는 우리가 소속된 특정한 교단의 주장들과 맞서 싸우신
다. 이방인의 뜰에서 예수께서 공적으로 하나님을 대변한다고 간주되던

당대의 강력한 종교적 시스템과 대결하시는 모습을 떠올려보라. 그분은 모든 정직한 말들을 침묵시키고 당대의 종교적 시스템을 영속화시키던 "말하지 말라"라는 규율을 서슴없이 깨뜨리신다. 그분은 학대의 사이클을 깨뜨리신다. 그분은 공생애 내내 그런 일을 하셨고, 그것이 당시의 종교 권력자들을 분노하게 했다. 그리고 그로 인해 그들은 그분을 십자가에 못 박았다. 실제로 그들이 그분을 처형한 것은 그분께서 성전을 깨끗하게 하신지 3일째 되는 날이었다.

예수께서는 자신에게 닥칠 일을 알고 계셨을까? 그분은 자신이 한 말들이 당대의 종교 지도자들이 인내할 수 있는 한계를 넘어서는 것이며 따라서 그것이 자기에게 목숨이라는 엄청난 값을 요구하리라는 것을 알고 계셨을까? 우리는 그분께서 그것을 아셨으리라고 믿는다. 그리고 그로 인해 그분께 깊이 감사를 드린다. 그것은 우리로 하여금 그분을 경배하고, 그분이 하셨던 것과 동일한 일을 하고, 그분이 말씀하셨던 것을 말하도록 고무한다. 또한 그것은 우리로 하여금 우리 자신의 삶과 사역을 살피고 스스로에게 다음과 같이 질문하도록 만든다. "우리는 천국의 문을 여는 자들인가, 아니면 닫는 자들인가?"

종교적 수행에 의존하지 말고 하나님의 은혜를 신뢰하라는 예수님의 경고의 배후에는 다음과 같은 새로운 현실에 대한 확고한 소망이 있다. 그것은 우리가 그렇게 할 때 사람들이 자유와 치유를 얻으리라는 것이다. 예수께서 성전에서 환전상들의 상을 뒤엎으셨을 때(마 21:12-16), 그 난장판 한 가운데에는 가난한 자들과 맹인들과 저는 자들과 다른 어려움에 처한 자들이 있었다. 그리고 그들이 예수께서 하시는 일을 보았을 때 놀라운 일이 벌어졌다. "맹인과 저는 자들이 성전에서 예수께 나아오매 고쳐주셨다"(14절). 거짓된 시스템이 전복되었을 때, 즉 허둥지둥 달아나는 비둘기들의 깃털이 날리고, 환전상들이 숨을 곳을 찾아 달아나고, 동전들이 쨍그랑거리며 땅바닥에 흩뿌려졌을 때, 저는 자들과 눈 먼 자들이 예수님을 향해 나아왔다. 바리새인들은 그분을 두려워했다. 하지만 이런저런 결함을 갖고 있던 자들은 예수님이 안전할 뿐 아니라 자기들이 마음 놓고 다가가도 좋은 분이라는 것을 알았다. 그들은 그분께서 자기들을 위해 싸우고 계시다는 것을 알았기에 그분의 만져주심을 바라며 그분에게로 나아갈 수 있었다.

여기에는 우리가 상기해야 할 아주 중요한 문제가 있다. 예수께서 성전을 깨끗하게 하시기 전에 맹인과 저는 자들은 성전 활동에 방해가 되는 자들에 불과했다. 그들은 거지들이었고, 따라서 늘 이쪽저쪽으로 내몰리는 골칫거리들이었다. 그러나 예수께서 상들을 뒤엎으셨을 때 그들은 더 이상 성전 활동에 방해가 되는 자들이 아니었다. 오히려 그들이야말로 성전의 활동의 목적이 되었다. 그리고 예수께서는 그들을 고쳐주셨다.

우리는 이것이 오늘의 교회를 향한 말씀이라고 믿는다. 교회 안에서 성경이 묘사하는 예수님이 제대로 선포되기만 하면, 그럴 듯한 이름을 달고 있는 온갖 하찮은 것들이 드러나게 될 것이고, 장사치들의 상들이 엎어질 것이고, 종교 권력을 휘두르는 자들이 달아나게 될 것이다. 그리고 결국에는 눈 먼 자들과 저는 자들이 자기들을 위해 싸우시는 예수님의 은혜를 통해 낯선 방식으로 이끌림을 받고 놀라운 방식으로 치유될 것이다.

■ ■ ■

"주의 집을 위하는 열성이 나를 삼키고"(시 69:9)

Escape from Spiritual Abuse!

그 날은 "신입 회원 모집일"이라고 불렸다. 그 날은 대학의 남녀 동아리들이 신입생들을 자기네 동아리로 끌어들이기 위해 가능한 한 모든 노력을 다하는 날이었다. 예수께서는 그런 일과 관련해 당대의 거짓된 영적 지도자들과 대결하셨다. 그들은 사람들을 하나님이 아니라 자기들의 종교 시스템 안으로 끌어들이기 위해 온갖 애를 썼다. 혹시 당신은 자신이 누군가에 의해 모집되고 있다고 느낀 적이 있는가?

제15장

복음 전파
혹은 교인 모집

내가(데이빗) 미네소타에 있는 베델 대학 1학년에 재학중일 때였다. 어느 주일 오후에 나는 기숙사에 있는 내 방에서 친구들과 함께 시카고 베어스와 미네소타 바이킹즈 간의 미식축구 경기를 시청하고 있었다. 열광적인 시카고 베어스 팬이면서 바이킹들의 땅인 미네소타에서 공부하고 있던 나는 그 경기가 아주 흥미로웠다. 3쿼터 중반쯤 되었을 때 내 또래의 학생 세 명이 내 방의 문을 두드렸다. 나는 그들을 본 적이 없었다. 그들은 신속하게 자기들을 소개했는데, 그들은 그 지역의 어느 성경학교에 재학중인 학생들이었다.

그들은 자기들이 내 방을 찾아온 이유가 "전도하기 위해서"라고 말했다. 그 말을 듣는 순간 나는 그 상황이 조금 어색하게 느껴졌다. 그들은 우리를 "구원하기 위해" 온 것이었다. 나는 그들이 진지하기는 하나 미션 스쿨인 우리 학교를 세속화된 대학으로 여긴다는 사실에 놀랐다. 그들이 자신들에 대한 소개를 마쳤을 때 나는 그들에게 내 방을 방문해줘서 고맙다고 말했다. 그리고 약간의 위트를 섞어 우리는 이미 그리스도를 구주로 받아들인 사람들이고, 온 마음으로 그분을 사랑하고 있으며, 이 경기가 끝나는 즉시 그분을 섬길 것이라고 말했다.

그러나 내 말은 그들의 미소를 얻어내는 데 실패했다. 그들은 아주 단호하게 우리가 다음 두 가지 이유에서 구속된 자들에 속하지 않는다고 말했다. 첫째, 우리가 세속화된 베델 대학에 다니고 있었기 때문이다. 둘째, 우리가 주일에 미식축구 경기를 시청하고 있었기 때문이다. 그들이 보기에 우리는 세상의 많은 사람들이 길을 잃은 채 지옥을 향해 달려가고 있음에도 한가하게 TV나 보며 즐기고 있었던 것이다. 그들의 생각으로는, 만약 우리가 참된 그리스도인이라면, 우리는 모든 시간을 이용해 전도를 해야 했다.

그때 나는 그만 울컥하고 말았다. 결국 나는 그들에게 내가 구속받지 못한 자라는 그들의 확신에 확인증을 써주는 말을 입에 담고 말았다. 그들은 그 말을 듣자 서둘러 자리를 떴다. 그때 그들의 표정은 마치 먼 옛날에 예언자들이 느꼈을 법한 감정을 드러내 보였다. 마치 자기들이 완악한 백성에게 하나님의 말씀을 전하다가 모진 박해를 당하고 있다는…….

그들이 내 방을 나간 후, 그들이 떠났다는 나의 안도감은 즉시 몇 가지 불편한 감정으로 대체되었다. 무엇보다도 나는 내가 그들로부터 협박을 당하고, 옹색하게 자신을 변호하고, 잠시나마 혼란을 느꼈다는 사실에 몹시 화가 났다. 나는 우리가 오직 은혜로 구원을 받는다는 것, 그리고 일요일에 미식축구를 시청하는 것이 우리를 하나님의 은혜로부터 갈라놓을 수 없다는 것을 분명히 알고 있었다. 그러나, 만약 그것이 사실이라면, 왜 그때 나는 그들을 뒤따라가 그들에게 내가 훌륭한 신자임을 확인시켜 주려는, 즉 그동안 내가 어떤 이들과 어떤 믿음을 공유해 왔는지에 대해 말해 주려는 강한 충동을 느꼈던 것일까?

돌이켜 보건대, 나는 그것이 그 친구들이 내게 지운 죄책과 수치의 짐 때문이었다고 믿는다. 사실 우리 중 누구라도 그런 짐은 즉각 털어내고 싶어 할 수밖에 없다. 그리고 당시에 내가 그 짐을 털어낼 수 있는 유일한 방법은 그들에게 달려가 내가 그들이 생각하는 것 이상으로 훌륭한 신자라는 사실을 알려 주는 것이었다. 만약 내가 실제로 그렇게 했다면, 나는 그들로부터 인정을 받고 나를 제대로 알아보지 못했던 그들의 잘못에 대해 사과를 얻어낼 수 있었을 것이다. 그러나, 만약 내가 정말로 그들로부터 충분한 인정을 받고자 했다면, 아마도 나는 당시에 내가 다니던 세속화된 대학을 자퇴하고, 머리를 더 짧게 깎고, 그들이 다니던 학교에 입학해야 했을 것이다. 그리고 무엇보다도 더 이상은 일요일 오후에 시카고 베어스 팀의 경기를 시청하지 말아야 했을 것이다!

결과적으로 지금 나는 그 사건이 내게 유익한 경험이었다고 여긴다. 그 사건을 통해 나는 다음과 같은 의문에 대한 답을 얻을 수 있었다. "나는 나의 가치, 즉 하나님 앞에서 내가 용납되었다는 의식을 누구에게서 혹은 무엇으로부터 얻으려 하고 있는가? 그것은 예수께서 십자가에서 완성하신 일에 대한 확신으로부터 오는가, 아니면 나에 대한 다른 이들의 견해로부터 오는가?" 나는 예수님 쪽을 택하기로 했다.

복음 전파인가, 교인 모집인가

그 날 그 세 청년은 왜 내 방을 찾아 왔던 것일까? 그것은 사랑에서 우러난 행위였을까, 아니면 그들 자신의 기쁨을 얻기 위해서였을까? 과연 그들은 하나님의 은혜에 관한 메시지로 나에게서 수치와 죄책의 짐을 벗겨 주기 위해서 나를 찾아왔던 것일까? 내 생각에는, 그들이 그런 목적으로 나를 찾아 왔을 것 같지는 않다. 오히려 나는 그들이 자기들의 짐을 덜어내기 위해 나를 찾아왔던 것이라고 여긴다. 그들은 자기들을 위해 그 일을 했을 뿐이다. 사실 그들은 그 게임에서 패배할 이유가 없었다. 만약 우리가 그들을 거부한다면, 그들은 자기들이 그리스도를 위해 고난을 당한다고 느꼈을 것이다. 그리고, 만약 우리가 그들의 말에 동의한다면, 그들은 자기들의 면류관에 또 하나의 별을 다는 셈이 되었을 것이다.

그리스도 안에 있는 형제자매들이여, 지금은 우리 모두가 우리 자신을, 그리고 우리가 예수 그리스도에 관한 복음을 전파하는 것이 무엇을 의미하는지를 살펴야 할 때다. 과연 오늘 우리는 복음, 즉 "땅에서는 하나님께서 기뻐하신 사람들 중에 평화로다"(눅 2:14)로 시작되는 하늘의 메시지를 전하고 있는가? 아니면 우리 교회에 출석하고 헌금을 바칠 교인들을 모집하고 있는가? 지금 우리는 짐을 지고 허덕이는 자들을 해방시키려 하고 있는가? 아니면, 나를 찾아왔던 그 청년들처럼, 여전히 우리 자신의 구원과 상급을 얻기 위해 영적 의무를 수행하고 있는 것인가? 바울은 은혜를 맛본 후에도 여전히 영적 수행에 의존하는 이들을 향해 그들이 "육체로 자랑하려 하는"(갈 6:13) 위험에 처해 있다고 경고한 바 있다.

종교로의 회심

예수께서 마태복음 23장에서 비난하시는 바리새인들은 사람들을 하나님이 아니라 자기들의 종교 시스템 안으로 불러 모으는 자들에 대한 결정적인 본보기였다. 이미 우리는 그들이 고통당하고 낙심하는 이들의 짐을 덜어주는 문제에 아무런 관심이 없었다는 것을 살펴보았다(마 23:1-12). 오히려 그들은 사람들에게 종교적 수행이라는 짐을 부과하려 했을 뿐이다. 그러므로 어느 의미에서 그들은 복음을 전하고 있었던 것이 아니라 회원을 모집하고 있었던 것이다. 그리고 예수께서는 그들을 향해 이렇게 말씀하셨다. "화 있을진저 외식하는 서기관들과 바리새인들이여 너희는 천국 문을 사람들 앞에서 닫고 너희도 들어가지 않고 들어가려 하는 자도 들어가지 못하게 하는도다"(마 23:15).

당시에 바리새인들은 회심자들을 둘로 구분하고 있었다. 하나는 "문의 개종자 proselyte of the gate"였고, 다른 하나는 "의의 개종자 proselyte of righteousness"였다(두 가지 모두 제2성전 시기에 유대와 디아스포라에서 유대교로 회심했던 이방인들을 가리키는 용어다—역주). 그 둘의 내용을 살핌으로써 과연 오늘날 우리가 우리의 복음으로 어떤 종류의 회심자를 만들어내고 있는지 점검해 보자.

문의 개종자

"문의 개종자"는 한분이신 참 하나님에 관한 소식과 그분에 대해 믿음을 가져야 할 필요에 관한 이야기를 듣고서 하나님을 믿기로 작정한 이방인들을 가리키는 용어였다. 그들은 오늘날 우리가 일반적으로 "신자들"이라고 부르는 이들이다. 그들은 종교적 시스템에 관한 체계적인 지식을 갖고 있지 않다. 그들은 단지 하나님을 사랑할 뿐이다. 그러나 이런 종류의 개종은 바리새인들에게는 그다지 인상적이지 않았다. 그들이 보기에 참으로 개종한 자들은 다음과 같은 자들이었다.

의의 개종자

"의의 개종자"는 하나님을 사랑하는 것을 넘어 유대교 시스템으로 개종한 자들을 가리키는 용어였다. 그들은 할례를 행하고, 율법을 배우고, 성결례를 비롯해 모든 전통적인 규례들을 습득했다. 그들은 바리새인이 되었다. 그들은 하나님에 대한 진심어린 갈망을 갖고 시작했다. 그러나 그들은 자기들도 모르는 사이에 훌륭한 바리새인이 되는 것이 하나님의 참된 자녀가 되는 것보다 중요하다고 여기는 오류에 빠졌다.

이 중 두 번째 종류의 개종이 오늘날에도 벌어지고 있다. 그런 일은 사람들이 성령을 통해 하나님의 자녀가 되는 것보다 침례교, 가톨릭, 루터교, 메노나이트, 감리교, 복음주의, 혹은 오순절파 교인이 되는 것에 대해 더 많은 것을 배울 때 나타난다. 또한 그런 일은 사람들이 하나님의 말씀보다 그들이 속한 교회의 전통, 특성, 규정, 혹은 선호하는 예배 형태 등에 관해 더 많은 것을 배울 때 나타난다. 오늘날의 바리새인들 역시 하나님에 대한 단순한 사랑을 넘어서 자기들의 종교적 시스템을 받아들이는 자들만을 참된 개종자로 여긴다.

바울 파와 아볼로 파

얼마 전에 우리의 친구 존이 재미있는 이야기를 들려주었다. 어릴 적에 그는 그의 부모님과 할머니와 함께 빌리 그래함 박사의 전도 집회를 시청하곤 했다. 사실 그의 가족은 그 프로그램을 놓치는 적이 없었다.

조지 비버리 세아 George Beverly Shea(빌리 그래함의 집회 때 특송을 전담했던 찬양 사역자다-역주)가 부드럽고 깊은 음성으로 찬양을 할 때면, 집안 어른들은 감격에 겨워 울었다. 이어서 청중이 그래함 박사가 전한 메시지에 대해 응답하는 시간이 있었다. 늘 수십 명의 사람들이 그래함 박사 앞으로 줄을 지어 나아갔다. 그러면, 마치 기다렸다는 듯이, 집안 어른들과 그래함 박사 사이에서 논쟁이 벌어졌다. 말할 것도 없이, 집안 어른들이 TV 속의 그래함 박사에게 일방적으로 자신들의 주장을 퍼붓는 아주 불공평한 논쟁이었다.

논쟁의 원인은 그래함 박사가 그 초심자들에게 그들의 형편대로 하나님을 예배하고 그리스도인으로 성장할 수 있는 교회를 찾으라고 권했기 때문이었다.

"오, 그래함 박사님, 왜 당신은 그들을 침례교회로 보내지 않는 거지요?" 누군가 화가 난 음성으로 그렇게 말했다.

"그들이 가톨릭교회로 가면 어쩌려고 그래요?"

"김빠진 맥주 같은 루터교회들이 얼마나 많은데 어쩌시려구요? 도대체 당신은 왜 그들에게 침례교 교인들과 함께 예배드리라는 말을 하지 않는 거냐구요?"

"이제 나는 알겠어요," 존이 말했다. "초심자들에 대한 우리의 축하 행사가 어째서 늘 교단에 관한 논쟁으로 비화되었는지를요. 우리 가족에게는 사람들이 예수님을 사랑하는 것보다 침례교인이 되는 것이 훨씬 더 중요했던 거예요."

존의 말은 바울이 고린도전서 3장에서 언급하는 문제와 비슷하게 들린다. 거기에서 우리는 오늘날의 교단의 씨앗을 발견하게 된다. 바울은 당시의 고린도 교회의 상황을 다음과 같이 전한다. "어떤 이는 말하되 나는 바울에게라 하고 다른 이는 나는 아볼로에게라 하니 너희가 육의 사람이 아니리요"(4절). 즉 그리스도의 몸의 구성원들 사이의 분열과 갈등은 이 초기 그리스도인들이 자신들의 가치와 정체성을 자기들이 따르는 특정한 지도자로부터 취하기 시작함으로써 나타났던 것이다. 그러나 바울은 그것과 관련해 다음과 같이 말한다. "나는 심었고 아볼로는 물을 주었으되 오직 하나님께서 자라나게 하셨나니 그런즉 심는 이나 물 주는 이는 아무 것도 아니로되 오직 자라게 하시는 이는 하나님뿐이니라"(6-7절).

기독교는 사람들을 하나님께 이르는 유일하게 참된 길이신 예수 그리스도에게 인도하는 것과 관련된 것이다. 그것은 어느 특정한 교단과 관련된 것이 결코 아니다.

내 자신의 경험

나는(데이빗) 그 교회에서 6개월 동안 담임목회를 한 적이 있다. 그때 내게는 모든 것이 새롭고 희망적이고 가능해 보였다. 나는 그곳에 있는 모든 이를 친구로 여겼고, 달리 생각해야 할 아무런 이유도 없었다.

사실 교단간의 결연 結緣은 내게는 아직도 그렇게 익숙하지는 않다. 그러나, 신학적 측면에서 보자면, 그동안 내가 속해 있던 교단과 당시 내가 새롭게 담임을 맡아 목회를 시작한 교회가 속해 있던 교단 사이에는 차이가 거의 없었다. 내가 그 교회에서 들은 바에 의하면, 그 교단은 신학적으로 건전했고, 복음 전파에 열정적이었고, 선교적 마인드도 갖고 있었다. 나는 내가 그 교단과 그 교회를 사랑하게 되리라고 확신했다.

어느 날 나는 벅찬 기대감을 갖고 나의 첫 번째 교단 회의에 참석했다. 그것은 그 교단의 분위기를 파악하기에 적합한 지역 모임이었다. 나는 처음으로 그 교단에 속한 다른 목회자들을 만나 그들이 무엇에 대해 관심을 갖고 있는지 알아 볼 좋은 기회를 얻었다고 여겼다. 나는 모든 참석자들을 동료 목회자로서 존중하려 했다.

그 모임의 네 번째 날, 그 교단의 신학교 총장이 모임에 참석해 강연을 했다. 갓 취임한 그는 그 신학교 역사상 가장 젊은 총장이었다. 그의 열정은 하늘을 찔렀다. 특별히 나는 그가 내가 그 교회에 부임하기 불과 몇 해 전에 그 교회를 담임했던 나의 전임자였기에 그에게 특별한 동료애를 느꼈다.

나는 그를 만난 적이 없었으나 그에 관해 여러 가지 좋은 말들을 들어온 터였다.

나는 그날 그가 강연에서 했던 말들을 결코 잊지 못할 것이다. 그는 그의 강연을 자기가 사역했던 교회에서 자라난 한 처녀가 다른 교단의 성경학교에 입학한 후, 또 다른 성경학교 출신의 남자와 결혼해, 또 다른 교단에 속한 사역 단체에 들어갔음을 한탄하는 것으로 시작했다. 그는 강연에 참석한 이들에게 이렇게 말했다. "지금 우리는 우리의 젊은이들을 잃어버리고 있습니다! 우리는 그들을 길렀습니다. 우리는 그들을 훈련시켰습니다. 그런데 지금 우리는 그들을 잃어버리고 있습니다." 그들을 잃어버리고 있다? 그때 그는 남편과 함께 전임 사역을 하기 위해 소속 교단을 떠난 어느 여자 청년에 대해 말하던 중이었다. 그런데 그 여자 청년이 우리의 교단이 아닌 다른 교단으로 갔다는 이유만으로 우리가 그녀를 "잃어버렸다"고 말했던 것이다!

그날 나는 약간의 불안을 느꼈다. 내가 다녔던 성경학교와 신학교에는 분명히 흠이 있었다. 그러나 적어도 나는 그곳에서는 그런 식의 말을 들어본 적이 없었다. 그곳에서 나는 성경학교나 신학교의 목표는 일정 기간 동안 사역자를 훈련시키는 것이라고 배웠다. 학생들이 어느 곳에서 사역할지는 하나님께서 정하실 일이었다. 그곳에서 나는 사역을 위해 철저히 준비하고 주님이 부르실 경우 그곳이 어디이든 기꺼이 그곳으로 가라는 격려를 받았다. 사실 내가 나의 소속 교단을 떠나 다른 교단에 속한 교회에서 목회를 하기로 결정한 것도 바로 그런 가르침 때문이었다. 내가 나의 신학교에서 들었던 조언은 "하나님의 말씀에 귀를 기울이라. 그가 말씀하시는 것을 행하라. 그분이 이끄시는 곳으로 가라"였다.

어쩌면 그때 그 총장이 한 말은 쉽게 간과될 수도 있었을 것이다. 만약 그의 강연이 그보다 더 나빠지지만 않았다면 말이다. 그런데 그는 자신이 속한 교단에서 자라난 청년들이 다른 교단에서 사역하는 것에 대해 한탄하는 것으로 그치지 않았다. 이어서 그는 나처럼 다른 교단에서 성장한 후 "이곳에 와서" 섬기는 사람들의 위험성에 대해 말하기 시작했다. 그는 참석자들에게 그런 사람들을 조심해야 한다고 경고했다. "왜냐하면 그들은 우리의 특성을 모르기 때문입니다."

그런데 도대체 그가 말하는 그들의 특성은 무엇이었나? 그들은 다른 교단에 속한 신자들과 다른 성경을 사용하고 있었는가? 아니면 오직 그들만이 성경의 가르침대로 살고 있었는가? 도대체 그가 말하는 "이곳"에서는 무슨 일이 일어나고 있었던 것인가? 나는 그 교단의 교리를 꼼꼼하게 살펴보았고, 그들의 교리가 보수적이고 복음적이며 성경적이라는 사실을 확인했다. 그런데, 만약 그것이 사실이라면, 어째서 다른 교단에서 성장한 누군가가 그 교단으로 옮겨와 그곳에서 적응하면 안 되는 것이었을까? 어째서 그들이 그 교단에 위협이 되어야 하는 것일까?

나는 아주 불편한 마음이 들었다. 나는 마음을 진정시키기 위해, 그리고 내가 그의 말을 잘못 들었다고 여기기 위해 노력했다. "그는 그런 말을 한 적이 없어. 그는 그 말을 그런 의미로 한 것이 아니야." 나는 애써 그렇게 생각하려 했다. 그러나 한 가지 문제가 있었다. 나는 분명히 그 말을 들었고, 게다가 많은 이들이 그 말에 대해 "아멘"으로 화답했던 것이다.

그 강연이 끝났을 때 나는 내가 단순히 예수님을 사랑하는 것만으로는 "이곳"에서 적응하기가 어렵겠구나, 하는 근심어린 생각을 할 수밖에 없었다. 나는 그 교단의 규정과 전통과 특성을 배우고 익혀야 할 것 같았다. 그의 메시지는 분명했다. 그것은 "이 교단" 사람이 되는 것이 성령 충만을 받아 살아 계신 하나님의 종이 되는 것보다 훨씬 더 중요하다는 것이었다. 그날 나는 그 교단에서 달아나고 싶었다.

$$* \quad * \quad *$$

이 장을 마감하면서 우리는 다음과 같은 몇 가지 질문에 당신의 관심을 집중시키고자 한다.

첫째, 지금 당신이 듣거나 선포하고 있는 복음이 사람들을 참된 생명과 건강한 삶에로 이끌어 가고 있는가, 아니면 헛된 종교적 행위를 하도록 부추기고 있는가?

둘째, 만약 당신이 듣거나 선포하고 있는 메시지가 사람들에게서 그들의 짐을 덜어 주거나 그들을 자유롭게 하거나 그들을 삶의 참된 근원과 결합시키고 있지 않다면, 과연 그런 메시지를 복음이라고 할 수 있는가?

셋째, 만약 그 메시지가 복음이 아니라면, 그것은 그것을 듣는 이들에게 어떤 영향을 줄 것 같은가?

하나님께서 주시는 복음이 아니라 특정한 종교 지도자의 개인적인 의견을 기준 삼아 살아가는 삶은 피곤하고 짜증나고 침울한 것이 될 수밖에 없다. 그런 메시지가 선포되는 곳에서는 사람들이 거듭해서 해를 당할 수밖에 없다. 사실 그들은 약간의 상처를 입는 정도가 아니라 통째로 삼켜지기도 한다. 이것은 아주 심각한 문제다. 다음 장에서 우리는 그 문제를 살피고자 한다.

Escape from Spiritual Abuse!

교회 건물에 부착된 간판에는 "안으로 들어와 사랑을 찾으세요"라고 쓰여 있었다. 그러나 그 교회의 목사는 자기에게 도움을 얻기 위해 찾아온 여신도들을 성추행했다는 이유로 고발된 상태였다. 여러 명의 여신도들과 그들의 남편들과 자녀들이 치유라는 미명하에 목사에게 삼켜지고 있었던 것이다. 양들이 목자의 필요를 위해 존재하는 교회에서는 양들의 삶이 목자들에 의해 삼켜진다.

제16장

자기의 양을
삼키는 목자들

화 있을진저 외식하는 서기관과 바리새인들아 너희는 과부의 집을 삼키고
남들에게 보이고자 길게 기도하는도다 그러므로 너희는 더 큰 심판을 받으리라
(마 23:14)[7]

무언가를 "삼키면서" 동시에 "길게 기도하는" 자들에 대한 예수님의 묘사
는 인상적인 동시에 충격적이다. 대개 어떤 이의 경건한 모습은 그에 대한
신뢰로 이어진다. 우리는 이렇게 생각한다. "이 사람은 참으로 하나님을
사랑하는 것이 틀림없어." "그들은 나를 사랑하는 것이 분명해." 그 결과는?
충분한 시간을 들여 그들과 우리의 관계가 어떻게 발전할지 혹은 과연 그
관계가 신뢰의 열매를 맺을 수 있을지 지켜보는 대신, 그들의 겉모습에
현혹되어 그들이 원하는 대로 행동하는 것이다.

오늘날 많은 신자들에게 문제가 되는 것은, 그들이 성경에 대해서는 배우

---

7. 이 구절은 한글 성경에는 없으나 몇몇 사본에는 실려 있다 — 역주.

는데 사람들 사이의 관계에 대해서는 아무것도 배우지 못한다는 점이다. 또한 신앙 훈련을 받을 때 성경의 어느 특정한 말씀들만 듣는다는 점이다. 예컨대, 우리는 성경을 통해 영적 지도자들에게 순종하고 그들을 따르고 그들에게 복종하라는 교훈을 받는다. 히브리서 13장 17절은 다음과 같이 말씀한다. "너희를 인도하는 자들에게 순종하고 복종하라 그들은 너희 영혼을 위하여 경성하기를 자신들이 청산할 자인 것 같이 하느니라." 그런데 학대적 성격을 지닌 교회 안에서 이 구절은 다음과 같이 엉뚱하게 번역된다. "생각하지 말라. 질문하지 말라. 문제를 인식하지 말라. 당신의 목사가 시키는 대로 하라." 그렇게 하지 않을 경우, 대개 당신에게는 불순종적이고 영적이지 않고 분열적인 사람이라는 꼬리표가 따라 붙는다.

사실 우리는 "잘 다스리는 장로들은 배나 존경"해야 한다(딤전 5:17). 그러나 모든 장로들이 다 "잘 다스리는" 것은 아니다. 대개 영적 지도자들은 오랜 세월 동안 다른 이들을 평안으로 이끌어 온 자들이다. 그러나 예수께서는 그런 자들 중에도 "양의 옷을 입고 너희에게 나아오나 속에는 노략질하는 이리" 같은 자들이 있다고 경고하셨다(마 5:15). 이리는 결코 양 떼를 미워하지 않는다. 다만 자신의 허기를 채우기 위해 양들을 먹어치울 뿐이다. 그리고 그 허기는 결코 충족되지 않기에 이리를 닮은 목자는 계속해서 자기의 양들을 먹어치운다. 많은 경우에 교인들은 그들의 목자를 따르고 신뢰하며 또한 그를 매우 안전한 사람이라고 여긴다. 그러나 어떤 목자들은 그렇게 자기를 신뢰하는 양들을 야금야금 먹어치운다.

삼켜진 소녀

제니와 그녀의 가족은 교외에 있는 한 작은 교회에 출석하고 있었다.

제니는 소년부 소속이었고 교회의 몇 가지 활동에 참여하고 있었다. 그러던 어느 날 그녀가 참여하고 있는 프로그램을 담당하고 있던 사역자 한 사람이 새 차를 구입했다. 제니는 자기와 자기의 가족 모두의 믿음직한 친구였던 그 사람과 함께 새 차를 타고 드라이브를 나갔다. 그런데 인적이 드문 곳에 이르렀을 때 그 사람이 제니를 성폭행했다. 파렴치한 성범죄였다.

큰 충격을 받은 제니는 오랜 주저 끝에 엄마와 아빠에게 사실을 털어놓았다. 제니의 부모는 즉시 교회의 지도자들을 찾아갔다. 그들은 제니의 부모에게 자기들이 그 문제를 처리하겠노라고 약속했다. 그런데 얼마 후에 그들은 그 사역자가 아무런 설명도 없이 교회를 떠났다는 사실을 알게 되었다. 교회는 제니를 돕기 위해 아무 일도 하지 않았다. 그녀는 안전한 상태에서 자신의 고통에 대해 말할 기회를 얻지 못했다.

뿐만 아니라 어느 때부터인가 루머가 떠돌기 시작했다. 얼마 가지 않아 사람들은 제니를 비난하기 시작했다. 물론 그런 일에 대해 공개적으로 떠드는 것은 기독교적인 일이 아니었기에 사람들은 그 루머를 자기들의 가장 친한 친구들에게 속삭이듯 옮겼다(물론 모든 사람들은 몇 명씩의 가장 친한 친구들을 갖고 있었다!). 마침내 제니와 그녀의 가족은 자기들이 사람들로부터 기피되고 있음을 알게 되었다. 제니는 영적으로 그리고 심리적으로 좌절했다. 무엇보다도 그녀는 교회의 지도자들이 그 심각한 범죄를 쉬쉬하며 덮어버린 것에 크게 분노했다.

제니는 교회의 사역자에게 성폭행을 당했다. 또 그녀는 그녀가 아무런 평강도 찾을 수 없었을 때 "평강하다 평강하다"(렘 6:13 참고)라고 말하면서 그 죄를 덮어버린 교회 지도자들로 인해 다시 학대를 당했다. 그리고 성범죄의 희생자인 자신을 비난하는 교인들로 인해 또 다시 학대를 당했다. 교회를 지배하고 있는 "말하지 말라"라는 법 때문에 제니와 같은 일을 당한 또 다른 소녀들이 있는지를 파악하는 것은 아예 불가능했다. 게다가 그 사역자는 교회가 그의 죄에 대한 책임을 묻지 않았기에 다른 교회로 옮겨갈 수 있었다. 그리고 그로 인해 또 다른 십대 소녀가 그에게 희생되었다. 범죄 사실을 덮은 것 때문에 훗날 제니의 교회의 지도자들은 다른 교회에서 발생한 범죄에 대해 법적 책임을 지게 되었다. 그런데 혹시 그들은 범죄 사실을 알고서도 적절한 조치를 취하지 않은 것 때문에 훗날 하나님 앞에서도 책임을 지게 될까? 물론이다! 틀림없이 그럴 것이다!

몇 년 후, 제니는 지금의 교회 장로들과 만났다. 그들은 그녀의 이야기를 들으며 가슴을 쳤다. 이번에 장로들은 그녀의 말을 있는 그대로 믿었고 그녀에게 깊은 동정과 유감을 표했다.

제니는 그들에게 자신이 그 범죄로 인해 겪어야 했던 고통과 혼란과 배신에 대해, 그리고 그 범죄가 잘못 처리된 방식에 대해 말했다. 그 사건으로 인해 그녀는 자존감, 또래 그룹, 그리고 그때까지 그녀의 삶의 중요한 일부였던 교회의 심적 지원을 잃어버렸다. 그녀의 마음은 너무 크게 손상되었기에 이 세상에서 가장 믿음직하고 점잖은 남자들 중 하나인 자기 아빠와도 차를 함께 타지 못했다. 그 일이 있기 전에 그녀는 여러 친구들과 우정을 나누었다. 그러나 그 사건 후에 그녀는 다른 이들과 관계를 맺는 일에서 어려움을 겪었다. 특히 그녀는 남녀간의 정상적인 성관계조차 아주 불결하고 잘못된 것으로 여겼다.

우리는 제니의 어린 시절과 그 사건 이후 13년의 세월이 누군가에 의해 "삼켜졌다"고 믿는다. 그녀는 매주일 교회에서 지도자 역할을 하던 사람에 의해 어느 토요일 오후에 삼켜졌다. 그 사람은 자기의 영향력을 이용해 사람들을 세우고 강화시키기는커녕 오히려 그것을 이용해 자신의 더러운 욕구를 채웠다. 그 후로 13년 동안 제니는 교회로부터 적절한 도움은커녕 교묘하게 침묵을 강요당하며 살아야 했다.

어느 날 밤, 지금의 장로들이 제니를 만났다. 그리고 그날 주님께서는 그녀에게 그녀가 빼앗겼던 것을 돌려주기 시작하셨다. 그녀는 사건이 있은 후 13년이 지나서야 교회의 지도자들로부터 진정한 공감과 사죄의 말을 들을 수 있었다. 그날 장로들은 진심으로 그녀와 함께 슬퍼했다.

사실 그 범죄를 저질렀던 사람 역시 무시당하고 상처를 받은 셈이었다. 그는 자기가 저지른 일에 대해 책임을 지고 도움과 치료를 받는 대신 교회로부터 철저하게 버려지고 도외시되었다. 아무런 도움도 제공되지 않았기에 그 역시 삼켜졌다. 교회는 그에게 죄를 고백하고 죗값을 치르게 함으로써 그의 영혼을 구하는 대신 그를 사람들의 눈에 보이지 않는 곳으로 밀어넣음으로써 그의 영혼이 어둠에 삼켜지도록 조작했던 것이다.

제니의 가족들 역시 삼켜졌다. 제니가 성폭행을 당한 후 5년이 지난 시점에 그녀의 어머니가 우리에게 보낸 편지를 통해 그녀의 가족들이 겪어야 했던 고통을 느껴보라.

내 딸은 13살 때 교회의 사역자에게 성폭행을 당했어요. 남편은 그 자를 만나 그가 한 일에 대한 증거를 제시하고 그를 처벌하고자 했어요. 그래서 남편과 나는 지도와 도움과 지원을 얻기 위해 교회의 장로 한 사람을 찾아갔어요. 우리는 그 장로가 우리 부부가 그 사람을 찾아가 증거를 제시하는 일에 동행하고 증인이 되어 주기를 바랐어요. 그러나 그날 우리는 그 사람을 찾아가지 못했어요. 그 장로와 그의 아내가 그 일에 개입해 우리를 막았기 때문이죠. 이어서 그 장로와 그의 아내와 그 장로의 자녀들이 개입했어요. 그 다음에는 그 장로와 그의 아내와 그의 자녀들과 그의 동료 장로들이 개입했어요. 그 다음에는 그 장로와 그의 아내와 그의 자녀들과 그의 동료 장로들과 그들의 가족들이 개입했어요. 그리고 그 다음에는 그 장로와 그의 아내와 그의 자녀들과 그의 동료 장로들과 그들의 가족들과 온 교회가 개입했어요. 그들은 우리의 고통에 대해 토론을 벌이고, 진단하고, 분석했어요.

우리의 고통은 가십거리가 되었어요. 우리는 교회로부터 아무런 조언이나 지원도 받지 못했어요. 우리의 고통은 커져갔어요. 사람들이 하는 말이 우리 귀에 들려왔어요. 어떤 이가 말했어요. "그 딸이 문제였어." 다른 이가 말했어요. "그 아이가 입었던 옷이 문제였을 거야." 또 다른 이가 말했어요. "아이가 먼저 꼬리를 쳤다더구먼." 그런 소리를 들으며 우리는 고통 속에서 부서졌어요. 오, 하나님 우리를 도우소서!

지금 우리는 큰 상처를 받고 있어요. 내 딸은 고통스러워하고 있어요. 오, 하나님, 사람들이 내 딸과 내 아이들을 사랑해 줄 수는 없는 건가요? 정말로 그들은 우리가 얼마나 황폐한 상태에 있는지 보지도, 알지도, 이해하지도 못하는 걸까요? 그것은 그 아이의 잘못이 아니었어요. 도대체 사람들이 어떻게 그 아이를 찾아가 그 일이 그 아이 때문에 일어났다고 말할 수 있는 걸까요? 그들은 정말로 사실을 알지 못하는 걸까요? 나는 고통을 당하고 있어요. 그 아이 역시 그렇고요. 아이는 혼란스러워하고 있어요. 나 역시 그렇고요. 그럼에도 교회는 아무 일 없이 잘 운영되고 있어요.

그 사람은 내 딸 아이의 인격을 짓밟았어요. 그는 그 아이의 자존감을 빼앗아 갔어요. 그 자는 그 아이로 하여금 자신이 더럽고, 추하고, 형편없고, 무가치하다고 느끼도록 만들었어요. 그럼에도 그 아이는 그 일 이후에 더 큰 고통을 당하고 있어요. 교회는 그 사람을 해고했어요. 그리고 내 딸 아이는 그가 해고된 것이 그 아이의 잘못 때문이라는 말을 들어야 했어요. 그러나 그 아이는 자기가 당한 일을 말했을 뿐이에요.

그동안 나는 그 아이 곁에서 많은 것을 지켜보았어요. 그 아이는 자신의 상황을 이겨내고자 애썼고 나는 그 아이를 격려하느라 애를 썼어요. 나는 그 아이가 한 인간으로서 다른 이들에게 용납되기 위해 얼마나 노력하고 있는지를 지켜보았어요. 나는 사람들이 우리의 고통에 대해 계속해서 토론하고 분석하고 진단하는 모습을 지켜보았어요. 나는 수많은 가십들이 그 아이의 삶을 온통 뒤덮는 것을 지켜보았어요. 나는 내 딸아이가 점차 자신이 비난을 받아야 한다는 사람들의 말을 믿기 시작하는 것을 지켜보았어요. 나는 그 아이가 감당할 수 없는 고통을 처리하기 위해 자살을 시도하는 것을 지켜보았어요. 나는 그 아이의 형제들이 혼란스러워하는 모습을 지켜보았어요. 나는 내 아이들이 사람들에게 거부당하는 것을 지켜보았어요. 나는 그 아이들이 거부당하고, 거부당하고, 거부당하는 것을 지켜보았어요. 하나님, 나를 도우소서! 교회를 도우소서! 그리고 이 고통을 거두어주소서!

나는 교우들에게 우리 가족의 고통에 대해 이야기하고자 했어요. 그러자 어느 교인이 말했어요. "나는 그 문제에 관해 말하고 싶지 않아요. 나는 개입하고 싶지 않아요." 다른 교인이 말했어요. "이제 당신은 그 사람을 용서하고 그 일을 잊어야 해요. 당신은 용서하지 못하는 마음을 갖고 있어요." 또 다른 교인이 말했어요. "당신은 그 아이와 좀더 많은 시간을 가졌어야 했어요. 그랬더라면 이런 일은 일어나지 않았을 거예요."

그러나 나는 그들의 말을 이해할 수가 없어요. 오, 주님, 지금 우리의 고통은 너무나 큽니다. 정녕 우리의 말을 들어줄 사람은 아무도 없는 것입니까?

5년이 지났음에도 내 딸아이는 여전히 교회의 거부로 인한 고통을 당하고 있어요. 아이의 형제들 역시 거부와 가십 때문에 고통을 겪고 있어요. 우리는 그 고통스러운 경험과 그로 인한 거부와 해결되지 않는 고통을 해결하기 위해 상담과 의학적 치료를 받아야 했고, 그 비용으로 이미 3,000달러나 되는 돈을 써야 했어요. 지금 내 딸아이는 교회가 자기를 나쁜 아이로, 비난받아야 할 아이로 여기고 있다는 사실을 점차 받아들이고 있어요.

그렇게 우리의 고통은 계속되고 있는데, 교회는 아무 일 없이 잘 운영되고 있어요.[8]

역할 전환

혹자는 이것이 극단적인 경우라고 말할지도 모른다. 그렇다, 실제로 이것은 극단적인 경우다. 그러나 사실은 오늘날 수많은 신자들이 그처럼 극단적이지는 않으나 보다 교묘한 형태로, 다시 말해, 종종 우리가 **역할 전환**role reversal이라고 부르는 형태로 삼켜지고 있다.

역할 전환은 목자가 양 떼의 안녕을 위해 존재하는 대신 오히려 양 떼가 목자의 안녕을 위해 존재할 때 나타난다. 그런 경우에 목자는 그의 힘과 권위와 지식을 사용해 자기의 양 떼를 세우고 보호하고 양육하는 대신, 오히려 그런 것을 이용해 자신의 권위와 통제력 혹은 자기에 대한 사람들의 인정을 확보하려 애를 쓴다.

몇 가지 성경 본문들을 통해 우리는 이것이 최근에 나타난 새로운 현상이 아니라는 것을 알 수 있다(겔 34; 슥 11; 벧후 2). 학대적 성격을 지닌 교회의 지도자는 교인들을 섬기고 준비시키는 대신, 그들을 이용해 자기의 욕심을 채운다. 그들에게 교인은 돌봄의 대상이 아니라 먹어치울 대상이다.

자신의 사역에 삼켜지는 이들

대부분의 기독교 지도자들은 자기들이 사람들을 삼키고 있다고 여기지

---

8. 제니에 관한 이 이야기와 편지는 당사자의 허락을 받아 인용한 것임.

않는다. 그러나 사실 그들은 자기들이 인식하는 것보다 훨씬 더 많이 그런 경향을 보이고 있고 그로 인한 결과 역시 아주 다양한 모습으로 나타나고 있다.

사실 우리 중에 자신의 가치를 자기가 하는 일이나 자기의 겉모습으로부터 얻어내려 하지 않는 이가 얼마나 되는가? 그러나 그것은 영적으로 아주 위험한 일이 될 수 있다. 왜냐하면 그럴 경우 우리는 우리 자신을 그럴 듯한 사람으로 만드는 유일한 방법은 우리에게 처방된 영적인 일들을 잘 수행하는 것이라 여길 뿐 아니라 다른 이들에게도 동일한 것을 요구하게 되기 때문이다.

우리가 바라는 것이 교회 안에서 높은 지위를 얻는 것이라고 생각해 보자. 그럴 경우 우리에게 중요한 것은 예수님을 따르는 것이 아니라 교회 안에서 얼마나 잘 행동하느냐가 된다. 그러나 결국 우리는 성경 구절을 암기하고, 전도를 하고, 스터디 그룹을 이끄는 것이 우리의 삶을 위한 충분하고도 적절한 근원이 될 수 없으며, 오히려 그런 것들에 집착할수록 우리의 삶이 점점 더 공허해진다는 것을 알게 된다.

오늘날 많은 사역자들이 다음과 같이 생각하고 있다. "나는 사역에 매진할 테야. 우리의 삶에서 그보다 더 많은 보상을 해주고 우리를 완성시켜 주는 것은 달리 없어." 물론 세상의 모든 일들에서 선한 동기가 잘못된 동기와 섞일 수도 있고 실제로 종종 그렇게 섞이기도 한다. 마찬가지로 하나님을 섬기고자 하는 우리의 갈망 역시 우리의 영혼 안에 있는 공허감을 채우려는 필요와 뒤섞일 수 있다. 분명히 하나님께서는 우리의 부족함을 아시기에 그런 상황을 얼마간 용인하신다. 그럼에도, 그런 상황이 지속될 경우, 우리는 우리의 사역에 의해 삼켜질 수 있다.

당신이 어느 교회에 새로 임명된 담임목사라고 가정해 보자. 당신에게는 뜨거운 열정과 야망 그리고 손가방에 든 성경이 있다. 무엇보다도 당신의 마음속에는 불타는 사명감이 있다. 어떤 사명인가? 교회를 세우고 하나님의 나라를 진척시키는 것이다! 물론 그런 것들은 아주 멋진 일이다. 그러나 우리가 "두려움과 떨림으로 우리의 구원을 이루는 일"(빌 2:12)의 일부는 우리의 영혼의 그림자 속에 어떤 심각한 문제가 숨어 있음을 기억하는 것이다. 그 문제는 아주 미묘하기에 그만큼 위험하기도 하다.

만약 당신이 하나님과 올바른 관계를 맺고 있지 않다면, 하나의 인간으로서 당신의 가치에 대한 모든 의식은 당신이 어떻게 행동하는지, 그리고 다른 사람들이 당신의 행동에 대해 어떻게 보상하고 칭찬하는지에 의해 좌우된다. 당신이 그런 성향을 보일 때, 당신과 당신의 교회에는 무언가 잘못된 일이 발생하기 시작한다. 당신은 교인들에게 하나님의 영광을 위해 예배에 참석하고 봉사하고 헌금을 하라고 권한다. 그러나 당신이 교인들에게 그렇게 권하는 실제적인 이유는 교인들이 그렇게 해야 당신이 성공한 사람처럼 보일 수 있기 때문이다. 즉 당신은 교인들을 이용해 당신 자신을 좋게 보이려 하는 것이다. 그리고 그렇게 함으로써 당신의 이기적인 자아가 교인들을 먹어치우기 시작한다.

어느 교회의 소식지에 그 교회 담임목사가 교인들이 정기적으로 예배에 참석할 것을 호소하며 쓴 글이 실려 있었다.

※ 당신이 예배에 참석하지 않을 때, 여러분의 담임목사가 어떤 생각을 하는지 아십니까?

1. 그는 아픈 것이 틀림없어. (그러니 병이 나으면 예배에 출석할 거야.)

2. 그는 일하러 갔을 거야. (그는 할 수만 있었다면 예배에 참석했을 거야.)

3. 그는 여행중일거야. (그는 아주 잠시 마을을 떠났을 뿐이야.)

4. 그는 무언가로 인해 내게 화가 나 있을 거야. (저런!)

5. 그는 내가 형편없는 설교자라고 생각하고 있는 거야. (그 사람 외에 얼마나 많은 이들이 그렇게 생각하고 있을까?)

6. 그는 다른 교회를 찾고 있을 거야. (이걸 어쩌나!)

7. 그는 뒷마당에서 찬송가와 주일학교 교재들을 불태우고 있을 거야. (나는 목사로서 완전히 실패한 거야.)

당신이 보기에는 이 목사가 교인들이 예배에 참석해야 할 이유를 무엇이라 여기는 것 같은가? 하나님을 찾기 위해서? 생명을 얻기 위해서? 예배하기 위해서? 아니다, 교인들이 예배에 참석해야 하는 이유는 그들의 목사인 자기가 실패자가 아니라는 느낌을 갖게 하기 위해서다!

여기에서 참으로 문제가 되는 것은, 이 목사가 교인들이 예배에 참석하지 않으면 자기가 실패자가 되리라고 믿는다는 사실이다. 만약 그가 자신의 가치를 이처럼 교인들의 종교적 수행을 통해 얻는 사람이라면, 그는 사람들이 교회에 나오게 하기 위해 계속해서 그들을 압박하고 조작하려 할 것이다. 그는 자신의 사역을 통해 사람들을 섬기는 것이 아니라, 자신의 사역을 위해 사람들을 이용하려 들 것이다. 무엇보다도 안타까운 것은 그가 그렇게 함으로써 교인들뿐 아니라 자기 자신마저 비정상적인 상태 속으로 몰아넣는다는 사실이다. 이쯤 되면 그는 자기 자신의 사역에 삼켜진 셈이다.

아빠의 사역을 위해 삼켜진 아이

샐리는 우리 교회의 사역자들 중 한 사람의 딸이었다. 상담을 하는 동안 그녀는 자기가 그동안 우리 교회의 사역자들과의 접촉을 피해 왔고 친교 시간에조차 그들과 거리를 두어 왔다고 털어놓았다. 혹시라도 복도에서 사역자들 중 하나와 마주칠라치면, 그녀는 다른 문을 통해 그 상황을 피해나 갔다. 그러니 그녀가 또 다른 사역자인 나(제프)를 찾아온 것은 그녀로서는 대단한 용기가 필요한 행동이었다.

우리가 처음으로 마주앉은 날, 샐리는 여간해서 입을 열려 하지 않았다. 몇 분간 어색한 침묵이 흐른 후 마침내 그녀가 입을 열었다. 그녀는 자기가 데이빗(이 책의 다른 저자다-역주)의 설교를 듣고 큰 감동을 받았다고 말했다. 내가 그녀의 말에 맞장구를 쳤다.

"오, 그거 참 좋은 소식이네요. 데이빗에게도 직접 그 얘기를 해주면 어떨까요?"

그런데 그 말을 들은 샐리의 얼굴이 창백해졌다. 숨까지 가빠졌다.

도대체 그녀의 그런 공포는 어디에서 온 것일까? 아래에 샐리에 대한 간추린 이야기가 있다.

어릴 적에 샐리는 자주 감기몸살을 앓았다. 그런 평범한 병으로 고통을 받을 때마다 그녀는 가족들로부터 고립되었다-특히 그녀의 아빠로부터. 이유는? 그녀의 아빠는 양 떼에게 설교를 해야 했기에 그 양 떼에게 자기의 가족에게 무언가 문제가 있다는 것을 알리면 안 되었기 때문이다. 그는 "그들을 위해" 존재하는 사람이었다. 만약 그가 주일에 설교를 하지 못한다면 교회가 어찌되겠는가! 그로 인해 그의 어린 딸은 자기 방에 고립된 채 혼자서 끙끙 앓아야 했다. 하나님께서는 그 작은 소녀에게 아빠가 필요했던 순간에 그녀의 아빠를 너무나 "필요로" 하셨기 때문이다.

사람들에게 좋게 보여야 할 아빠의 "필요"는 점점 강렬해져 갔다. 언젠가 어린 샐리가 교인들 앞에서 어떤 행동을 해서 그녀의 부모를 당황스럽게 한 적이 있었다. 그때 아빠가 그녀의 팔을 잡아끌었다. 그는 얼굴에는 미소를 지었으나 손가락으로는 그녀의 양쪽 겨드랑이를 누르며 낮은 소리로 그녀를 꾸짖었다.

그날 밤 샐리의 팔이 부어오르기 시작했다. 붓기가 그녀의 목까지 차올라 말을 하지 못할 정도가 되었다. 마침내 그녀의 부은 팔은 정상적인 크기의 두 배가 되었다. 그녀는 응급실로 실려 갔다. 진단 결과, 아빠가 손가락으로 눌렀던 부위의 동맥이 손상되어 팔 부근의 혈액 순환에 문제가 생겼음이 밝혀졌다.

그런 육체적 상해보다 더 무서운 일이 그 후에 벌어졌다. 샐리의 부모는 그녀를 그 지역에 있는 병원이 아니라 다른 도시의 병원으로 실어갔다. 혹시라도 지역 병원에서 아는 사람들을 만나고 싶지 않았던 것이다. 그들은 이웃 도시의 병원에 도착한 후에도 즉시 그녀를 응급실로 데려가지 않고 한참 동안이나 주차장에서 그녀의 붓기가 저절로 내려앉기를 기다렸다. 아동 학대에 대한 책임과 그로 인해 발생할 수도 있는 복잡한 법적 절차들을 피하고 싶어서였다.

샐리는 아빠에게서 아무런 사과도 받지 못했다. 오히려 그녀는 자기가 비난을 받아야 할 사람인 것처럼 취급되었다. 엄마는 아파서 신음하는 딸을 꾸짖었다. "목사님 딸이 그런 식으로 행동하면 사람들이 어떻게 생각하겠니? 말하기 좋아하는 사람들이 네 아빠에 대해 뭐라고 떠들어대겠어?"

나는 그 후로 계속된 상담과정에서 어린 시절에 샐리가 "강력한 하나님의 사람"이었던 자기 아빠에 대한 사람들의 존경심을 유지하고 보호하기 위해 어떻게 살아야 했는지에 대해 많은 이야기를 들을 수 있었다. 그녀가 편안한 마음으로 교회의 사역자들과 자리를 함께할 수 있게 되기까지는 그 후로도 오랜 시간이 필요했다.

제3부

영적 학대로부터의 회복

Post-Abuse Recovery

지금까지 우리는 우리의 입장을 분명히 밝혔다. 우리는 오늘날 교회 안에 영적 학대가 만연해 있으며 기독교 문화의 깊은 곳에까지 스며들어와 있다고 믿는다. 개인적인 삶의 차원에서 그것은 영적인 짐을 벗어던질 필요가 있는 이들에게 상처를 주고 그들의 어깨를 더 많은 짐을 지운다. 그리고 복음 전파의 차원에서 그것은 은혜와 믿음의 삶에 대한 잘못된 메시지를 전한다. 결국 그것은 그 어떤 생명도 낳지 못한다.

또한 우리는 예수께서 당시에 사람들을 영적으로 학대하던 종교 지도자들과 대결하셨던 방식에 대해 상세하게 설명했다. 그분은 종교적인 노력을 그치고 자신을 향해 돌아서는 모든 자들에게 치유와 쉼을 제공하셨다.

안타깝게도 오늘날에는 영적 지도자들을 포함해 수많은 신자들이 그들 자신에게 너무 깊이 매몰되어 있어서 그리스도께서 이루신 일에 의지해 쉼을 얻으라는 초대를 불가능하고 비현실적이고 심지어 비성경적인 것으로 여기고 있다. 그러므로 이제 우리는 우리의 관심을 영적 학대로 인해 희생된 자들에게 조언과 희망을 제공하는 문제로 돌리고자 한다.

　제3부에서 우리는 영적 학대의 희생자들을 위한 치유와 회복의 과정을 소개하고자 한다. 아울러 과연 지금 당신이 속해 있는 학대적 성격을 지닌 교회가 변화될 수 있는지 없는지, 혹은 하나님께서 당신에게 원하시는 것이 당신이 그 교회 안에 머물러 그것을 변화시키는 것인지(싸움) 아니면 보다 안전한 교회를 찾아 떠나는 것인지(도피)를 판단하도록 도울 수 있는 몇 가지 자료들을 제공하고자 한다.

　물론 우리가 궁극적으로 원하는 것은 당신이 하나님과의 보다 건강한 관계를 회복할 수 있도록 돕는 것이다.

"왜 나에게 계속해서 이런 일이 일어나는 것일까?" 이것은 영적 학대의 성격을 지닌 교회에서 빠져 나온 후 그와 유사한 성격을 지닌 교회 안으로 들어간 이들이 자주 제기하는 질문이다. 어떤 이들에게 그 이유는 영적 학대의 성격을 지닌 교회가 실제로 사람들이 다른 건강하지 못한 관계들 속에서 경험해 온 상처들에 적합한 "덫"이기 때문이다. 이런 역학을 이해하는 것이 당신이 영적 학대의 성격을 지닌 교회를 떠난 후 그와 유사한 또 다른 덫에 빠지지 않도록 도와 줄 것이다.

제17장

영적인 덫으로서의 교회

어렸을 때 나의(데이빗) 가족은 어느 아름다운 호숫가에서 여름을 보내곤 했다. 어머니와 나는 우리가 원하는 큰 물고기를 잡기 위해 작은 물고기들을 미끼로 사용했다. 작은 물고기들을 잡는 가장 효과적인 방법은 아래에 있는 것과 같은 덫을 사용하는 것이었다.

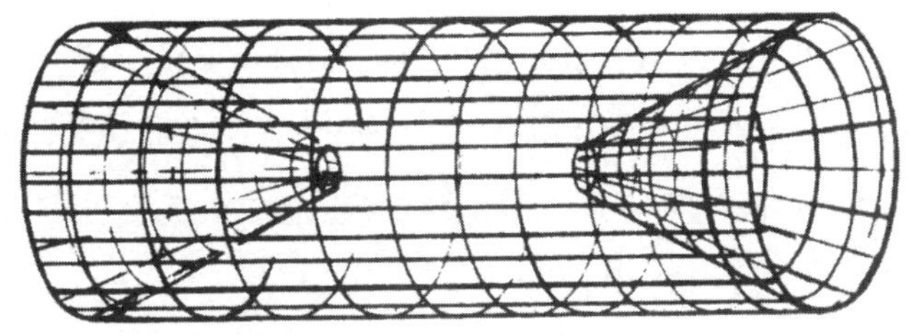

우리는 그 덫 안에 과자를 집어넣은 후 그것을 호수의 바닥까지 내렸다.

덫 주변을 지나던 작은 물고기들이 그 안에 과자가 있음을 발견한다. 일단 그들이 덫 양쪽에 있는 구멍을 통해 안으로 들어가면, 그들은 다시는 밖으로 빠져 나오지 못한다. 그것은 아주 굉장한 덫이었다!

유효한 덫

어떤 덫이—영적 학대의 성격을 지닌 교회라는 덫을 포함해—유효한 것이 되기 위해서는 몇 가지 요소가 필요하다.[9] 첫째, 유효한 덫은 먹잇감이 들어오기는 쉬우나 나가기는 어려워야 한다. 만약 그런 특성을 갖고 있지 않다면, 그것은 전혀 덫이 될 수 없다(바로 그것이 낚싯바늘 끝에 가시처럼 생긴 작은 미늘이 달려 있는 이유다). 둘째, 매력적인 미끼가 있어야 한다. 덫 안에 놓여 있는 좋은 미끼는 먹잇감을 완전히 홀리기 때문에 그 먹잇감은 그 덫이 얼마나 위험한지를 전혀 알아차리지 못한다. 셋째, 일단 먹잇감이 걸리고 난 후 그것이 몸부림을 칠수록 덫 안으로 더 깊이 빠져들게 되어야 한다. 늑대를 잡는 덫은 늑대가 몸부림을 칠수록 그 덫에 달린 갈퀴들이 늑대의 몸을 더 깊이 찌르게 되어 있다. 늑대는 상처를 입을수록 더 몸부림을 친다. 그리고 그 악순환이 되풀이되다가 결국 숨을 거둔다. 마지막으로, 덫은 그것이 잡고자 하는 먹잇감에 적합해야 한다. 당신은 작은 물고기를 잡는 덫으로 늑대를 잡거나, 늑대를 잡는 덫으로 작은 물고기를 잡을 수는 없다. 그뿐 아니라, 먹잇감에 대해 많은 것을 알수록, 당신은 그만큼 더 효과적인 덫을 만들 수 있다.

이제 이 모든 것이 지금 우리가 관심을 갖고 있는 덫에 어떻게 적용되는지 살펴보자. 우리가 그 덫에 대해 많은 것을 알수록, 우리는 그 덫에서 좀더

---

9. Jeffrey Z. Rubin, "Psychological Traps." *Psychology Today* (March 1981).

쉽게 빠져나올 수 있을 것이고, 또한 그 덫으로 인한 상처에서 좀더 빨리 치유를 얻을 수 있을 것이다.

영적인 덫으로서의 교회

영적 학대의 성격을 지닌 교회는 아주 실제적인 의미에서 영적인 덫이다. 그것도 단순히 오래된 덫이 아니라 아주 효과적인 덫이다.

우리가 이미 보았듯이, 영적 학대의 성격을 지닌 교회는 그 안으로 들어가 기는 쉬우나 빠져나오기는 어렵다. 그런 교회의 지도자들은 교인들에게 허세를 부리고 순종을 요구한다. 그들은 암묵적으로 혹은 명시적으로 공포 분위기를 조성하거나 구성원들을 협박해 자기에 대한 복종과 충성을 유도한 다. 그들은 교인들에게 그 교회를 떠나는 것은 곧 하나님과 그분의 보호하심 에서 멀어지는 것이라고 가르친다. 그들로부터 교회 밖에 있는 악에 대해 편집증에 가까운 경고를 받아온 이들은 두려움 때문에 그 교회를 떠나지 못한다. 일차적으로 그것이 영적인 덫의 토대를 형성한다. 그 다음에는 미끼 가 등장한다.

영적 학대의 성격을 지닌 교회 안에는 여러 종류의 미끼들이 존재한다. "하나님과 바른 관계를 맺는다"는 주장이야말로 가장 흔한 미끼다. 고린도후 서에서 바울은 거짓 사도들이 "자기를 의의 일꾼으로 가장"하고 있다고 말한 다(고후 11:13-15). 영적 학대의 성격을 지닌 교회는 교인들에게 그들 자신의 적극적인 노력을 통해 하나님의 인정을 얻을 기회를 제공한다. 사실 이런 미끼는 너무나 강력하기 때문에 교인들은 그 안에 들어 있는 치명적인 위험들 을 알아차리기 힘들 정도다. 예컨대, 그들은 주변의 사람들이 그들에게 "지금 당신은 학대를 당하고 있다"고 말할지라도 그런 말을 무시하도록 배운다.

그들은 자기들이 시간이 흐를수록 점점 더 지쳐가고 있다는 사실을 애써 무시한다. 그들은 그들과 가까운 이들이 교회를 떠나면서 그들에게 함께 떠나자고 권하는 말을 무시한다.

다른 미끼들로는 다음과 같은 것들이 있다. 사람들의 인정, 교회 안에서의 위상이나 지위, 급료, 상황이 개선되리라는 기대, 혹은 그 교회를 떠날 경우 하나님으로부터 큰 벌을 받으리라는 두려움 등.

무엇보다도 학대적 성격을 지닌 교회에 속한 사람들은 그들이 도달해야 할 목표 지점이 계속해서 앞을 향해 움직이고 있다는 사실을 간과한다. 이것은 우리에게 효과적인 덫의 세 번째 특성을 밝혀준다. 마치 나귀가 막대기에 달린 당근을 먹기 위해 점점 더 빨리 내달리는 것처럼, 이 미끼는 사람들을 그 학대적 성격을 지닌 교회 안으로 점점 더 깊이 밀어 넣는다(적어도 작은 물고기들은 그들을 가둔 덫 안에서나마 과자를 얻는다!). 만약 그들이 지쳐서 그 헛된 노력을 그만두려고 하면, 그들 내부에서 다음과 같은 목소리가 들려온다. "이제 와서 포기하겠다고? 그러면 도대체 너는 언제 영적 '약진'을 경험하려는 건데?" 그래서 그들은 멈추지 못하고 계속해서 헐떡이며 달린다.

부실한 집을 가진 사람의 경우를 상상해 보자. 그는 그 부실한 집을 사람이 살 만한 집으로 만들기 위해 이런저런 수리를 하면서 계속해서 그 집에 돈을 투자한다. 그러나 워낙 부실한 그 집은 날이 갈수록 상태가 나빠지고 그로 인해 점점 더 많은 돈이 필요해진다. 얼마 후 집수리에 신물이 난 주인이 그 집을 팔고자 하나 예상되는 집값이 그동안 들인 수리비에도 미치지 못한다. 결국 집 주인은 집값을 제대로 받기 위해 더 많은 돈을 들여 그 집을 수리한다.

이런 일은 직업과 관련해서도 일어날 수 있다. 당신이 어느 직업에 10년 동안 종사한 후 그 일에 대해 염증을 느낀다고 치자. 당신은 자신에게 이렇게 말한다. "이제 나는 이 일을 혐오해. 이제 나는 이 일을 그만 둘 테야. 그런데 잠깐, 지금 당장 그만 둘 수는 없어. 만약 지금 그만 둔다면, 나는 지난 10년의 세월을 허비한 셈이 되고 말거야. 그러니 딱 1년만 더해 보자. 만약 그때에도 사정이 나아지지 않는다면, 그때 가서 깨끗하게 그만 두면 돼." 문제는 1년 후 당신은 지금의 10년에 또 다른 1년을 더한 셈이 될 것이고, 그로 인해 10년이 아니라 11년 동안 일해 온 일을 그만 두어야 하게 된다는 것이다. 물론 이것은 그때 당신이 그 일을 포기하는 것이 지금보다 더 어려워지리라는 것을 의미한다.

이런 일은 학대적 성격을 지닌 교회 안에서 아주 흔하게 발생한다. 아래의 그림을 보라. 왼쪽에 있는 수직선(0)은 사람들 사이의 건강하고 정상적인 상황을 가리킨다. 학대적 상황에서 사람들은 육체적으로, 성적으로, 감정적으로, 혹은 영적으로 학대를 당한다. 이 그림에서 그것은 오른쪽에 있는 수직선(1)을 향하여 나아가는 것으로 표현된다.

계속되는 학대는 오른쪽의 수직선으로부터 한 칸 더 나아간 곳에 있는 수직선으로 표현된다. 마찬 가지로, 그 다음과 또 그 다음의 수직선들은 그 학대가 점점 더 심각해지는 것을 의미한다.

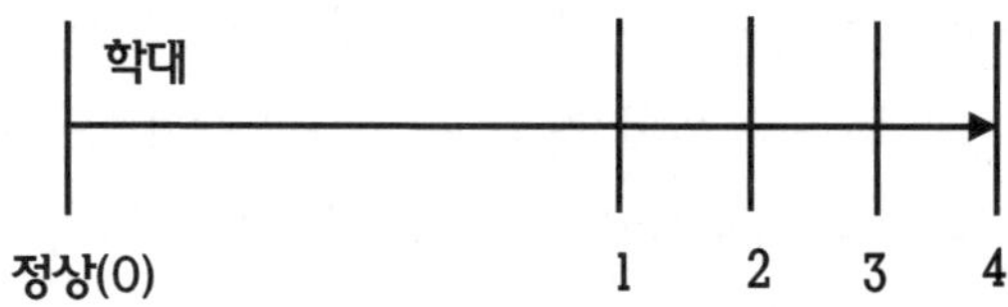

마침내 당신은 정상적인 상황으로부터 아주 먼 곳에 이른다. 이제 당신은 자신이 처한 상황이 학대적이며 비정상적이라는 사실을 알아차린다. 그래서 당신은 어떤 한계를 설정하고 다음과 같이 말한다. "여기까지야. 더 이상은 안 돼! 나는 아직은 이곳에 머물 테야. 그러나 만약 이런 일이 한 번만 더 일어난다면, 그때 나는 정말로 떠날 거야." 그리고 다시 그런 일이 일어난다. 그러나 당신이 이제 와서 그 상황을 벗어나는 것은 마치 그동안 당신이 정말로 아무것도 아닌 것을 위해 터무니없는 노력을 해왔다는 느낌을 준다. 그래서 당신은 조금만 더 노력해 보기로 하고 조금만 더 기다려 보기로 결정한다. 그리고, 당신이 그렇게 양보를 했음에도 더 심각한 학대가 발생하면, 당신은 또 다른 한계를 설정한다. "그래, 그가 나를 모욕하거나 함부로 대할 수는 있어. 그러나 만약 그가 내 몸에 상처를 입히거나 눈가에 멍이 들게 한다면, 그때 나는 그만 정말로 떠날 거야." 그러나 학대자는 곧 당신의 눈가를 주먹으로 내리치고, 그로 인해 당신의 상황은 건강하고 정상적인 상황으로부터 한층 더 멀어진다.

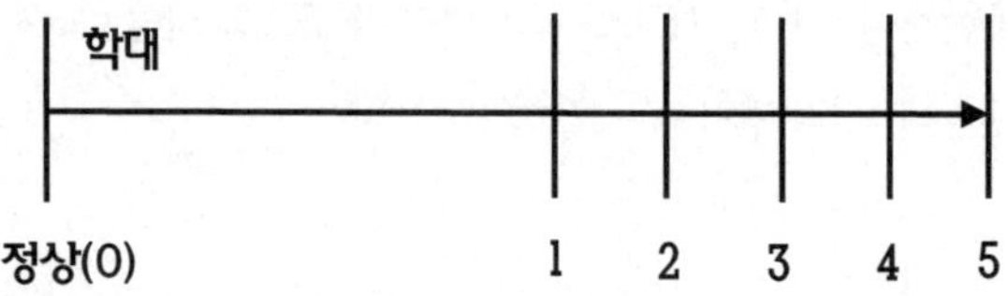

문제는 대부분의 희생자들이 그들의 현재의 상황(5)을 평가할 때 그것을 직전 상황(4)과만 비교한다는 것이다. 그동안 자기들이 투자해 왔던 모든 것과 비교한다면, 가장 최근에 행해진 폭력(4)을 용인하는 것은 그렇게 큰 타협으로 보이지 않는다.

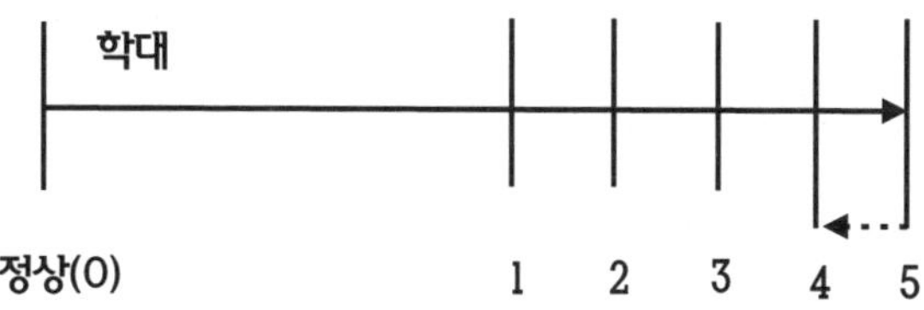

그들은 자기들의 현재의 상황(5)을 정상적인 상황(0)과 비교하지 않는다. 만약 그들이 자기들의 상황을 직전의 상황(4)이 아닌 정상적인 상황(0)과 비교한다면, 그들은 그동안 자기들이 얼마나 많은 건강하지 못한 타협과 조정에 굴복해 왔는지, 또한 지금 자기들이 맺고 있는 관계가 얼마나 비정상적이고 건강하지 못한 것인지를 즉각 알아차릴 수 있을 것이다.

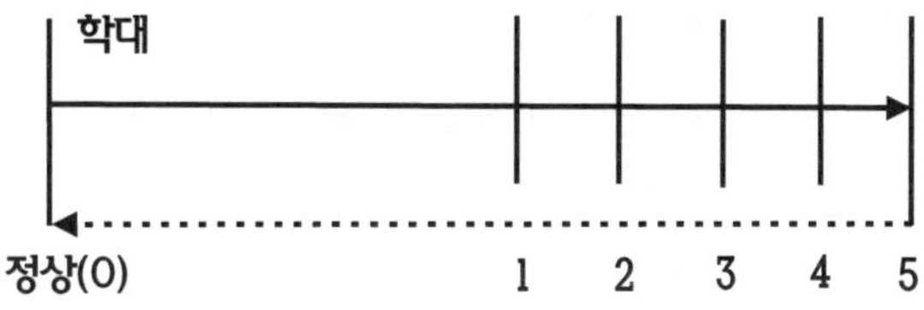

아이러니한 것은, 우리가 우리의 믿음에 관해 그토록 걱정하는 것이 우리로 하여금 건강하지 못한 교회의 덫에 걸려들게 하는 데 공헌한다는 사실이다. 우리는 하나님의 나라에 대해 걱정한다. 우리는 실제적인 것들과 영원히 지속되는 것들에 대해 걱정한다. 우리는 그런 것들에 투자하기를 원한다. 우리는 우리의 시간과 에너지와 돈을 그곳에 투자하고자 한다. 그리고 교회야말로 그런 투자를 하기에 가장 적합한 곳 아닌가? 그러나 실제 상황은 그렇지 않다. 그리고 때로 우리의 노력은 어떻게든 그동안 투자한 돈을 뽑아내기 위한 투기로 변질된다. 그로 인해 우리가 그런 건강하지 못한 교회에서 벗어나는 것은 점점 더 어려워진다. 그것은 우리의 투자금 전부를 잃는 것처럼 보일 수 있기 때문이다.

우리는 어떻게 희생자가 되는가

앞에서 살폈듯이, 효과적인 덫의 마지막 요소는 그것이 잡고자 하는 먹잇감에 적합해야 한다는 것이다. 이것은 영적 학대의 성격을 지닌 교회에도 해당된다. 영적 학대의 성격을 지닌 교회의 특징과 그런 교회가 만들어내는 희생자의 특징 사이의 조화 혹은 맞물림은 섬뜩할 정도다.

이것을 예증하기 위해 아래에서 우리는 우리가 이미 살펴본 바 있는 학대적 성격을 지닌 교회의 몇 가지 특징들을 열거할 것이다. 그리고 그 각각의 특징들 곁에 수치심에 근거한 관계가 사람들에게 끼치는 영향들, 즉 우리가 이 책의 제4장에서 논의했던 "학습된 무력감"에 기여하는 특징들을 배열할 것이다. 그것들 사이의 조화에 주목하라.

영적 학대의 성격을 지닌 교회(덫)의 특성들	학습된 무력감 : 수치심에 근거한 관계가 희생자들(먹잇감)에게 끼치는 영향들
1. 영적 지도자들의 허세 부리기	하나님에 대한 왜곡된 이미지; 다른 사람들의 평가나 외적 환경에 대한 과도한 걱정; 사람들을 기쁘게 하려고 함; 괜찮

	다는 느낌을 받기 위해 잘못에 대해 지나칠 만큼 대가를 치르려 하거나 벌을 받으려고 함; 너무 비판적이 되는 것을 우려해 "레이더"를 무시함; 과도하게 체제를 필요로 함; "아니요"라고 말하는 것을 어려워 함; 다른 이들이 당신을 이용하도록 허락함.
2. 수행에 대한 집착	완벽주의 혹은 노력도 하지 않고 포기함; 잘하는 일만 하려고 함; 자기 훈련의 결여; 실수를 인정하지 못함; 꾸물거림; 하나님께서 당신의 실제 모습보다 당신이 어떻게 행동하느냐에 더 많은 관심을 갖고 계시다고 여김; 지쳐 있을 때도 쉬지 못함; 즐거운 시간을 가질 때마다 죄책감을 느낌; 다른 이들의 인정에 과도하게 집착함; 수치심 혹은 자기의; 다른 이들에게 까다로움; 자녀들에게 지나치게 엄격하거나 아무런 기대도 하지 않음; 자기에 대한 부정적 견해 혹은 더 나아가 자기에 대한 증오; 자기에 대해 부정적으로 말함; 다른 이들을 비난함; 방어적 기술들(비난, 합리화, 최소화, 거짓말 등); 자기를 용서하지 못함; 하나님의 은혜와 용서를 받아들이지 못함; 어떤 욕구를 갖는 것을 이기적인 것이라고 느낌; 사람들을 그들의 잘못으로 인한 결과로부터 구해 내려고 애씀.
3. 무언의 규칙들	큰 "레이더" 혹은 모든 상황과 관계 속에서 긴장을 집어내는 능력; 다른 이들의 부정직한 메시지를 해독해 내는 능력; 무언가에 대해 똑바로 말하기보다는 암호화해서 말하기; 사람들에게가 아니라 사람들에 관해서 말하기; 다른 이들이 당신의 암호를 알아주기를 기대함; 사람들이 하는 말에 다른 의미를 집어넣어 읽음.
4. 균형의 부족	지나치게 다른 이들의 생각과 감정과 행동을 통제하려고 함; 감정, 필요, 생각과 멀어지려고 함; 무엇이 정상적인 것인지에 관해 추측함; 스트레스와 관련된 질병들; 안전하지 않은 사람들이 계속해서 자기에게 다가오도록 허락함; 극단적 형태의 부인, 심지어 망상.
5. 과대망상	무언가가 잘못되거나 누군가가 화를 내면 당신이 그런 상황을 초래했다고 여김; 무언가 문제가 생기면, 당신이 그것을 해결해야 한다고 느낌; 다른 사람은 아무도 자기를 이해하지

	못한다고 느낌; 당신과 다른 견해 앞에서 위협을 느낌; 건강한 모험을 두려워함; 다른 이들을 의심하거나 두려워함; 사람들을 멀리하기 위해 자기 주변에 울타리를 두름; 아무 잘못도 하지 않았으면서도 죄책감을 느낌; 사람들을 신뢰하는 일에서 어려움을 겪음.
6. 잘못된 충성	매사에 옳아야 한다는 의식; 다른 이들에게 비판적임; 다른 이들을 3류로 취급함; 좁은 마음; 버림 받는 것에 대한 두려움; 관계에 집착함.
7. 침묵의 코드	자기 분석적; 구조에 대해 반항함; 혼자라고 느낌; 사람들에게 소문을 전함; 누구에게도 도움을 요청하지 못함.

기만

바울은 고린도 교인들에게 다음과 같이 경고한 적이 있다. "뱀이 그 간계로 하와를 미혹한 것 같이 너희 마음이 그리스도를 향하는 진실함과 깨끗함에서 떠나 부패할까 두려워하노라"(고후 11:3).

아주 실제적인 의미에서 영적 학대의 성격을 지닌 교회에 사로잡혀 있는 이들은 "그리스도를 향하는 진실함과 깨끗함"으로부터 떠난 자들이라고 할 수 있다. 어느 지점에선가 그들은 어떤 선을 넘어섰고, 자기들에게 일어나고 있는 일을 보는 능력을 잃어버렸다. 이제 그 선에 대해 설명해 보자. 왜냐하면 그것은 그들이 그런 교회에서 빠져나오고 회복의 과정을 시작하기 위해서는 반드시 다시 그어져야 하는 내적 경계선이기 때문이다.

앞에서 우리는 무의식적인 **부인**denial을 우리가 감정적, 심리적, 혹은 영적 고통을 느끼지 않게 하기 위해 하나님께서 우리에게 주신 능력이라고 설명한 바 있다. 어떤 상황과 관련된 고통이 너무 커서 견디기가 어려울 정도가 되면, 우리는 감정적으로 무뎌진다. 그것은 우리가 그 상황을 받아들이고 처리하도록 돕는 과정 속으로 들어가도록 돕기 위한 하나님의 선물이다.

그러나 어떤 이가 어떤 상황이 존재한다는 사실을 "의도적으로" 부인하는 건강하지 못한 방법들이 있다. 예컨대, 거짓말하기, 다른 이를 비난하기, 문제의 심각성을 최소화하기, 합리화하기, 혹은 무시하기 등이다. 이런 형태의 부인은 아주 심각하다. 그것은 "하나님의 진리를 거짓으로 바꾸어" 그로 인해 "하나님께서 그들을 그 상실한 마음대로 내버려 두사 합당하지 못한 일을 하게" 하는 결과를 낳기 때문이다(롬 1:25, 28).

그런 상태에 이를 경우 우리의 마음은 더 이상 참과 거짓을 구별하지 못한다. 이런 현상은 **기만** delusion이라고 불리는데, 그것은 의도적인 부인의 최종적 형태다. 기만은 현실에 대한 왜곡된 인식, 즉 현실적으로 존재하는 것에 대한 철저히 비현실적인 견해다. 영적 학대의 성격을 지닌 교회 안에서는 의도적인 부인이 나타날 수밖에 없다. 그렇게 해야만 다른 이들에게 모든 것이 좋다고 확신시킬 수 있고, 그 교회에 대한 비난을 없앨 수 있기 때문이다. 그러나 교인들이 그런 식의 확신에 이르거나 아무것도 비난하지 않게 될 때, 그들은 철저히 기만당하고 있는 것이다.

기만은 영적 학대의 희생자들에게서 나타나는 학습된 무력감의 중요한 구성요소들 중 하나다. 인간의 사고과정에서 기만—그것은 부인보다 심각하고, 억압과는 다르다—은 밖에서 들어오는 정보를 걸러 내거나 왜곡시키는 일종의 덮개 같은 것이다. 아마도 그것은 희생자들을 계속해서 학대적 성격을 지닌 교회 안에 가두어 두는 데 있어서 가장 중요한 요소일 것이다.

종교 중독

약물 의존이란 어떤 이가 억지로 기분을 전환하기 위해 해로운 물질에 의존하는 것을 의미한다. 무언가에 중독된 이들은 그 중독의 대상에 자신의 시간, 에너지, 돈, 그리고 다른 이들과의 관계 모두를 투자하지만 결국 그 모든 것을 잃어버린다. 과거에 투자한 것을 회수하기 위해서는 더 많은 투자가 요구된다. 부인이 기만으로 바뀌는 과정에서 중독자들은 약물이 자기들을 얼마나 해치는지, 또한 그들 자신의 삶이 다른 이들에게 어떤 영향을 주는지에 대한 의식을 잃어버린다. 친구들이 경고를 하지만 아무 소용이 없다. 그들은 약물에 의해 정복된다.[10]

영적 학대의 성격을 지닌 교회 안에서도 기분 전환은 가능하다. 당신은 전문가의 도움을 받아 자신의 건강하지 못한 관계에 변화를 가하는, 고통스럽기는 하나 꼭 필요한 과정을 밟는 대신, "하나님을 위해서"라는 미명하에 그런 건강하지 못한 관계에 집착할 수 있다. 당신은 사람들을 그들의 행위의 결과로부터 구해내고 영웅이 될 수도 있다. 당신은 당신의 지위나 권위를 사용해 자신의 주장을 내세우면서 그것을 하나님이라고 부를 수도 있다. 하나님과 다른 이들의 인정을 얻기 위해 애쓰는 것은 영적인 기분 전환이 될 수 있다. 영적인 기분 전환 시스템에 의존하는 상태는 **종교 중독**religious addiction이라고 불린다.

종교 중독에 빠져 있을 때 당신은 당신의 삶의 점점 더 많은 부분을 당신에게 무언가를 약속하지만 실제로는 그것을 제공하지 못하는 교회에 투자한다. 당신이 그동안 해온 투자를 정당화하기 위해서는 더 많은 투자가 필요하다. 그래서 당신은 당신이 그 교회 안에서 보고 느끼는 것, 당신이 실제로 많이 지쳐 있다는 사실, 그리고 당신에게 어떤 문제가 있다는 인식 등을 모두 부인한다. 그리고 당신의 그런 태도를 "영적인 삶의 방식"이라고

---

10. Jeff VanVonderen, *Good News for the Chemically Dependent and Those Who Love Them* (Nashvill, Tenn.: Thomas Nelson, 1991).

부른다. 그렇게 해서 부인이 기만으로 변할 때, 당신은 그 교회가 당신에게 얼마나 해를 주고 있는지 그리고 당신의 삶이 다른 이들을 얼마나 고통스럽게 하는지를 인식하지 못한다. 당신을 아끼는 친구들이 당신에게 진심어린 충고를 하지만, 당신은 그들의 말에 귀를 기울이지 않는다. 이미 당신은 영적 학대의 성격을 지닌 교회의 덫에 단단하게 붙들려 있기 때문이다!

스티븐 아터번 Stephen Arterburn과 잭 펠튼 Jack Felton은 그들의 책 『해로운 신앙 *Toxic Faith*』에서 종교 중독 여부를 판별하기 위한 기준으로 다음과 같은 질문을 제시한다.[11]

1. 당신의 가족들이 당신이 자기들과 시간을 보내는 대신 늘 교회에만 나간다고 불평한 적이 있는가?

2. 어쩌다가 주일 예배에 참석하지 못할 경우 극심한 죄책감을 느끼는가?

3. 하나님께서 늘 당신이 하는 일을 지켜보고 계시며, 혹시라도 당신이 옳게 행동하지 않으면 당신에게 등을 돌리고 복을 내리지 않으실 것이라고 느끼는가?

4. 당신이 그렇게 할 때 하나님께서 당신을 부유하게 만들어 주시리라고 믿기에 목회자에게 은밀하게 돈을 주고 있는가?

5. 목회자와 성관계를 가진 적이 있는가?

6. 목회자와 상의하지 않은 채 어떤 일에 대한 결정을 내릴 때 두려움을 느끼는가?

7. 하나님께서 당신이 그분과 함께 살아가기 위해 당신 자신이나 다른 이들을 파멸시키기 원하신다고 생각해 본 적이 있는가?

---

11. Stephen Artherburn and Jack Felton, *Toxic Faith* (Nashville, Tenn.: Oliver-Nelson Publishers, 1991).

8. 당신이 어린 시절에 저질렀던 어떤 나쁜 일 때문에 하나님께서 지금도 당신에게 벌을 주고 계시다고 믿고 있는가?

9. 만약 당신이 좀더 열심히 노력한다면 하나님께서 당신을 용서해 주시리라고 여기는가?

10. 누군가 당신에게 당신의 목회자가 당신의 생각과 감정을 조종하고 있다고 말해 준 적이 있는가?

✳ ✳ ✳

사람들이 영적 학대의 성격을 지닌 교회 안에 머물러 있는 이유는 그들이 얼마간이라도 그 교회에 적응하고 있기 때문이다. 그런 교회에서 빠져 나오기 위해서는 몇 가지 전제조건들이 필요하다.

첫째, 자기들이 영적으로 학대당하고 있음을 깨닫고 그것에 대해 도움을 요청할 수 있어야 한다. 또한 충분한 정보를 바탕으로 그동안 자기들이 경험해 온 것을 "학대"라고 규정할 수 있어야 한다.

둘째, 마음의 갱신이 필요하다. 아주 실제적인 의미에서 그들은 영적으로 세뇌당해 왔다. 그들은 하나님이 참으로 어떤 분이신지, 그리고 그분이 그들의 가치와 용납의 문제를 해결하기 위해 얼마나 아름다운 일을 하셨는지를 깨달아야 한다. 그들은 하나님의 은혜의 선물에 근거한 자신들의 새로운 정체성에 대한 좋은 소식을 들어야 한다.

셋째, 감정적, 심리적, 그리고 영적 상처로부터 치유를 얻을 수 있을 만큼 안전한 관계를 경험할 수 있어야 한다. 필요를 인정하기는 어렵다. 자신을 정직하게 그리고 두려움 없이 바라보는 것도 어렵다. 그러하기에 그들에게는 많은 지원이 필요하다.

넷째, 다시 안전한 관계라는 측면에서, 예수님으로부터 온 선물로서의 자신들의 새로운 정체성을 인식할 기회를 얻어야 한다.

다음 장에서 우리는 마음을 새롭게 하는 문제에 초점을 맞출 것이다.

Escape from Spiritual Abuse!

우리의 정체성은 다른 이들이 우리에게 행한 일들에 의해 결정되지 않는다. 우리 모두는 자기 자신의 경험의 의미를 해석하고 그 해석을 따라 결단한다. 서로를 지원하는 관계 안에서 우리는 올바른 해석과 결단을 할 수 있다. 그런 관계 안에서는 극단적으로 상처를 주는 환경조차 우리의 건강을 증진시키는 쪽으로 변화될 수 있다. 그러나 영적 학대의 성격을 지닌 교회에서는 상처에 상처가 더해진다. 사람들은 거짓말을 믿을 뿐 아니라 강력하게 옹호한다. 영적 학대로부터 회복되기 위해서 사람들은 진리의 말씀을 들어야 한다. 그들은 자기들에 대한 하나님 선택에 대해 알아야 한다. 즉 그들의 마음이 새로워져야 한다.

제18장

마음을 새롭게 하라

몰리는 나의(제프) 클라이언트였다. 그녀는 하나님의 은혜를 수용하는 문제를 두고 오랫동안 갈등해 왔다.

"하나님께서 당신을 사랑하신다는 것, 그리고 당신에 대한 그분의 입장이 우호적이라는 것을 받아들이기가 어째서 그렇게 어려운 거죠?" 내가 물었다.

"그 질문에 대한 답은 어렵지 않아요," 몰리가 고민할 것도 없다는 표정을 지으며 말했다. "내가 내 자신을 너무나 잘 알기 때문이에요. 나는 나의 모든 결점들을 알아요. 또한 내가 얼마나 부족한지도요."

우리에 대한 하나님의 입장은 예수님에 의해 이미 오래 전에 확정되었다. 그러나 우리 중 얼마나 많은 이들이 지금도 여전히 자기 자신에게 그리고 영적 행위에 몰입함으로써 "몸의 행실을 죽이도록"(롬 8:13) 훈련을 받고 있는가? 우리는 하나님의 이름으로 이루어지는 "자기에 대한 몰입"이 여전히 "자기에 대한 몰입"에 불과하다는 것을 잊고 있다. 그러나, 만약 의와 성결이 여전히 우리의 의무라면, 결국 우리는 우리 자신에게 좀더 집중하는 것이 옳다.

몰리는 더 이상 학대적인 교회에 소속되어 있지 않았음에도 여전히 자기 자신을 평가하는 일로 되돌아가고 있었다. 그러나 그녀뿐 아니라 우리 모두에게 놀랄 만큼 기쁘고 좋은 소식이 있다. 그것은 그런 상태로부터의 회복을 위한 길이 있다는 것이다.

율법사 게임

당신이 그리스도인들을 위한 비디오 게임을 하고 있다고 상상해 보라. 그 게임의 이름은 "율법사"이다. 스크린 위에 나타나는 여러 건물과 장소들은 사람들이 기독교적 삶을 살아가는 데 필요한 지원을 얻을 수 있는 곳을 가리킨다. 스크린 하단에 있는 녹색 바는 게이머의 영적 에너지의 수준을 가리킨다. 게이머로서 당신이 해야 할 일은 기독교적 삶을 살면서 스크린에 나타난 여러 장소를 찾아다니는 것이다. 당신은 암에 걸린 당신의 어머니를 찾아가 하나님께서 어머니에게 건강과 내적 위로의 선물을 주시기를 바라며 기도한다. 당신은 탈진한 일 중독자를 찾아가 예수께서 십자가에서 이루신 일에 의지해 쉼을 얻으라고 권면한다. 당신은 음식이 필요한 사람을 찾아가 음식물을 전한다. 때로 당신은 당신의 가족에게 "예"라고 말하기 위해 당신의 시간을 필요로 하는 다른 누군가에게 "아니오"라고 말한다. 이따금 당신은 마귀의 행동에 맞서 기도할 때도 있다. 때로 당신은 휴식을 취하며 아무 일도 하지 않는다. 혹은 그저 하나님의 은혜에 관해서 생각하다가 자신이 그분께서 사랑하시는 그분의 자녀임을 깨닫고 놀라워한다.

그러나 그 여행 과정에서 당신은 당신이 얼마나 흠이 많은지, 그리고 당신이 해야 할 일을 얼마나 불성실하게 하고 있는지를 알려 주는 수많은 메시지들을 받게 된다. 그럴 때마다 당신은 상처를 입거나 지친다. 혹은 자신이 누구이며 누구에게 속해 있는지를 망각한다. 당신에 대한 사람들의 의견이 점점 더 중요해진다. 결국 당신은 당신에게 처방된 이런저런 종교적 행위에 의존하기 시작한다. 그러면서 이미 오래 전에 당신의 것이 되어 있는 것을 얻기 위해 애쓰기 시작한다.

그런 당신에게는 몇 가지 좋은 소식이 필요하다. 그래서 당신은 친구에게서 기독교 서적을 한 권 빌린다. 혹은 성경 공부를 위해 교우들의 집이나 기독교 세미나가 진행되고 있는 장소를 찾아간다. 무엇보다도 당신은 교회로 갈 수도 있다. 그런 곳들은 모두 안전해 보인다.

그러나 과연 그런 곳들이 실제로 당신에게 하나님의 사랑과 은혜를 입을 기회를 제공하고 있는가? 당신에 대한 하나님의 용납이 값없는 선물이며 당신이 하는 일이 아니라 예수께서 하신 일에 기초해서 이미 확보되어 있다는 좋은 소식은 도대체 어디에 있는가? 당신이 그리스도를 통해 얻은 새로운 정체성이 성령에 의해 확립되고 인쳐졌음을 상기시켜 주는 것들은 어디에 있는가? 당신의 슬픔에 대한 위로, 당신의 상처에 대한 눈물, 혹은 당신의 지친 영혼을 위한 쉼은 어디에 있는가?

당신은 다른 신호들을 취하기 시작한다. 당신은 예전과 같은 방식으로 느끼기 시작한다. 초록색으로 된 당신의 영적 에너지 바가 갑자기 줄어들기 시작한다. 바로 그때 당신의 영적 비상경보기가 큰소리를 내며 울린다. "율법사"가 나타난 것이다! 그는 성경을 손에 들고 행진하며 소리친다. "우카, 우카 우카!" 그리고 그는 당신에게 당신이 해야 할 수많은 영적인 일들의 목록을 제시한다. 당신이 그 일들을 수행할 때마다 당신의 에너지 바는 그만큼씩 줄어든다. 당신의 에너지는 떨어지고 떨어지고 또 떨어진다!

바울은 자꾸 율법으로 되돌아가려는 자들을 향해 묻는다. "너희의 복이 지금 어디 있느냐"(갈 4:15). 또 그는 다음과 같이 말한다. "그리스도께서 우리를 자유롭게 하려고 자유를 주셨으니 그러므로 굳건하게 서서 다시는 종의 멍에를 메지 말라 … 너희가 달음질을 잘 하더니 누가 너희를 막아 진리를 순종하지 못하게 하더냐 그 권면은 너희를 부르신 이에게서 난 것이 아니니라"(갈 5:1, 7-8).

영적 학대의 단서들

영적 학대를 진단하기 위한 테스트 같은 것은 없다. 오직 그것을 보여 주는 몇 가지 단서들이 있을 뿐이다. 그것들은 기독교적 삶에서 느끼는 기쁨의 결여, 기준에 도달하기 위해 애쓰는 과정에서 얻어지는 피곤함, 하나님과 영적인 일들에 관한 환멸, 불안, 신뢰의 결여, 혹은 영적인 일을 적절하게 수행하는 사람들에게 두려움을 느낌, 가장 좋은 친구 Friend를 잃어버렸다는 의식, 사실이기에는 너무 좋아 보이는 좋은 소식에 대한 냉소 또는 슬픔 등이다.

그런데 도대체 이런 일들이 어떻게 일어날 수 있는 것인가? 예수께서는 자신이 우리에게 오신 것이 우리에게 쉼과 풍성한 삶을 가져다주기 위해서라고 말씀하셨는데 말이다. 또한 다윗이 다음과 같이 노래하고 있는데 말이다.

주는 선하사 사죄하기를 즐거워하시며 주께 부르짖는 자에게 인자함이 후하심이니이다 (시 86:5)

바울의 말이다.

한 사람의 범죄로 말미암아 사망이 그 한 사람을 통하여 왕 노릇 하였은즉

더욱 은혜와 의의 선물을 넘치게 받는 자들은 한 분 예수 그리스도를 통하여
생명 안에서 왕 노릇 하리로다 (롬 5:17)

그의 또 다른 말이다.

나의 하나님께서 그리스도 예수 안에서 영광 가운데 그 풍성한 대로 너희
모든 쓸 것을 채우시리라 (빌 4:19)

베드로의 말이다.

그러나 너희는 택하신 족속이요 왕 같은 제사장들이요 거룩한 나라요 그의
소유가 된 백성이니 이는 너희를 어두운 데서 불러 내어 그의 기이한 빛에
들어가게 하신 이의 아름다운 덕을 선포하게 하려 하심이라 너희가 전에는
백성이 아니더니 이제는 하나님의 백성이요 전에는 긍휼을 얻지 못하였더니
이제는 긍휼을 얻은 자니라 (벧전 2:9-10)

당신은 하나님을 사랑한다. 그리고 한때 그분의 풍성하심을 경험한 적도
있다. 그런데 도대체 지금은 왜 그런 경험을 하지 못하는 것인가?
바울은 로마에 있는 교인들에게 다음과 같이 말했다. "너희는 이 세대를
본받지 말고 오직 마음을 새롭게 함으로 변화를 받아 하나님의 선하시고
기뻐하시고 온전하신 뜻이 무엇인지 분별하도록 하라"(롬 12:2). 이것은 밖에
있는 것들이 당신의 내면에 영향을 주게 하지 말고, 오히려 안에 있는 것의
변화를 통해 밖으로 나아가라는 뜻이다. 이 구절에서 사용된 "변화하다"에
해당하는 헬라어는 애벌레가 나비가 되는 식으로 변화하는 것을 의미한다.

그것은 "당신에 의해서"가 아니라 "당신에게" 일어난 무언가를 의미한다. 지금 바울은 "네 자신을 변화시켜라 Change yourself"라고 말하는 게 아니다. 오히려 그는 당신이 마음을 바꿔먹으면 "당신이 변화될 것이다 You will be changed"라고 말하고 있는 것이다.

바울은 우리에게 "위의 것을 생각하고 땅의 것을 생각하지 말라"(골 3:2)라고 말한다. 땅의 것에 관심을 두는 자들의 마음이 변화되는 것은 불가능하기 때문이다.

우리의 존재는 첫날부터 문제였다

언젠가 다윗은 이렇게 노래한 적이 있다. "내가 죄악 중에서 출생하였음이여 어머니가 죄 중에서 나를 잉태하였나이다"(시 51:5). 이때 다윗은 남녀간의 성교가 악한 것이라고 말하려 했던 것이 아니다. 자기 어머니가 자기를 임신했을 때 무언가 악한 죄를 지었다고 말하려 했던 것도 아니다. 이 구절은 하나님께서 자신의 상황을 바꿔주시기를 간구하는 기도의 맥락에서, 즉 그가 통회하는 죄인으로서 은혜로우신 하나님께 탄원을 드리는 문맥에서 나타난다. 다윗은 자신의 상황이 "첫날"부터 정상이 아니었음을 의식하고 있다. 그가 태어난 날부터 그는 하나님께 가닿기 위한 길을 발견할 필요가 있었던 것이다. 그리고 마침내 그는 그 길을 발견했다.

이 세상에 태어난 우리 모두는 다윗만큼이나 곤궁한 존재다. 그리고 세상은 자기가 우리의 필요를 충족시켜 주겠다고 약속한다. 하지만 세상이 우리에게 제공하는 것은 우리의 필요를 충족시켜 주지 못한다. 그래서 우리는 자신의 필요를 충족시키기 위해 이런저런 것들을 고안해 낸다. 그러나 결국 우리는 그 모든 것들로 인해 죄를 지을 뿐이다. 우리는 절대로 과녁을 맞히지 못한다(바로 그것이 신약성경에 나타나는 죄에 대한 유명한 정의다). 그로 인한 결과는 그동안의 우리의 노력이 적극적인 것이었든 소극적인 것이었든 상관 없이 동일하다. 우리는 이런저런 노력을 할 수 있고, 우리 자신을 이런저런 것들로 감쌀 수 있고, 많은 이들에게 칭찬을 받을 수도 있다. 그러나 우리가 태어난 첫날부터 우리에게 필요했던 것은 새로운 행동이 아니라 새로운 정체성이었다. 그러나 우리에게는 그것을 얻기 위해 무언가를 할 수 있는 능력이 전혀 없었다. 바울은 우리의 그런 상황을 두고 "우리가 아직 연약할 때에"(롬 5:6)라고 묘사한 바 있다.

같은 상황이 계속되었다

우리 모두는 성장하는 과정에서 우리에게 온갖 수치스러운 메시지를 보내는 관계들을 경험했다. 그런 관계들은 우리의 정체성을 나쁘게 그리고 무언가 결함이 있는 것으로 규정했다. 그런 일이 일어나는 방식을 보여 주는 한 가지 예가 있다.

지금 30세인 베스는 5남매의 막내이고 위로 두 명의 오빠와 두 명의 언니가 있다. 그런데 웬일인지 그녀는 늘 자기가 자신의 가족에게 꼭 필요한 존재가 아니라고 느꼈다. 그러나 도대체 자기가 왜 그런 느낌을 갖는지를 알 수가 없었다. 어쨌거나 그녀는 자기가 가족들 중 그 누구에게도 달갑지 않은 존재라고 느꼈다. 자연히 그녀와 그녀의 엄마의 관계는 늘 팽팽한 긴장의 연속이었다. 얼마 전 그들 두 사람은 함께 오후 시간을 보냈는데, 그때 호기심이 발동한 베스가 엄마에게 물었다.

"엄마는 자식을 몇이나 원했던 거야?"

즉각 대답이 왔다.

"넷."

베스의 마음이 찢어졌다. 그날 밤 그들이 레스토랑에서 식사를 할 때 엄마가 최근에 사귄 친구가 그들에게 다가와 인사를 했다.

"이 아가씨는 누구죠?" 엄마의 새 친구가 베스를 가리키며 물었다.

엄마가 대답했다.

"제 막내딸이에요."

"자녀가 몇이세요?" 엄마의 친구가 다시 물었다.

베스는 그때 자기 엄마가 했던 말을 전하며 눈물범벅이 되었다. 엄마의 대답은 그녀가 자라면서 느꼈던 감정의 이유를 갑자기 아주 분명하게 밝혀 주었다.

"엄마가 그분에게 이렇게 말했어요. '아들 둘, 딸 둘, 그리고 또 딸 하나예요.'"

우리 모두는 우리에게 수치를 안겨 주는 환경들에 둘러 싸여 있다. 그런 환경들은 아주 다양하다. 식구들끼리 막말과 비난을 주고받는 가정들이 있다. 부모가 자식들의 행위를 통해 자신들의 필요를 채우고 자식들에게 수치와 관련된 메시지를 주입시키는 가정들도 있다. 학교와 교회와 직장에서 온갖 교묘한 방식으로 행해지는 학대는 그 학대의 피해자들에게 계속해서 수치심을 불러일으키고 있다.

빌보드 차트, 잡지 광고, TV 광고 등은 특정한 상품이 우리를 더 강력하게, 가치 있게, 사랑스럽게, 혹은 유능하게 해줄 수 있다고 약속한다. 그리고 그렇게 함으로써 우리의 현재 상황이 그런 기준에 비추어 한참 모자란다는 의식을 갖게 만든다. 또한 영적 학대의 성격을 지닌 여러 가지 관계들은 우리에게 이런저런 수행을 요구하며 그 과정에서 우리가 기준에 미치지 못한다는 이유로 우리를 부끄럽게 만든다.

정죄의 메시지는 우리의 행동이나 겉모습에만 국한되지 않는다. 그것은 우리 자신을 향하고 우리 자신에게 떨어진다. "네가 문제야." "네가 걸림돌이야." "그건 여자 애들이나 하는 짓이야." "너는 멍청하고, 뚱뚱하고, 추하고, 무능하고, 게으르고, 무가치하고, 이기적이야." "부끄러운 줄 알아!" 이런 말들은 모두 우리의 정체성의 핵심을 공격한다.

잘못된 반응

생명의 주님이신 예수 그리스도와 관계를 맺지 못하는 자들에게는 생명이 없다. 그런 상태에 있을 때 우리는 "우리의 행동"에 결함이 있을 뿐 아니라 "우리 자신"에게 문제가 있다고 느낀다. 그리고 하나님께서는 그런 우리를 사랑하실 수 없을 것이라고 여긴다. 그러나 그렇지 않다. 오히려 그분은 그런 우리를 아주 많이 사랑하신다! 시편 기자는 노래한다.

너희 모든 나라들아 여호와를 찬양하며 너희 모든 백성들아 그를 찬송할지어다 우리에게 향하신 여호와의 인자하심이 크시고 여호와의 진실하심이 영원함이로다 할렐루야 (시 117:1-2)

예수님의 말씀이다.

하나님께서 그 해를 악인과 선인에게 비추시며 비를 의로운 자와 불의한 자에게 내려주심이라 (마 5:45)

하나님께서 그렇게 하시는 것은 그분이 "이 세상을 이처럼 사랑"하시기 때문이다(요 3:16).

우리에게 결함이 있다는 것은 우리의 문제가 우리 자신이라는 것을 의미한다. 우리는 우리의 상황을 바로 잡을 능력이 없는, 그래서 죽은 것이나 다름없는 죄인들이다. 그러나 자신에 대해 긍정적인 견해를 얻기 위해 자기의 행동을 변화시키고자 하는 것은 아주 잘못된 반응이다. 그것은 실패할 경우에는 수치심으로, 그리고 성공할 경우에는 자기의로 이어질 뿐이다. 최악의 경우에 그것은 그 어떤 생명도 갖고 있지 않은 자들에게 그들이 생명을 갖고 있다는, 그리고 하나님의 승인을 얻어냈다는 환상이나 제공할 뿐이다.

반면에 바울은 우리의 결함 혹은 수치와 관련해 다음과 같이 말한다. "누구든지 그를 믿는 자는 부끄러움을 당하지 아니하리라"(롬 10:11). 이 말씀이 우리에게 주는 교훈은 자기에 대한 부정적 개념을 바로잡기 위해 자신의 행동을 변화시키고자 하는 것은 잘못이라는 것이다. 그런 식의 반응은 우리가 우리의 죄와 수치가 예수 그리스도를 통한 하나님의 행위로 인해 완전히 지워졌고 우리의 새로운 정체성이 이미 형성되어 있다는 사실을 제대로 이해하거나 믿지 못하기 때문에 나타나는 것이다. 그것은 우리의 삶을 부정적인 자아를 개선하기 위한 자기 노력이라는 힘겨운 상황 속으로 몰아넣는다. 그러나 하나님께서는 우리의 자아를 이미 새로운 피조물로 대체해 놓으셨다. 그러니 우리의 그런 노력은 얼마나 안타까운 시간의 낭비인가!

완악한 반응

그런데 우리 중에는 자기들의 수치를 없애기 위해 선한 행위를 하려 하기보다 오히려 그 수치에 어울리는 방식으로 행동하는 이들도 있다.

자기 아내를 때리는 남편의 경우를 생각해 보자. 그 행위가 그에게 주는 메시지는 무엇인가? 아주 분명하다. "너는 아주 나쁜 남편이다!" 그렇다면 이 사람은 자기가 그렇게 나쁜 남편이라는 사실에 대해 어떻게 느껴야 할까? 두 말할 것도 없이, 자신이 수치스럽고 악하다고 느껴야 한다. 그렇다면 이 남편이 자기에 대해 그렇게 느끼기 위한 최선의 방법은 무언인가? 계속해서 아내를 때리는 것이다!

과식하는 사람의 경우는 어떠한가? 그 행위가 그에게 주는 메시지는 무엇인가? 아주 분명하다. "너는 의지가 약하고 뚱뚱하고 영적이지 않고 훈련되지 않은 사람이다!" 그렇다면 그는 자신이 그런 사람이라는 사실에 대해 어떻게 느껴야 할까? 두 말할 것도 없이, 자신이 의지가 약하고 결함이 있고 수치스럽다고 느껴야 한다. 그렇다면 이 사람이 그렇게 느끼기 위한 최선의 방법은 무엇인가? 계속해서 과식하는 것이다!

이런 원리를 우리의 영적 행위에 대입해 보자. 어떤 이가 성경을 읽지 않는다고 치자. 그것은 그 사람에 관해 무엇을 말해 주는가? 아주 분명하다. "너는 게으르고 영적이지 않다!" 그렇다면 그는 자신이 그런 사람이라는 것에 대해 어떻게 느껴야 할까? 두 말할 것도 없이, 자신이 게으르고 영적이지 않다고 느껴야 한다. 그렇다면 그 사람이 그렇게 느끼기 위한 최선의 방법은 무엇인가? 계속해서 성경을 읽지 않는 것이다!

이상은 모두 자신의 잘못에 대해 완악하게 반응함으로써 점점 더 깊은 수렁으로 빠져드는 이들의 딜레마를 보여 준다. 사실 오늘날 많은 이들이 그런 절망적인 딜레마에 빠져 있다. 그렇다면, 이런 딜레마에 대한 우리의 답은 무엇인가? 그것은 좀더 노력하라는 것도, 포기하라는 것도 아니다. 우리의 답은 "마음을 새롭게 하라"는 것이다(롬 12:2). 즉 자신이 새로운 피조물임을 기억하고 받아들이라는 것이다. 무언가를 위한 노력은 그 후에 해도 된다. 가장 필요한 것은 마음을 새롭게 하고 자신의 새로운 정체성을 깨닫는 것이다.

갈라디아서에서 바울은 다음과 같이 말한다. "할례나 무할례가 아무것도 아니로되 오직 새로 지으심을 받는 것만이 중요하니라"(갈 6:15). 우리가 앞에서 설명했던 우리의 모든 싸움의 초점은 바울의 그것과 정확하게 반대다. 그동안 우리는 우리의 정체성이 아니라 우리의 외적 행위와 상황을 변화시키기 위해 헛되이 싸워왔다. 그리고, 이미 보았듯이, 우리가 자신의 행위를 통제하면 하면 할수록, 우리는 그만큼 더 다른 이들에게도 우리와 같은 행위를 요구하게 된다.

새로운 피조물

그동안 알게 모르게 우리 모두는 자신의 정체성에 대한 이해를 얻기 위해 자신의 바깥을 내다보도록 프로그램 되어 왔다. 다른 이들의 행위와 의견, 우리 자신의 행위, 우리가 수집한 정보 등이 합력해 우리가 누구인지를 말해 준다. 바울은 이것을 "육체를 신뢰하려는 마음"이라고 부른다(빌 3:4).

여기에서 우리는 시편 51편을 살필 필요가 있다. 거기에서 다윗은 영적으로 올바른 자리, 즉 부서지고 심령이 가난한 상태에서 시작해서 그의 눈을 모든 생명의 참된 근원이신 분을 향해 들어올린다. 그는 하나님께서 자신의 삶에 개입해 주시기를 요청한다. 그는 하나님께 단지 자신을 "고쳐 달라고"가 아니라 자신을 "새롭게 창조해 달라"고 간구한다. "나를 정결하게 하소서 내가 정하리이다 … 내 속에 정한 마음을 창조하시고 내 안에 정직한 영을 새롭게 하소서"(7, 10절).

예언자 에스겔은 하나님께서 스스로 하시겠노라고 약속하신 일을 묘사하면서 다음과 같이 말한다. "맑은 물을 너희에게 뿌려서 너희로 정결하게

하되 곧 너희 모든 더러운 것에서와 모든 우상 숭배에서 너희를 정결하게
할 것이며 또 새 영을 너희 속에 두고 새 마음을 너희에게 주되 너희 육신에서
굳은 마음을 제거하고 부드러운 마음을 줄 것이며"(겔 36:25-26).

참으로 이것은 하나님께서 우리를 위해 이루신 놀라운 일이다. 히브리서
기자는 다음과 같이 말한다.

우리가 마음에 뿌림을 받아 악한 양심으로부터 벗어나고 몸은 맑은 물로 씻음을
받았으니 참 마음과 온전한 믿음으로 하나님께 나아가자 (히 10:22)

바울의 말이다.

우리를 구원하시되 우리가 행한 바 의로운 행위로 말미암지 아니하고 오직
그의 긍휼하심을 따라 중생의 씻음과 성령의 새롭게 하심으로 하셨나니 우리
구주 예수 그리스도로 말미암아 우리에게 그 성령을 풍성히 부어 주사 (딛 3:5-6)

그가 고린도후서에서 한 말이다.

그런즉 누구든지 그리스도 안에 있으면 새로운 피조물이라 이전 것은 지나갔으
니 보라 새 것이 되었도다 (고후 5:17)

그리스도 안에 있는 우리는 부분적으로는 낡고 부분적으로는 새로운
존재가 아니다. 만약 우리가 그런 존재라면, 바울은 "우리가 새로워졌다"고
말했을 것이다. 그러나 바울은 그렇게 말하는 대신 그리스도 안에 있는
모든 이들이 "새로운 피조물"이라고 말했다. 새로운 피조물이란 새로운 존재

를 얻게 된 그 무엇을 의미한다. 하나님께서는 우리를 개선하지 renovate 않고 혁신하신다 innovate. 우리는 옛상태로 회복되는 rehabilitated 것이 아니라 재창조된다 re-created. 바로 그것이 그리스도 안에 있는 우리의 새로운 상태와 새로운 정체성이다. 우리가 낡은 그리고 덫에 빠져들게 하는 행위를 반복하거나 우리에게 그 어떤 생명과 자유도 제공하지 못하는 영적 지도자들의 독재에 굴복하지 않기 위해 필요한 것이 바로 이와 같은 인식이다.

＊ ＊ ＊

우리가 새로워질 필요가 있기에 하나님께서 개입하셔야 한다는 사실을 알고 그분이 개입해 주시기를 요청하는 것과, 그분께서 이미 그런 일을 해오셨음을 믿고 그 일의 실제적 의미를 이해하는 것은 서로 다른 문제다. 우리 중 많은 이들은 이런 진리를 다시금 해방시켜서 그것이 우리 안으로 스며들게 하고 또한 그것이 우리를 우리의 내부로부터 변화시키도록 허락하는 것과 관련해 큰 어려움을 겪고 있다. 그것은 그동안 우리가 그것과 반대되는 혈과 육의 증거들을 너무 많이 보아 왔기 때문이다. 그러기에 우리의 눈을 "위에 있는 것들"에 고정시키는 것은 아주 어려운 싸움이 될 수밖에 없다. 그것은 영적으로 학대를 당해 온 자들만이 아니라 모든 기독교인들에게 그러하다.

다음 장에서 우리는 믿음의 실제적 싸움에 대해 좀더 상세하게 살필 것이다.

■ ■ ■

"사람이 의롭다 하심을 얻는 것은 율법의 행위에 있지 않고 믿음으로
되는 줄 우리가 인정하노라"(롬 3:28)

Escape from Spiritual Abuse!

영적 학대는 사람들로 하여금 계속해서 자기 자신에게 관심을 두도록, 옳은 일을 하는 데 집착하도록, 그리고 권위자들에게 기쁨을 주기 위해 애쓰도록 만든다. 그러나, 회복이 시작되면, 우리의 관심의 초점은 하나님과, 그분이 하신 일과, 그로 인해 새로워진 우리의 상황에 맞춰진다. 또한 그 초점은 은혜로 충만한 열린 관계를 통해 계속해서 유지된다.

제19장

올바른 초점을
회복하라

여러 해 전의 일이다. 내(제프) 아내가 새벽 2시에 연기 냄새를 맡고 잠에서 깨어났다. 깨어 보니 온 방안이 짙은 연기로 가득 차 있었다. 아내는 나를 흔들어 깨운 후 아이들 방으로 달려갔다. 우리는 침낭 몇 개를 움켜쥐고 밖으로 나와 소방서에 전화를 했다. 그리고 2월의 차가운 밤공기를 맞으며 마당에 주차되어 있던 차 안으로 뛰어 들어갔다.

얼마 후, 밤의 침묵을 깨뜨리는 사이렌 소리와 함께 달려온 소방차 한 대가 우리 집 앞에 멈춰 섰다. 노란색 옷을 입은 우주인을 닮은 소방대원들 6명이 집 안으로 돌진했다. 부피가 큰 장비들을 착용한 그들의 몸집은 보통 사람의 두 배는 되어 보였다.

우리는 소방대원들이 작업하는 동안 추운 차 안에서 기다려야 했다. 우리는 이제 곧 우리 집이 시뻘건 불길에 휩싸일 것이라고 예상했다. 그러나 불길은 일어나지 않았다. 게다가 더 이상 연기도 새어나오지 않았다. 우리는 집 안에서 벌어지고 있는 상황을 알지 못해 초조했다. 마침내 내가 차 문을 열고 밖으로 나섰다.

"무슨 일이 벌어지고 있는지 가서 확인해 봐야겠어."

차가운 밤공기를 뚫고 집 안으로 달려가는 내게 아내가 소리쳤다.

"아이들 사진 꼭 챙겨요."

집 안은 유령의 도시처럼 조용했다. 소방대원들도 보이지 않았다. 내가 그들을 발견한 것은 지하실에서였다. 그곳의 광경은 나에게 안도의 한숨과 함께 웃음을 안겨 주었다. 6명의 소방관들이 우리 집 지하실에 아주 불편한 모습으로 쪼그리고 앉아 있었다. 지하실 천장의 높이가 170cm밖에 되지 않았기 때문이다. 그들 중 하나가 말했다.

"범인을 잡았어요."

우리 가족을 차가운 밤공기 속으로 내몰았던 연기는 고장난 난방로의 냉기 흡입 모터에서 새어 나온 증기였다. 전기로 인해 발생한 증기가 배관을 통해 모든 방 안으로 쏟아져 들어갔던 것이다. 그가 하는 말을 들으며 나는 난방로 곁에서 작업 중인 한 소방관을 바라보았다. 그는 헬멧과 우비와 산소 탱크와 장화와 도끼와 얼음통으로 무장한 채 난방로와 씨름하고 있었다. 그는 얼음통에 가득 찬 물을 손으로 떠 벌겋게 달궈진 흡입 모터 위로 끼얹었다. 물이 모터에 닿을 때마다 쉿쉿 소리를 내며 증기가 발생했다.

"저 사람은 저런 사소한 일을 하기에는 과도한 차림새를 하고 있군," 나는 속으로 웃으며 그렇게 생각했다.

최근에 나는 그 사건을 생각하다가 오늘날의 신자들의 상태를 떠올렸다. 오늘 우리는 모든 장비를 갖추고 있다. 온 우주의 창조자이신 하나님이 우리의 아버지이시다. 그분은 우리 편이시다. 예수 그리스도는 우리의 주님이요, 친구요, 형제요, 목자요, 의사이시다. 그분은 그분의 십자가를 통해 우리의 적을 영원히 물리치셨다. 성령은 우리 안에 거하시면서 우리를 성부로부터 오는 모든 것으로 구비시켜 주심으로써 우리가 이 세상에서 그리스도인으로서 살아가도록 도우신다. 즉 우리는 이 세상에서의 삶과 영원한 삶을 위해 필요한 모든 것을 하늘로부터 제공받고 있다.

물론 다른 측면도 있다. 사탄은 근친상간, 아동 학대, 가정 폭력, 알코올을 비롯한 수많은 중독들, 그리고 영적 학대 등을 통해 우리의 삶속에 자신의 요새를 세우고 있다. 그는 우리를 속이고, 우리의 것을 빼앗고, 우리를 노예로 삼고 있다. 그럼에도 오늘날 많은 교회들은 하나님의 진리와 은혜에 의지해 사탄과 맞서 싸우기는커녕 찬송가의 음조 같은 소소한 문제들이나 붙잡고 집안싸움을 하고 있다. 우리는 하나님이 아니라 교회 지도자들의 영적 만족을 위해 주일학교를 운영하고, 교회의 부속 건물들을 세우고, 위원회 활동을 하고, 각종 세미나에 참석하고 있다. 우리는 자녀들을 설득해 교회에 보내고 상을 약속하면서 성경 구절들을 암송하게 하는 일에 우리의 영적 에너지를 쏟아 붓고 있다. 우리는 사람들이 영화관에 가거나, 화장을 하거나, 교회에서 껌을 씹지 않게 하기 위해 온갖 영적 수행 목록들을 만들어 내고 있다. 우리는 사람들에게 특정한 기도와 예배의 형식을 가르치고 있다.

그러나, 만약 오늘 우리가 그 모든 것이 우리의 구원을 위해 꼭 필요한 일이라고 여긴다면, 지금 우리는 그날 우리 집 지하실에 쪼그리고 앉아있던 소방관들처럼 영적으로 지나치게 과도한 차림새를 하고 있는 셈이다.

혹시 지금 우리는 올바른 초점을 잃어버린 것은 아닐까? 혹시 지금 우리는 정말 중요한 일, 즉 하나님과의 단순하고 친밀한 관계를 통해 은혜와 능력을 얻는 일을 팽개친 것은 아닐까? 혹시 지금 우리는 "좋은 소식"이 더 이상 좋은 것으로 여겨지지 않을 만큼 계속해서 그 소식에 무언가를 덧붙이고 있는 것은 아닐까?

그리스도의 대사들

오늘날 많은 그리스도인들이 이처럼 올바른 초점을 잃어버리게 된 이유에 대해서는 몇 가지 설명이 가능하다.

그 중 하나는 교회에 출석하는 모든 이들이 참된 그리스도인은 아니기 때문이다. 참된 그리스도인은 그리스도를 통해 하나님으로부터 새로운 삶을 얻는다. 우리가 어떤 교리들에 집착하거나 그런 것들을 존중하지 않는 이들을 정죄한다고 해서 우리가 참된 그리스도인이 되는 것은 아니다. 오늘날 수많은 교회와 교인들이 죽은 것처럼 보이는 이유들 중 하나는 그들에게서 하나님께서 제공하시는 새로운 삶의 모습이 드러나지 않기 때문이다. 오늘날 많은 교회들이 교인들의 실제적 필요를 무시하고 온갖 종교적 수행, 교리, 외양, 건물, 주차장, 출석 인원 등에만 초점을 맞추고 있는 것은 그들이 참된 그리스도인이 아니라 세상에 속한 자들이기 때문이다.

또 다른 이유는 교회 자체가 병들었기 때문일 수 있다. 오늘날 많은 교회들은 소속 교인들의 해결되지 않은 문제들을 한데 모아 놓은 창고 혹은 그들의 역기능적 가정들의 판박이가 되어 가고 있다. 그런 상황은 교인들의 가정을 지배하고 있는 "말하지 말라"라는 규칙이 교회 안에서 그대로 재현되고 있기에 나타난다. 우리가 스스로 인정하지 않는 문제들로부터 치유를 얻을 방법은 없다. 대개 우리는 어떤 문제를 해결하지 못하고 간직하다가 우리가 맺는 또 다른 관계 속으로 그것을 가져간다. 그리고 교회의 지도자들이 그들 자신이나 다른 이들의 심각한 문제들을 "우리는 주님 안에 있기에 마땅히 행복해야 한다"라는 그럴 듯한 영성 아래로 몰아넣거나 각종 규칙이나 형식들로 덮어버리려 할 때, 그로 인해 발생하는 결과는 교회 전체가 영적으로 심각하게 병드는 것이다.

신약성경은 그리스도인들 사이에 존재하는 관계의 역학을 설명하기 위해 "서로"에 해당하는 헬라어를 50번 넘게 사용한다. 신약성경에서 "서로"라는 상호대명사는 어느 특정한 행위에 관련된 사람들 모두가 그 행위를 통해 유익을 얻는 경우에 사용된다. 그러므로 "서로 위로하라"(살전 4:18)라는 말씀은 모두가 서로를 위로함으로써 위로를 받으라는 것을 의미한다. 마찬가지로 "서로 사랑하라"(요 13:34)라는 말씀 역시 모두가 서로 사랑함으로써 사랑을 받으라는 것을 의미한다. 신약성경에 등장하는 이 "서로"라는 말은 우리가 서로의 삶에 개입하기를 바라시는 하나님의 의도를 알려준다. 그러므로 그 모든 "서로"라는 말은 우리 모두가 그리스도의 몸에 속한 다른 이들과의 관계를 통해 영적으로 강건해지도록 돕기 위해 쓰인 것이다.

영적 성숙의 기초는 우리가 우리의 모든 삶의 근원이신 하나님께 의존하는 것이다. 그 기초는 각각 그리스도에게 속해 있으면서 또한 서로에게 열려 있는 이들의 상호 개입과 의존을 통해 강화된다. 반면에 그런 상호 개입과 의존 대신 토론을 막고 질문을 허락하지 않고 억지로 교리를 주입시키는 일방적인 관계는 폐쇄적이고 고립되고 영적으로 병든 상황을 만들어 낼 뿐이다.

교회가 그리스도의 몸으로서 행동할 때, 그것은 적대적인 세상 한가운데 존재하는 안전한 장소가 될 수 있다. 그러나, 만약 그것이 영적인 덫이 된다면, 어떤 이들에게 그것은 세상에 존재하는 지옥이나 다름없는 것이 될 수도 있다.

바울은 우리를 "그리스도의 대사"(고후 5:20)라고 부른다. 대사는 다른 나라에 대해 자신의 조국을 대표하는 고위직이다. 두 나라가 분쟁할 경우, 대사는 그 분쟁의 한 가운데 존재하는 안전한 장소를 대표한다. 대사가 머무는 장소는 그의 모국이 통치하는 지역이 된다. 만약 당신이 당신에게 우호적이지 않은 나라를 여행하다가 위협을 느껴 당신의 나라의 대사관 안으로 들어간다면, 그때 당신은 그 나라 안에 있는 당신의 모국으로 들어간 셈이다.

이 세상은 우리의 집이 아니다. 바울은 우리가 "성도들과 동일한 시민이요 하나님의 권속"(엡 2:19)이라고 말한다. 또한 그는 "그러나 우리의 시민권은 하늘에 있는지라 거기로부터 구원하는 자 곧 주 예수 그리스도를 기다리노니"(빌 3:20)라고 말한다. 그리고 베드로전서 기자는 다음과 같이 말한다. "사랑하는 자들아 거류민과 나그네 같은 너희를 권하노니"(벧전 2:11). 우리는 하나님의 대사, 즉 불안한 세상의 한 가운데 존재하는 안전한 장소를 대표하는 자들이다.

히브리서 기자의 말이다.

우리에게 있는 대제사장은 우리의 연약함을 동정하지 못하실 이가 아니요 모든 일에 우리와 똑같이 시험을 받으신 이로되 죄는 없으시니라 그러므로 우리는 긍휼하심을 받고 때를 따라 돕는 은혜를 얻기 위하여 은혜의 보좌 앞에 담대히 나아갈 것이니라 (히 4:15-16)

우리의 아버지는 연민이 풍성한 왕이시다. 우리가 대표하는 그분의 은혜의 보좌는 안전한 곳이다. 그러므로 교회는 곤경에 처한 이들이 그 안에서 자기들을 돕는 은혜를 발견할 수 있는 안전한 장소가 되어야 한다. 바울은 말한다. "무릇 더러운 말은 너희 입 밖에도 내지 말고 오직 덕을 세우는 데 소용되는 대로 선한 말을 하여 듣는 자들에게 은혜를 끼치게 하라"(엡 4:29).

지치고 상처받은 사람들이 실질적인 도움은 하나도 받지 못한 채 아무짝에도 쓸모없는 신앙의 공식과 헛된 충고 따위나 받는 교회, 혹은 심지어 그들이 그런 처지에 놓였다는 이유로 수치를 당하는 교회는 연민이 풍성하신 우리의 왕을 대표하는 교회가 아니다.

우리가 해야 할 일

지금까지 우리는 종교적 수행을 지향하는 신앙이야말로 오늘날 교회 안에서 자행되는 영적 학대의 중요한 원인임을 강조해 왔다. 또한 우리는 그런 현상이 은혜를 통해 제공되는 그리스도 안에서의 삶에 대한 이해가 부족하기에 발생한다고 믿는다. 이제 그 은혜의 삶에 대해 생각해 보자.

요한복음 11장은 예수께서 그분의 친구였던 나사로를 죽음에서 일으키신 놀라운 기적 이야기를 전한다. 베다니로부터 나사로가 아프다는 소식이 왔다. 그러나 예수님은 즉각 베다니로 달려가시지 않고 이틀이나 시간을 지체한 후에 출발하셨다. 그분이 도착하셨을 때 나사로는 이미 죽어서 나흘간 이나 무덤에 누워 있었다. 나흘이라는 숫자는 아주 중요하다. 유대인들은 죽은 사람의 영혼이 사흘간은 시신 위에 머물지만 그 후에는 떠난다고 믿었기 때문이다. 그렇다면 나사로는 분명히 죽은 것이었다.

그러나 나사로의 누이인 마리아와 마르다로부터 그동안 일어난 일에 대해 들으신 예수님은 그들을 안심시키셨다. 그리고 곁에 서 있는 자들에게 무덤 입구에 있는 돌을 치우라고 명하셨다. 사람들이 돌을 치우자 예수님은 하늘을 우러러 보시며 잠시 기도를 드리셨다. 요한복음에서 우리는 그 후에 일어난 일과 관련해 다음과 같이 읽는다.

이 말씀을 하시고 큰 소리로 나사로야 나오라 부르시니 죽은 자가 수족을

베로 동인 채로 나오는데 그 얼굴은 수건에 싸였더라 예수께서 이르시되 풀어
놓아 다니게 하라 하시니라 (요 11:43-44)

여기에서 잠시 예수님의 명을 받고 무덤 입구에 있던 무거운 돌을 굴려냈
던 이들에 대해 생각해 보자. 죽은 자를 일으킬 만한 능력을 갖고 계신
예수님은 어째서 자신의 능력을 사용해 그 돌을 스스로 굴리지 않으셨을까?
그분은 그들의 도움 없이 나사로를 무덤 밖으로 나오게 하실 수는 없었던
것일까? 더 나아가, 이제 수건에 싸인 채 무덤에서 밝은 빛이 비추는 곳으로
걸어 나오는 나사로를 상상해 보라. 그를 무덤에서 불러내신 예수님은 그가
입었던 수의壽衣가 사람들의 도움 없이 스스로 떨어지게 하실 수는 없었던
것일까? 물론 우리는 예수께서 그 모든 일을 하실 수 있었으리라고 믿는다.
그렇다면 도대체 왜 그분은 그렇게 하시지 않았던 것일까?

우리는 예수께서 자기를 따르던 이들에게 무덤의 문을 굴리게 하시고
나사로의 수의를 벗겨내게 하신 데에는 그럴 만한 이유가 있었다고 믿는다.
죽은 교회와 가정과 사람들에게 새로운 생명을 가져다주실 분은 오직 예수님
한분뿐이시다. 그것은 그분의 일이다. 그러나 새 생명을 얻은 후에도 우리의
몸에는 여전히 수치, 자기의, 자신과 하나님에 대한 낡은 견해, 그리고 인간관
계를 해치는 나쁜 습관 같은 수의가 여전히 남아 있다.

그러므로 오늘의 교회는 다시 태어난 이들이 자유롭게 움직이는 것을
방해하는 수의를 벗겨 내는 장소가 되어야 한다. 그리고 바로 그것이 우리가
해야 할 일이다. 예수님은 우리에게 우리가 다른 이들을 위해 해야 할 일을
남겨 두셨다.

이 이야기에는 흥미로운 요소가 또 하나 있다. 만약 예수께서 나사로의
수의가 저 혼자 떨어지게 하셨다면, 나사로는 무덤에서 나왔을 때 벌거벗은

상태가 되었을 것이다. 그리고, 만약 그가 그런 상태로 사람들 앞에 섰다면, 그것은 그에게 큰 굴욕과 수치가 되었을 것이다. 그러기에 예수님은 주변에 있던 이들에게 나사로의 수의를 벗기게 하심으로써 나사로가 사람들 앞에서 그의 위엄을 잃지 않도록 하셨던 것이다. 마찬가지로 그리스도의 몸 안에 있는 우리들 역시 우리의 이웃들이 그들의 영적, 심리적, 감정적 수의를 벗는 일을 도와야 한다. 우리는 그들이 그들의 수의를 벗는 과정을 존중해야 하고 그 과정에서 그들의 위엄이 손상되지 않도록 배려해야 한다.

참으로 하나님의 은혜는 우리의 삶과 가치와 용납을 위한 참된 근원이다. 그리고 믿음은 우리가 그분의 은혜를 얻는 유일한 길이다. 하나님의 은혜는 그리스도께서 이루신 일을 통해 우리에게 값없이 제공되는 선물이다. 다른 모든 메시지들은 우리에게 삶의 의미를 추구하게 하되, 마치 그것이 우리가 갖고 있는 무언가로부터 혹은 우리가 행하거나 행하지 않는 무언가로부터 나오는 것처럼 여기도록 만든다. 부정적이고 공허한 행위를 통해 삶을 발견하도록 유혹을 받는 것은 심각한 문제다. 그러나 더 심각한 것은 겉보기에 영적인 것처럼 보이는 행위를 하도록 유인되는 것이다. 이것은 간파하기가 어렵기에 맞서 싸우기도 어렵다. 그리고 초점을 잘못 맞춘 이런 메시지가 기독교 가정이나 교회로부터 나온다는 것은 얼마나 안타까운 일인가!

그러므로 영적 학대의 희생자들은 다시 한 번 하나님에 관한 진리 혹은 좋은 소식에 초점을 맞출 필요가 있다. 아래에서 우리는 모든 신자들이 유념해야 하는 하나님에 관한 12가지의 진리 혹은 좋은 소식을 그것들에 해당되는 성경 구절들과 함께 제시하고자 한다.

1. 그분은 우리를 사랑하신다. "보라 아버지께서 어떠한 사랑을 우리에게 베푸사 하나님의 자녀라 일컬음을 받게 하셨는가, 우리가 그러하도다 그러므

로 세상이 우리를 알지 못함은 그를 알지 못함이라"(요일 3:1).

2. **그분은 은혜가 풍성하시다.** "이는 그가 사랑하시는 자 안에서 우리에게 거저 주시는 바 그의 은혜의 영광을 찬송하게 하려는 것이라 … 이는 그가 모든 지혜와 총명을 우리에게 넘치게 하사"(엡 1:6-8).

3. **그분은 우리를 굳건하게 하신다.** "우리를 너희와 함께 그리스도 안에서 굳건하게 하시고 우리에게 기름을 부으신 이는 하나님이시니 그가 또한 우리에게 인치시고 보증으로 우리 마음에 성령을 주셨느니라"(고후 1:21-22).

4. **그분은 믿을 만한 분이시다.** "또 약속하신 이는 미쁘시니 우리가 믿는 도리의 소망을 움직이지 말며 굳게 잡고"(히 10:23).

5. **우리는 완전히 새로워졌다.** "우리가 알거니와 우리의 옛 사람이 예수와 함께 십자가에 못 박힌 것은…"(롬 6:6). "그런즉 누구든지 그리스도 안에 있으면 새로운 피조물이라 이전 것은 지나갔으니 보라 새 것이 되었도다"(고후 5:17).

6. **우리는 선택되었다.** "곧 창세 전에 그리스도 안에서 우리를 택하사"(엡 1:4).

7. **그분이 보시기에 우리는 흠이 없다.** "우리로 사랑 안에서 그 앞에 거룩하고 흠이 없게 하시려고"(엡 1:4).

8. **그분의 것은 이미 우리의 것이다.** "모든 일을 그의 뜻의 결정대로 일하시는 이의 계획을 따라 우리가 예정을 입어 그 안에서 기업이 되었으니"(엡 1:11). "성령이 친히 우리의 영과 더불어 우리가 하나님의 자녀인 것을 증언하시나니 자녀이면 또한 상속자 곧 하나님의 상속자요 그리스도와 함께 한 상속자니"(롬 8:16-17).

9. **그분은 우리의 죄를 기억하지 않으신다.** "또 그들의 죄와 그들의 불법을 내가 다시 기억하지 아니하리라"(히 10:17).

10. 우리에게 힘들어 보이는 싸움과 고통은 그분에게는 큰 문제가 되지 않는다. "찬송하리로다 그는 우리 주 예수 그리스도의 하나님이시요 자비의 아버지시요 모든 위로의 하나님이시며 우리의 모든 환난 중에서 우리를 위로하사 우리로 하여금 하나님께 받는 위로로써 모든 환난 중에 있는 자들을 능히 위로하게 하시는 이시로다"(고후 1:3-4).

11. 우리는 그분이 이루신 일을 개선시킬 필요가 없다. "너희도 그 안에서 충만하여졌으니"(골 2:10). "그러므로 자기를 힘입어 하나님께 나아가는 자들을 온전히 구원하실 수 있으니 이는 그가 항상 살아 계셔서 그들을 위하여 간구하심이라"(히 7:25).

12. 우리가 실패하더라도, 예수님은 우리를 옹호하신다. "그가 항상 살아 계셔서 그들을 위하여 간구하심이라"(히 7:25). "만일 누가 죄를 범하여도 아버지 앞에서 우리에게 대언자가 있으니 곧 의로우신 예수 그리스도시라"(요일 2:1).

그리스도 안에서 사는 법 배우기

바울은 말한다. "우리가 어느 단계에 도달했든지 그 단계에 맞추어서 행합시다"(빌 3:16, 새번역-역주). 그는 "특정한 기준에 맞추어 살라"고 말하지 않는다. 오히려 그는 "우리가 어느 단계에 도달했든지"라고 말한다. 율법에 대해 말하자면, 우리가 율법의 기준에 맞추어 살기 위해 열심히 애씀으로써 율법의 요구를 충족시킬 수 있는 길은 없다. 우리가 율법의 요구를 충족시킬 수 있는 것은 우리가 그리스도 안에 있을 때뿐이다.

바울은 말한다. "할례나 무할례가 아무 것도 아니로되 오직 새로 지으심을 받는 것만이 중요하니라 무릇 이 규례를 행하는 자에게와 하나님의 이스라엘

에게 평강과 긍휼이 있을지어다"(갈 6:15-16). 여기에서 "규례"에 해당하는
헬라어는 법이나 계명을 의미하지 않는다. 그것은 "척도" 혹은 "자"를 의미한
다. 그러므로 여기에서 바울이 우리에게 하고자 하는 말은 새로운 피조물답게
살라는 것이다. 그리고 새로운 피조물이라는 척도에 맞추어 살아가는 자에게
는 평강과 긍휼이 있으리라는 것이다. 그런 일은 우리가 어떤 기준에 맞추어
살기 위해 더 열심히 노력함으로써 이루어지지 않는다. 그런 일은 우리가
그리스도 안에 거함으로써 이루어진다.

새로운 정체성에 의지해 살기

앞에서 우리는 사람들이 자기들의 행위에 근거해 수치심을 없애고, 하나
님과 사람들로부터 인정을 받고, 자신에 대해 좋은 인상을 만들어 내고자
애쓰는 것에 관해 말했다. 사람들이 이런저런 방식으로 행동하거나 혹은
행동하지 않는 것은 바로 그런 이유 때문이다. 그러나 그리스도 안에 있는
자들에게는 사정이 크게 다르다.

"그리스도 예수 안에 있는 자에게는 결코 정죄함이 없다"(롬 8:1). 또한
우리는 이미 그분 안에서 새롭게 되고 용납되고 완전하게 되었다. 그러므로
이제 우리는 우리의 삶을 다른 동기로 인해 살아갈 수 있다. 바울의 말처럼
"그리스도의 사랑이 우리를 강권하신다"(고전 5:14). 이제 우리는 무언가를
얻어내거나 자신의 선함을 입증하거나 다른 누군가를 기쁘게 하기 위해서가
아니라, 오직 예수께서 우리를 사랑하시고 우리 역시 그분을 사랑하기에
우리의 일을 해나갈 수 있다.

대개 우리는 성공적인 기독교적 삶이 선을 행하고 죄를 피하는 것과
관련되어 있다고 믿는다. 그러나 죄는 행위의 문제 이상이다. 죄는 우리가

우리의 정체성과 영적 능력을 얻기 위해 하나님을 의지하는 것을 잊을 때, 혹은 우리가 우리의 근원이신 하나님 외에 다른 무언가를 의지할 때 나타난다.

우리가 자신의 욕구를 충족시키기 위해 마약을 복용하거나 도적질을 하거나 간음을 하는 것은 죄다. 그런 일이 죄가 되는 것은 우리가 하지 말아야 할 일들의 목록에 실려 있는 무언가를 했기 때문이 아니다(이것은 우리가 실제로 그런 일을 했을지라도 그러하다). 그런 일이 죄가 되는 것은 우리가 우리에게 생명이나 의미를 줄 수 없는 무언가로부터 그런 것들을 얻어내고자 했기 때문이다. 그때 우리는 하나님 대신 거짓 신을 의지했던 셈이다. 그리고 그것은 과녁을 벗어난 것이다.

다른 한편, 만약 우리가 우리 자신을 정당화하거나 하나님이나 다른 사람들로부터 인정을 받기 위해 주일학교에서 아이들을 가르치거나 위원회에서 활동하는 것 역시 죄다. 이때의 죄는 우리가 해야 할 일들의 목록에 실려 있는 무언가를 하지 않았기 때문이 아니다. 왜냐하면 이 경우에 우리는 그것을 했기 때문이다. 그런 일이 죄가 되는 것은, 앞의 경우와 마찬가지로, 우리가 우리에게 생명이나 의미를 줄 수 없는 무언가로부터 그런 것들을 얻어내고자 했기 때문이다. 우리는 하나님을 의지하는 대신 거짓 신―그것은 그럴 듯해 보이기는 하나 역시 거짓에 불과하다―을 향해 돌아섰던 것이다. 그리고 이것 역시 과녁을 벗어난 것이다.

그러나 우리가 우리 안에 있는 어떤 죄를 깨달을지라도 그것이 곧 이제 더 이상 우리가 하나님의 은혜를 얻을 만한 가치가 없다는 것을 의미하지는 않는다. 오히려 그것은 그저 우리가 한동안 잘못된 근원에서 생명을 얻고자 했었음을 알려 주는 것에 불과하다. 그리고 그것은 우리에게 생명 자체이신 분의 약속 안에서 쉬는 법을 가르치기 위한 기독교적 삶의 과정의 일부일 뿐이다.

무엇보다도 우리는 영적 신경종말 nerve ending(신경섬유의 맨 끝 부분을 가리키는 의학용어-역주)에 해당하는 죄책감에 맞섬으로써 그렇게 한다. 죄책감은 우리에게 우리가 하나님과 생명이 아닌 죽음을 향해 달려가고 있다고 말한다. 그럴 때 우리는 하나님께 나아가 죄송하다고 말씀드려야 한다. 그러면 그분은 우리를 용서하신다. 그리고 그것으로 끝이다.

물론 우리는 여전히 우리의 행위의 결과들과 더불어 살아가야 한다. 그럼에도 우리는 하나님을 피해 달아날 필요가 없다. 우리는 우리가 잃어버린 영적 점수를 되찾기 위해 우리의 삶을 수정하느라 애쓰며 방황할 필요가 없다. 다만 하나님의 은혜에 의지하면서 과거의 잘못을 계속하지 않으면 되는 것이다.

우리가 수행해야 할 싸움은 오직 하나뿐이다. 그것은 바로 예수께 매달리는 것, 그리고 우리의 새로운 정체성과 우리가 그분 안에서 얻은 것에 합당하게 살아가는 것이다. 우리가 자신의 정체성과 그분 안에서 얻은 것들을 기억하며 살아갈 때 우리는 과녁을 제대로 맞힐 수 있다. 그리고 그런 경우에는 그 어떤 자기의도 나타나지 않는다. 오히려 우리는 하나님께 감사를 느낀다. 그리고 그분 앞으로 나아가 이렇게 말씀드린다.

"주님, 감사합니다."

생명을 얻는 길

바울은 말한다. "그러므로 너희가 그리스도 예수를 주로 받았으니 그 안에서 행하라"(골 2:6). 당신이 이미 들어선 길을 따라 걸으라! 당신도 알다시피, 우리가 예수님과 복된 관계를 맺은 것은 우리의 선행 때문이 아니다. 우리는 열심히 노력해서 하나님의 승인을 얻어낸 것이 아니다. 다만 우리는 예수님을 신뢰했고 그로 인해 그분이 주시는 선물을 받았을 뿐이다. 그러므로 계속해서 당신의 정당성의 근거이신 예수님을 바라보라. 참으로 기독교적인 삶은 단순하게 그리고 순전하게 하나님을 의지하는 것이다.

당신이 기독교적 삶의 첫걸음을 내딛었을 때 했던 것처럼 계속해서 하나님께서 이루시고 약속하신 일 안에서 쉼을 얻으라. 바로 그것이 우리의 영적 싸움의 핵심이다. 우리 중 얼마나 많은 이들이—그들은 이미 여러 해 동안 노력하고 애쓰면서 실패를 맛보았다—그분에게 나아가 모든 짐을 내려놓고 쉬어야 할 필요가 있는가? 우리를 향한 그분의 초대는 예나 지금이나 동일하다. 그분은 말씀하신다. "수고하고 무거운 짐 진 자들아 다 내게로 오라 내가 너희를 쉬게 하리라"(마 11:28).

Escape from Spiritual Abuse!

어떤 이들에게 지금의 교회를 떠나야 할지 아니면 남아 있어야 할지를 결정하는 것은 아주 심각한 문제다. 여러 가지 요소들이 그 문제를 둘러싸고 있다. 그 문제에 대해 보다 분명한 관점을 얻기 위해 이 장과 다음 장의 내용을 신중하게 살펴보라. 그 과정에서 당신은 보다 객관적인 인식을 통해 당신의 교회와 가족과 당신 자신에게 가장 적합한 결정을 내릴 수 있을 것이다.

어떤 이들에게 지금의 교회를 떠나야 할지 아니면 남아 있어야 할지를 결정하는 것은 아주 심각한 문제다. 여러 가지 요소들이 그 문제를 둘러싸고 있다. 그 문제에 대해 보다 분명한 관점을 얻기 위해 이 장과 다음 장의 내용을 신중하게 살펴보라. 그 과정에서 당신은 보다 객관적인 인식을 통해 당신의 교회와 가족과 당신 자신에게 가장 적합한 결정을 내릴 수 있을 것이다.

제20장

도망

존이 의자 깊숙이 몸을 묻은 채 자신의 이야기를 털어놓았다. 그는 교외에 있는 어느 성장하는 교회에서 6년간 담임목사로 사역해 왔다. 4년째 되던 해 어느 날 그가 자신에 관해 무언가를 깨닫기 전까지는 모든 일이 평탄하고 순조로웠다.

그 날 무엇보다도 그는 지금 자기가 대부분의 일들을 교인들에게 인정을 받기 위해서 하고 있다는 것을 깨달았다. 사실 그것은 아내와의 그리고 자녀들과의 관계에서도 마찬가지였다. 또한 그는 대부분의 교인들이 자기를 좋아하지만 몇몇 사람들이 여전히 자신을 탐탁지 않게 여긴다는 것을 떠올렸다. 무엇보다도 그는 교회가 애초에 그가 세웠던 5개년 발전 계획을 앞설 만큼 빠르게 성장하고 있음에도 그가 그의 모든 것을 바치고 있는 목회 사역에서 기쁨을 잃어가고 있었다. 그리고 그는 점점 지쳐가고 있었다.

존은 이런 문제들을 극복하기 위해 도움을 얻기로 결심했다. 우리와 상담 하는 동안 그는 자신의 사역과 가정의 문제들 대부분이 과거에 자신이 수행에 기초한 기독교 가정에서 성장하면서 받은 영향 때문이라는 것을 알게 되었다. 또한 그는 자신이 하나님의 은혜를 전하는 것을 사명과 직업으로 삼고 있음에도 정작 그 은혜를 실제로 경험한 적이 없다는 것도 깨닫게 되었다.

존의 말에 따르면, 상담이 진행되는 동안 은혜가 그의 안으로 "밀려들어 왔다." 그리고 그 은혜는 그에게 점점 더 값진 것이 되었고 또한 해방시키는 것이 되었다. 하나님의 은혜에 대한 새로운 깨달음은 그를 자기 자신에게서 해방시키는 동시에 그 자신의 내면 깊은 곳을 바라보게 했다. 그것은 아주 고통스러웠으나 또한 그를 자유케 하는 과정이기도 했다. 이제 자신의 삶과 사역에 대한 그의 태도는 완전히 바뀌었다. 그리고 그의 설교 역시 바뀌었다.

그런데 그의 새로운 설교에 대한 교인들의 반응이 문제가 되었다. 어떤 이들에게—대개 상처받고 지친 교인들이었다—하나님의 무조건적인 사랑, 신자들의 새로운 정체성, 그리고 자신의 고통 및 내적 싸움에 대해 정직해질 수 있는 능력에 관한 메시지는 사막에서 만나는 청량음료 같았다. 그들은 새로이 깨닫게 된 하나님의 은혜를 기뻐했고 전에는 상상도 할 수 없을 만큼의 개방성과 정직함으로 그 은혜에 응답했다. 상처받은 많은 이들이 치유를 얻었고 여러 가정들이 변화되기 시작했다.

그러나 다른 한편으로 그는 심상치 않은 저항을 받았다. 그것은 처음에는 직접적이기보다는 "건설적인 비판"의 형태로 제기되었다. 그를 찾아온 이들은 그에게 자기들이 전보다 더 그를 좋아한다며 다음과 같이 말했다. "그런데 목사님의 원래의 설교 방식으로 돌아갈 수는 없겠습니까?"

그러나 그들의 비판은 점차 그가 설교에서 했던 말들을 하나하나 끄집어내어 비판하는 식으로 수위가 높아졌다. 나중에는 그에 대한 신임 투표를 요구하는 모임이 결성되었다. 신임 투표는 그의 변화로 인해 발생한 몇 가지 일들 중 하나였는데, 결국 그를 재신임하는 쪽으로 쉽게 결판이 났다.

그러자 그에게 가장 적대적이었던 사람들 중 몇이 결국 교회를 떠났다. 그럼에도 계속해서 그들은 그 교회에 머물러 있는 사람들을 통해 그에게 불만의 메시지를 보내왔다. 그리고 마침내 존은 전임 당회원들 중 한 사람으로부터 사임을 요구하는 편지를 받았다.

"제가 떠나야 할까요?" 존이 물었다.

남아야 하는가, 떠나야 하는가

당신은 영적 학대의 성격을 지닌 교회를 떠나야 할지 아니면 계속 남아 있어야 할지를 어떻게 결정해야 하는가? 당신은 당신이 그 교회에 머무는 것이 유익할지, 혹은 떠나는 것이 유익할지를 어떻게 판단할 수 있는가? 우리의 대응은 **도망** flight이어야 하는가, 아니면 **싸움** fight이어야 하는가?

이 문제와 관련해 도움을 얻고자 한다면, 잠시 시간을 내서 당신의 현재의 상황에 대한 아래의 질문들에 정직하게 답해 보라.

그러나 당신이 답을 하기 전에 우리가 먼저 말해 두어야 할 것이 하나 있다. 그것은 당신이 이 문제와 관련해 정확한 판단을 하도록 도울 수 있는 정교한 체크리스트 같은 것은 존재하지 않는다는 것이다. 결국 당신은 당신의 주변과 내면에서 벌어지고 있는 일들에 주목해야 한다. 특히 하나님께서 당신에게 말씀하시는 것에 귀를 기울여야 한다. 하나님께 귀를 기울이는 것이야말로 당신이 해야 할 첫번째 일이다. 아래에 실려 있는 질문들은 당신이 당신 주변에서 벌어지고 있는 일들에 보다 세밀하게 관심을 기울이도록 돕기 위한 것에 불과하다. 이것들은 우리가 공동으로 사역하는 동안 하나님께서 우리에게 가르쳐 주신 교훈들에 기초해 만들어졌다.

영적 학대의 성격을 지닌 교회에 머물지 아니면 떠날지에 관한 문제와 관련해 다음의 질문들을 숙고해 보라. 어쩌면 이 질문들에 대한 답이 당신에게 지금의 교회를 떠나라고 촉구할 수도 있다. 실제로 그렇다면, 당신은 지금의 교회를 떠날 필요가 있다.

1. 은혜에 기회가 있는가?

우리의 친구 몇 사람이 우리 마을에서 멀리 떨어진 곳으로 이사를 갔다. 얼마 후 그들은 그 지역에 있는 한 교회에 출석하기 시작했다. 그런데 그 교회는 율법주의적인 성향을 갖고 있었고 담임목사가 교우들의 일상생활 대부분을 지배하고 있었다. 우리의 친구들이 그 교회의 교인들에게 그런 상황에 대해 의문과 이의를 제기했으나 아무도 그들의 말에 귀를 기울이지 않았다. 얼마 전에 그들은 우리에게 전화를 해 자기들이 그 교회를 떠났고 약간의 수소문 끝에 다른 교회를 발견했다고 말했다. 흥미롭게도, 최근에 우리는 우리의 친구들이 떠난 그 율법주의적인 교회의 담임목사로부터 전화 한 통을 받았다. 그 목사는 우리에게 자기가 하나님의 은혜와 관련해 꼭 읽어야 할 책들이 있다면 소개해 달라고 요청했다.

원칙적으로 은혜는 하나님께서 그것의 주인이시기에 늘 기회를 얻는다. 그러나 실제 상황이 늘 그렇지만은 않다. 당신이 지금의 교회에 머무는 것이 옳은지 아니면 그른지를 판단하는 데 도움이 될 수 있는, 얼핏 주먹구구인 듯 보이지만 아주 실제적인 기준이 하나 있다. 만약 그 교회의 담임목사가 하나님의 은혜를 이해하고 그것으로 충만해 있다면, 비록 지금 그가 이끄는 양 떼가 율법주의적 성향을 보일지라도, 그 교회에는 은혜를 위한 기회가 있다. 양 떼는 결국 목자를 따르도록 되어 있기 때문이다.

그러나, 만약 담임목사를 비롯해 그 교회의 상층부에 수행 지향적 성향을 지니고 허세를 부리는 지도자들이 포진해 있다면, 그 교회의 상황이 변화될 가능성은 희박하다. 다시 말하지만, 양 떼는 목자를 따르도록 되어 있다. 그러므로 그런 상황에서도 교회를 떠나지 않는 이들은, 그 형태와 방법이 어떠하든, 결국 담임목사의 통제와 율법주의라는 참호 안에서 몸을 웅크리게 될 수밖에 없다. 만약 지금 당신의 교회가 그런 상황에 있다면, 당신은 즉시 교회를 떠나는 편이 나을 것이다.

2. 혹시 지금 당신은 당신이 증오하는 것을 지원하고 있지 않은가?

당신이 지금의 교회에 동의하지 않으면서도 여전히 그 교회에 당신의 시간과 돈과 에너지를 쏟는 것은 사실상 그 역기능적인 교회가 계속되도록 돕는 것 아닌가? 우리는, 만약 지금 모든 이들이 당장 그런 일을 중단한다면, 오늘날의 수많은 건강하지 못하고 학대적인 성격을 지닌 교회들이 더 이상 존립하지 못할 것이라고 믿는다. 또한 우리는 사람들이 소위 "하나님 같은 이들"을 추종하는 일만 없어져도 교회를 비롯해 수많은 종교 단체들이 지금처럼 엇나가지는 않을 것이라고 믿는다.

앞서 말했듯이, 나(제프)는 신학교를 졸업한 직후 한동안 어느 약물중독 치료센터에서 일한 적이 있다. 내가 처음으로 그곳에서 일을 시작했을 때 그곳은 직원들에게는 건강한 일터였고 환자들에게는 놀라운 치료 환경을 제공하는 곳이었다. 그러나 얼마 후 그 센터의 초점이 환자들의 건강을 회복시키는 것에서 입원 환자들의 숫자를 늘리는 것으로 바뀌었다. 그 센터는 다른 곳에서 치료를 받아야 할 이들을 받아들이고 붙들어 두기 시작했다. 게다가 비윤리적인 치료 행위도 있었다. 10대 소녀 환자들은 신체검사와는 아무 상관없는 일을 위해 고용되어 있던 의사로부터 가슴에 대한 촉진觸診을 받아야 했다. 심지어 그 의사는 감기환자에게 기분 전환용 약을 처방하기까지 했다. 그 기관이 약물 의존을 치유하기 위한 센터였음에도 말이다!

　나를 포함한 몇 명의 직원들이 소장을 찾아가 센터 안에서 발생하고 있는 일에 대해 보고했다. 우리는 그 의사가 비윤리적이고 무능하니 다른 이로 교체해 달라고 요구했다. 그러나 소장은 우리에게 이렇게 답했다. "우리에게 필요한 것은 유능한 의사가 아니에요. 우리에게는 그저 우리가 하는 일의 합법성을 보증하는 서류에 서명을 해주는 의사가 필요할 뿐이에요."

　당신이라면 이런 상황에서 어떻게 했겠는가?

　센터의 사정은 점점 더 나빠졌다. 우리로서는 그 센터를 떠나려 하는 환자들을 상대하는 것보다 그 센터의 운영진을 상대하는 것이 훨씬 더 힘겨웠다. 나를 포함한 몇 명의 직원들은 환자들을 상대하는 일보다 사무실 문을 닫아건 채 센터의 문제에 대해 토론을 벌이는 일에 더 많은 시간을 썼다. 우리는 계속해서 그 시스템과 대결하고 있었다. 그리고 우리가 무언가와 대결을 할 때마다 우리는 그 센터의 문제가 바로 우리들이라는 말을 들어야 했다.

　나는 일을 하러 나갈 때마다 분노에 차서 부르짖고 불평을 했다. 나는 그 센터를 증오했다. 그럼에도 나는 매일 그곳으로 출근해 나에게 맡겨진 일을 충실하게 수행했다. 그때 나는 나의 에너지와 깨어 있는 시간의 대부분을 내가 전혀 동의할 수 없었던 곳에 바치고 있었던 것이다. 아내는 나를 집에 붙잡아 두려고 애를 썼고, 도대체 내가 무엇을 위해 그 센터에 들어간 것인지를 상기시켰다. 그러나 당시에 나는 그런 생각을 할 수 없었다. 나는 그 센터가 변화되기를 바랐을 뿐이다. 왜냐하면 그것이 변해야만 나도 행복해질 수 있었기 때문이다.

　그 시절에 나는 사실상 노예나 다름없었다. 나는 적절한 봉급, 연금, 그리고 건강보험을 갖고 있었다. 그러나 지금 생각해 보니 실제로는 그런 것들이 나를 섬겼던 것이 아니라, 내가 그런 것들을 섬기고 있었던 것이다.

그리고 그렇게 함으로써 나는 나의 정신적 건강은 말할 것도 없고 내 자신의 존엄까지 해치고 있었던 것이다.

그 센터의 소장의 말에 따르면, 센터에는 아무 문제가 없었다. 문제는 "당신들"이었다. "당신들"이 "말하지 말라"라는 규칙을 어긴 것이 문제라는 것이었다. 사실, 어느 의미에서는, 그가 옳았다. 실제로 문제는 나 자신이었다. 나는 그 센터가 갖고 있는 수많은 문제들과 관련해 그야말로 아무것도 할 수가 없었다. 그러나 사실은 내가 내 마음대로 할 수 있는 것이 하나 있었다. 그것은 바로 나 자신이었다. 나는 내가 증오하는 일 그리고 내가 생각하기에 옳지 않은 일을 계속해서 지원하는 터무니없는 짓을 그만둘 수 있었다—비록 그것이 내게 아주 큰 비용을 요구할지라도.

결국 나는 그 센터를 그만두었다.

만약 당신이 그동안 당신의 삶으로 당신이 증오하는 무언가를 지원해 왔다는 사실을 깨닫는다면, 지금 당신이 당신 자신의 의지로 변화시킬 수 있는 것이 하나 있다. 당신은 당신 자신을 변화시킬 수 있다.

3. 당신이 옳다는 사실을 굳이 입증할 필요가 있는가?

다음으로는 "옳음"의 문제가 있다. 내가 그 센터를 그만두었을 때 나와 같이 그곳을 떠난 사람은 모두 9명이었다. 우리 모두는 그곳을 떠나기 전에 계속해서 우리 자신에게 다음과 같이 물었다. "우리가 옳다면, 왜 우리가 떠나야 하는가?" 그러나 그런 질문은 결국 그 9명의 "옳은" 사람들로 하여금 계속해서 그들이 혐오하는 시스템을 지원하게 했을 뿐이다.

4. 그 안에 머물면서도 건강할 수 있는가?

아마도 이것은 당신이 제기할 수 있는 가장 중요한 질문들 중 하나일 것이다. 당신의 영적 건강―육체적, 감정적, 그리고 심리적 건강은 말할 것도 없이―을 잃어버리는 것은 그 무엇으로도 보상을 받을 수 없다. 당신의 가족에게 스트레스를 주거나 그들로 하여금 역기능적 시스템을 억지로 견디게 하는 것 역시 마찬가지다. 영적 학대의 희생자들의 자녀들은 대개 "무시"라는 고통을 겪는다. 왜냐하면 그들의 부모는 무너져 가는 교회를 지탱하기 위해 애쓰느라 자녀들에게 신경을 쓸 여력이 없기 때문이다.

어떤 이가 학대적 성격을 지닌 교회에서 갈등하던 무렵에 경험한 일을 다음과 같이 묘사한 적이 있다.

"그동안 나는 마치 한 손으로는 우리 교회라는 배를 붙잡고 다른 한 손으로는 영적 건강이라는 부두를 붙잡고 있다는 느낌이었어요. 배가 선창으로부터 멀어지기 시작했을 때 나는 더욱더 악착같이 그 배에 매달렸어요. 그러나 결국에는 그 배가 떠나가도록 내버려 두고 부두 위로 기어 올라가야 했죠. 그러나 그후로도 한동안 나는 나의 영적인 팔이 어깨에서 뽑혀 있다는 느낌을 받아야 했어요."

아래에 실려 있는 다이어그램을 통해 당신이 당신의 위엄을 잃고 감정적 혹은 영적 혼란 상태에 빠지게 되는 방식을 살펴보라. 원 안에 있는 A는 당신의 견해와 감정을 대표한다. B들은 당신이 동의하지 않는 교회 안에 있는 다른 사람들의 견해와 감정을 대표한다. 지그재그로 표시된 선들은 당신의 견해 및 감정과 다른 사람들의 그것들 사이의 긴장을 의미한다.

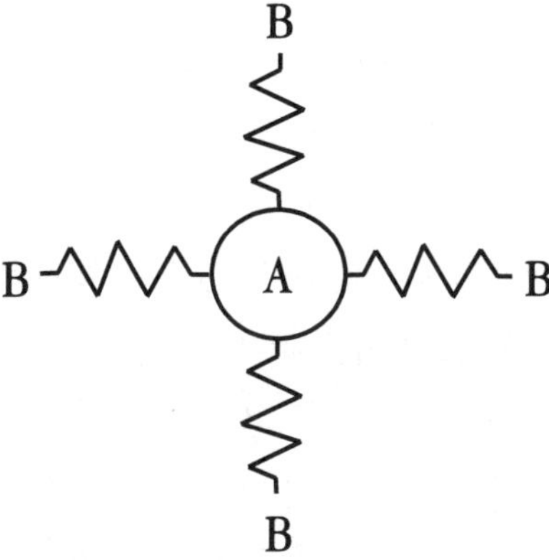

당신은 다른 교우들과의 긴장을 완화하고 평화와 일치를 유지하기 위해 외부의 B들을 덧씌울 수 있다. 그 결과는 아래와 같은 모습이 된다.

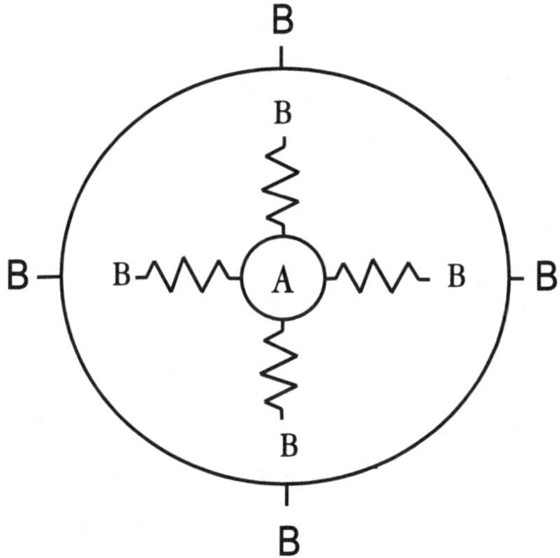

곧은 직선을 통해 긴장이 적어도 표면적으로는 해소된 것처럼 보이는 것에 주목하라. 또한 이제 지그재그로 된 선들이 당신과 당신 사이에, 즉 안에 있는 당신의 마음과 밖에 있는 당신의 행동 사이에 존재하는 것에 주목하라.

우리의 요점은 이것이다. 만약 당신이 A를 원 안에 갖고 있다면, 당신은 원 밖에 있는 B들과 불화할 수밖에 없다. 그것은 어쩔 수 없는 일이다. 이와 같은 환경 안에 머물기 위해서는, 그것도 잘 머물기 위해서는, 당신에게는 많은 지원이 필요하다. 만약 당신이 건강한 사람들의 지원을 받는다면, 당신은 이런 종류의 스트레스 상황에서도 병들지 않을 수 있다. 그러나 당신과 현실 사이의 부조화는 결국 당신의 마음과 영혼을 병들게 할 것이다.

어떻게 해야 할지 판단하기 위해 다른 사람들을 바라보는 것을 피하라. 여론조사 같은 것에 의존하지 말라. 만약 당신이 여론조사를 실시한다면, 지금 당신의 마음이 당신에게 말하는 것과 전혀 다른 결과가 나올 수도 있다. 그러면 당신은 그 여론조사 결과와의 긴장을 해소하기 위해 당신의 마음이 당신에게 무언가 다른 것을 말하고 있다고 주장하게 될 것이다.

만약 당신이 그 교회 안에 머무는 것이 당신 자신과 당신이 사랑하는 이들의 영적 혹은 감정적 건강이라는 값을 요구한다면, 당신은 지체하지 말고 그 교회를 떠나야 한다.

5. 한계를 정하고 그것을 고수할 수 있는가?

당신이 그 교회의 건강한 변화를 기대하지 않으면서도 자신을 그곳에 바칠 수 있는 한계를 정하라. 그것이 당신으로 하여금 우리가 앞에서 살펴보았던 "투자금 회수" 시나리오 안으로 말려들어가지 않도록 도와줄 것이다. 그리고 그 한계를 고수하라. 또한 그것은 당신이 당신에게 책임 있는 행동을 요구할 자격이 있는 이들(가족이나 친구들)과 계속해서 긴밀한 관계를 유지하도록 이끌어 줄 것이다. 그것은 여론조사 같은 것이 아니다. 오히려 이것은 당신이 이미 그렇게 하기로 한 일을 실제로 하게 해주는 일종의 자극을 확보하는 것이다. 그 사람들은 계속해서 당신에게 당신이 미친 것이 아니며 문젯거리도 아니라는 것을, 그리고 당신이 한계를 정했을 때 어떤 생각을 하고 무엇이라고 공언했었는지를 상기시켜 줄 것이다. 건강하지 못한 교회에서 그런 것들은 아주 쉽게 잊힌다.

그렇게 해야 할 필요가 있다면, 우리가 앞에서 살펴 보았던 "투자금 회수" 다이어그램(본서 307쪽—역주)을 다시 참고하라. 그동안 당신이 투자한 금액을 직전의 투자(4)로부터가 아니라 정상(0)에 비추어 헤아려 보라. 당신이 치루고 있는 비용을 당신이 했던 마지막 타협점(4)이 아니라 당신의 본래적 정직함과 건강함(0)에 비추어 헤아려 보라. 당신이 스스로 정한 한계(5)에 이르렀다고 생각되거든, 주저하지 말고 떠나라.

6. 하나님께서 그분의 교회를 당신보다 훨씬 더 많이 걱정하고 계시다는 사실을 믿는가?

만약 당신이 수치심에 기초한 가족 시스템 안에서 성장했다면, 아마도 지금 당신은 자신이 모든 문제를 바로 잡는 일에 개입해야 한다는 책임감과 더불어 싸우고 있을 것이다. 그리고 이것은 당신이 아직 문제들이 해결되지 않은 교회를 떠나는 것을 어렵게 만들 것이다. 그러나 당신은 하나님께서 그분의 교회를 당신보다 훨씬 더 많이 걱정하고 계시다는 사실을 기억할 필요가 있다. 그리고 그분은 당신 없이도 그분의 교회를 바로 세우실 수 있다. 당신은 이 사실을 믿는가?

다음으로 하나님께서 과연 우리를 얼마나 필요로 하시는가의 문제가 있다. 많은 이들이 다음과 같이 추론하면서 계속해서 역기능적인 교회에 머문다. "내가 아니면 이 일을 도대체 누가 한단 말인가?" "하나님은 나를 필요로 하신다." 그러나 예수님은 다음과 같이 말씀하신다. "내가 나의 교회를 세우리라." 그분은 당신이 있든 없든 그 일을 하실 수 있고 또한 하실 것이다.

진리와 정의의 문제는 어떠한가? "내가 떠나면 정의는 어찌되는가? 내가 떠나면 남아 있는 이들이 어떻게 진리에 대해 들을 수 있는가?" 그러나 시편 기자는 다음과 같이 말한다. "의와 공의가 주의 보좌의 기초라 인자함과 진실함이 주 앞에 있나이다"(시 89:14). 당신은 하나님께서 이러한 문제들에도 관심을 갖고 계시다는 것, 그리고 그분 자신이 모든 부정의를 해소하고 거짓을 드러내시리라는 것을 알아야 한다. 그러므로 교회는 하나님께 맡기고 당신은 떠나라. 하나님께는 당신의 영혼이 그분의 교회만큼이나 소중하다.

7. 혹시 당신의 교회가 죽어야 할 필요가 있는 것은 아닌가?

요한계시록 3장에서 요한은 사데 교회를 향해 다음과 같이 말한다. "하나님의 일곱 영과 일곱 별을 가지신 이가 이르시되 내가 네 행위를 아노니 네가 살았다 하는 이름은 가졌으나 죽은 자로다"(1절). 때로 당신이 영적 학대의 성격을 지닌 교회에 머무는 것은 마치 그 교회가 건강하고 아무 이상이 없는 것처럼 보이게 하는 것이 될 수도 있다. 사람들은 당신이 그 교회에 남아 있는 것을 보면서 다음과 같이 생각할 수 있다. "이 교회는 그렇게 나쁘지는 않아. 만약 이 교회가 그렇게 나쁘다면, 우리보다 똑똑한 저 사람은 벌써 이 교회를 떠났을 거야, 안 그래?" 이런 식의 추론은 거짓된 지도자들로 하여금 그들이 져야 할 책임을 회피하게 해준다. 당신이 떠나서 그 교회가 죽는 것이 아니다. 당신의 떠남은 이미 죽어 있는 그 교회의 실상을 드러내는 것에 불과하다. 즉 당신은 그 교회가 이미 죽었기에 그곳을 떠나는 것이다.

하나님께서 교회의 문 위에 "이가봇"(삼상 4:22), 즉 "하나님의 영광이 떠나셨다"라고 쓰시고 실제로 교회를 떠나시는 때가 있다. 마찬가지로 당신이 떠나는 것이 최상의 선택일 경우가 있다. 어째서 당신은 하나님께서 이미 버리고 떠나신 교회 안에 계속해서 머물러 있고자 하는가?

8. 혹시 지금 당신은 자신이 지쳐 있음에도 여전히 그 교회를 돕고 있는 것은 아닌가?

만약 그렇다면, 당신은 더 이상 하나님 안에서 쉼을 얻고 있는 것이 아니다. 당신이 한동안이라도 쉬면서 무언가를 얻을 수 있는 곳을 찾으라. 영적 학대의 성격을 지닌 교회에서 당신은 잠시 쉬어도 좋다는 허락을 얻지 못한다. 도움을 요청하는 당신의 외침은 영적이지 못한 것으로 규정될 뿐이다. 당신 자신이 영적으로 고갈되어 있으면서 다른 누군가가 쉼을 얻도록 돕는다는 것은 참으로 어이없는 짓이다.

9. 건강한 음성을 들을 수 있는가?

당신은 이미 교회를 떠난 사람들과 접촉함으로써 그런 음성을 들을 수 있을 것이다. 왜냐하면 그들은 당신이 지금 보고 있는 것을 이미 보았던 이들이기 때문이다. 어쩌면 그들은 교회를 떠나기 전부터 당신에게 지금 당신이 고민하는 문제들에 대해 경고했을 수도 있다. 그러나 그때 당신은 교회가 아니라 그들이 문제라고 생각했을 것이다. 그리고 교회는 당신에게 그들과 거리를 두라고 말했고 당신은 그렇게 했을 것이다. 이제라도 그들을 찾아가라. 교회를 떠나기 전에 당신에 대해 걱정하고 당신에게 친절을 베풀었던 이들, 그리고 당신이 교회에 머물기로 결심했을 때 당신의 그런 결심을 존중했던 이들을 찾아가라. 그래서 그들로 하여금 다시 한 번 당신에게 친절을 베풀 기회를 얻게 하라.

10. 당신은 어느 곳에 씨를 뿌려야 할지 알고 있는가?

마가복음 4장에서 예수님은 그분의 제자들에게 어떻게 해야 좋은 씨를 뿌리는 자가 될 수 있는지에 대해 가르치셨다. 그 교훈은 여러 종류의 땅과 관련되어 있다. 네 종류의 땅이 있다. 길가, 가시떨기로 덮인 땅, 돌밭, 그리고 좋은 땅. 길가에 뿌려진 씨앗은 아무 열매도 맺지 못한다. 가시떨기로 덮인 땅과 돌밭에 떨어진 씨앗 역시 마찬가지다. 열매를 맺는 씨앗은 좋은 땅에 떨어진 씨앗뿐이다.

만약 당신이 씨 뿌리는 자로서 예수님이 하신 말씀의 의미를 제대로 파악하고 있다면, 당신은 당신의 씨앗을 어디에 뿌리려 하겠는가? 물론 "좋은 땅"일 것이다. 그리고 어디에 당신의 씨앗을 뿌리려 하지 않겠는가? 그 대답 역시 분명하다. 다른 땅들일 것이다. 이 비유에서 다른 땅들에 떨어진 씨앗들은 우연히 그렇게 된 것이다. 그 어떤 농부도 고의로 나쁜 땅에 좋은 씨앗을 뿌리지는 않는다.

당신이 진리에 의거해 영적 학대의 성격을 지닌 교회와 대결하려 할 경우, 당신은 그 진리가 엔간해서는 수용되지 않는다는 사실을 알게 될 것이다. 그것은 당신이 그 진리를 충분히 오래도록 혹은 충분히 훌륭하게 말하지 못해서가 아니다. 그것은 당신이 당신의 진리를 "돌밭"에 뿌렸기 때문이다. 그 돌밭이 열매를 맺지 못하리라는 것을 알게 될 때, 당신이 할 수 있는 최선의 선택은 열매를 맺을 수 있는 좋은 땅을 찾는 것이다. 예수께서는 그분의 제자들에게 이렇게 말씀하셨다. "누구든지 너희를 영접하지도 아니하고 너희 말을 듣지도 아니하거든 그 집이나 성에서 나가 너희 발의 먼지를 떨어 버리라"(마 10:14).

11. 만약 당신이 오늘 처음으로 당신의 교회의 실상을 알게 되었다면, 당신은 여전히 그곳에 머물 것인가?

만약 이 질문에 대한 대답이 "아니오"라면, 어째서 지금 당신은 계속해서 그곳으로 돌아가려 하는 것인가?

영적 학대의
피해자들을 위한 노래

다른 선택, 즉 "싸움"에 관해 살피기 전에, 우리는 그동안 교회에서 영적으로 학대당해 온 이들에게 댄 애들러 Dan Adler(미국의 싱어송 라이터 – 역주)가 지은 노래를 바치고자 한다. 이 노래는 부르짖음인 동시에 기도다.

당신의 손을 펼치소서

주님은 하나님이시요,

온 우주를 만드신 분입니다

주님은 주님의 손으로 땅과 바다를 지으셨습니다

주님은 우리에게 주님의 진리를 온 세상에 전하라고 명하셨습니다

그로 인해 우리는 한 목소리로 겸손히 주님의 이름을 부릅니다

주님의 손을 펼치셔서 치유하소서

징표와 기사를 통해 주님의 뜻을 밝히소서

주님의 강력한 권능과 영광을 이 땅에 보이소서

우리의 고통에 유념하시고

우리로 하여금 주님의 은혜의 복음을 선포하게 하소서

주님의 손을 펼치소서

주님이 이 세상에 계셨을 때,

주님은 저는 자를 어루만지시고 눈 먼 자를 보게 하셨습니다

주님은 이 세상에서 우리가 주님의 몸이 되게 하셨습니다

그러므로 이제 기도합니다.

오셔서 우리를 통해 이 세상을 어루만지소서

세상 나라들이 우리를 에워쌀 때

우리는 주님의 얼굴을 찾나이다

오셔서 주님의 영으로 우리를 채우소서

주님의 능력으로 이 세상을 뒤흔드소서

■ ■ ■

"그리스도께서 우리를 자유롭게 하려고 자유를 주셨으니 그러므로 굳건
하게 서서 다시는 종의 멍에를 메지 말라"(갈 5:1)

당신은 모든 것을 파악한 후에도 여전히 당신의 교회에 머물러 다른 교인들을 도와야 한다고 생각할 수 있다. 경고하건대, 그럴 경우 지나치게 순진해지지 말라. 학대적 성격을 지닌 교회 안에서 진리를 말하는 것은 곧 거친 싸움의 시작을 의미한다. 그럴 경우 당신에게 그 교회에 머물라고 말씀하시는 분이 하나님이시라는 것, 그리고 당신이 그 외에 다른 이유로 그곳에 머물러서는 안 된다는 것을 기억하라.

제21장

싸움

당신은 앞에서 제기된 문제들을 충분히 숙고한 후에도 여전히 하나님께서 당신이 그 학대적 성격을 지닌 교회에 머물기를 바라신다고 느낄 수 있다. 만약 그렇다면, 이제부터 당신이 수행해야 할 싸움에서 당신을 도울 수 있는 몇 가지 지침들이 있다.

누구를 섬길 것인가

문제는 당신이 누군가를 섬길 것인지 말지가 아니라, 당신이 섬기는 대상이 누구냐이다.

몇 해 전에 우리는 식욕 감퇴로 고통을 겪고 있던 한 여고생과 상담한 적이 있다. 그녀의 병을 초래한 원인들 중 가장 큰 것은 그녀의 아빠가 그녀에게 성관계를 강요하고 있다는 것이었다. 우리는 그녀에게 혹시 그동안 누군가에게 도움을 받은 적이 있는지 물었다. 그녀는 아무에게도 도움을 받은 적이 없다고 답했다. 우리는 다시 그녀에게 그렇다면 혹시 우리가 그녀를 대신해 그녀의 담임목사와 접촉해도 괜찮겠느냐고 물었다. 그녀는 그렇게 해도 좋다고 했다.

우리는 그녀의 담임목사를 찾아가 우리의 관심사에 대해 말한 후 혹시 그가 그녀와 그녀의 가족의 문제에 개입해 줄 수 있는지 물었다. 그의 대답은 다음과 같았다. "나는 올해로 이 교회에 부임한지 5년이 되었어요. 그동안 나는 아주 어려운 시간을 보냈어요. 대부분의 교인들이 반항적이었고, 헌금도 내지 않았고, 교회 일에 참여하지도 않았어요. 작년부터 사정이 조금씩 나아지기 시작했어요. 헌금도 늘어났고 예배 참석 인원도 증가했죠. 그리고 그 사람은 교회의 사정이 지금처럼 나아지기 오래 전부터 교회 활동에 적극적이었어요. 그러니, 만약 지금 내가 이 문제에 개입한다면, 나는 나의 사역을 잃게 될 거에요."

그러나 이미 너무 늦었다! 우리가 보기에 그는 이미 그의 사역 전체를 잃어버리고 있었다. 그는 하나님이 아니라 자기 딸과 성관계를 하는 남자와 주일 헌금과 예배 참석 인원과 그 자신의 사역을 섬기고 있었을 뿐이다!

바울은 말한다. "사람이 마땅히 우리를 그리스도의 일꾼이요 하나님의 비밀을 맡은 자로 여길지어다"(고전 4:1). 당신이 사람을 섬기면서 그와 동시에 예수님을 섬길 수는 없다. 만약 당신이 자신의 존재 이유가 사람들을 섬기는 것이라고 여긴다면, 당신은 사람들을 기쁘게 할 수 있을지 모르나, 실제로 당신은 그들을 섬기는 것이 아닐 수 있다. 만약 당신이 자신의 존재의 이유가 그리스도를 섬기는 것이라고 여긴다면, 당신은 사람들을 섬기되 그들을 기쁘게 하지 않을 수 있다. 우리 모두는 우리가 무엇을 해야 할지 결정해야 한다. 우리가 만났던 그 목사는 예수의 이름을 들먹였으나 실제로는 전혀 그분을 섬기고 있지 않았다. 만약 그가 진정으로 그분을 섬기고 있었다면,

틀림없이 그는 그 유력한 교인의 잘못과 맞서려 했을 것이다.

현명하게 싸우라

만약 당신이 머물기로 결심했다면, 순진해지지 말라. 긴장이 있을 것이다.
싸움이 있을 것이다. 먼저는 당신의 내면에서, 그리고 아마도 그 다음에는
당신과 다른 이들 사이에서 아주 실제적이고 치열한 싸움이 벌어질 것이다.
그 싸움과 관련해 당신이 유의해야 할 몇 가지 사항이 있다.

1. 저항에 대해 준비하라

사도행전 3장에서 우리는 베드로와 요한이 나면서부터 못 걷게 되었던
사람을 치유한 이야기를 읽는다. 그들의 권위는 예루살렘의 종교 지도자들을
당황케 했다. 그것은 그들이 "학문 없는 범인"(행 4:13)이었기 때문이다. 바로
거기에 딜레마가 있었다. 베드로와 요한은 당시의 종교 지도자들이 문제
삼을 만한 일을 하거나 말하지 않았다. 그러나 그들을 통해 드러난 하나님의
권능이 오랜 세월동안 체계적인 훈련을 받고 학문을 익힌 당시의 지도자들,
즉 유대의 종교 시스템 안에서 권위의 자리에 앉아 있던 자들을 무력하게
보이도록 만들었다. 그들은 갖고 있지도 않은 권위를 내세웠으나, 베드로와
요한은 눈에 보이지 않는 권위를 갖고 있었다.

이어서 저항이 나타났다. 그들은 체포되었고 "말하지 말라"라는 규칙을
강요받았다. "이것이 민간에 더 퍼지지 못하게 그들을 위협하여 이 후에는
이 이름으로 아무에게도 말하지 말게 하자 하고 그들을 불러 경고하여 도무지
예수의 이름으로 말하지도 말고 가르치지도 말라 하니"(행 4:17-18). 그들이
계속해서 말을 하자 위협이 더욱 거세어졌다. 이것이 우리를 다음의 문제로

이끌어간다.

2. 계속해서 진리를 말하라

베드로와 요한은 종교 지도자들의 그런 요구에 다음과 같이 대응했다. "하나님 앞에서 너희의 말을 듣는 것이 하나님의 말씀을 듣는 것보다 옳은가 판단하라"(19절). 또한 그들이 공회 앞으로 끌려가서 했던 말에 주목하라.

그들을 끌어다가 공회 앞에 세우니 대제사장이 물어 이르되 우리가 이 이름으로 사람을 가르치지 말라고 엄금하였으되 너희가 너희 가르침을 예루살렘에 가득하게 하니 이 사람의 피를 우리에게로 돌리고자 함이로다 베드로와 사도들이 대답하여 이르되 사람보다 하나님께 순종하는 것이 마땅하니라 (행 5:27-29)

우리가 살펴보았듯이, 학대적 성격을 지닌 교회 안에는 허튼 소리가 존재하며 모든 것은 암호화되어 말해진다. 문제에 말려들지 않으려면, 당신은 당신의 생각을 암호화하고 다른 이의 말을 해독하는 데 능숙해질 필요가 있다. 당신이 진리를 말할 경우 문제에 휘말리게 되는 이유는 그 진리가 사람들 사이에 존재하는 암호들을 깨뜨리기 때문이다. 무언가를 똑바로 말하는 것은 굽은 것을 굽은 모습 그대로 드러낸다.

한 가지 예를 들어 보자. 내가(제프) 오픈도어 교회에 온 지 얼마 되지 않았을 때였다. 그날 나는 어느 위원회 모임에 참석했다. 회의의 주제는 교회가 어느 특정한 사업을 재정적으로 지원해야 하느냐 말아야 하느냐 하는 것이었다. 한 여신도가 발언을 시작했다. 내가 나중에 알게 된 바로는, 그녀는 교회에서 중직을 맡고 있던 세 명의 가족을 통해 교묘한 방식으로 그 교회를 좌지우지하고 있었다.

그녀가 말했다.

"우리 교회에는 우리가 헌금을 그런 식으로 사용해서는 안 된다고 생각하는 사람들이 아주 많아요."

나는 회의실 안을 둘러보았다. 갑자기 회의실에 무거운 침묵이 흘렀다. 그녀의 말 한 마디가 이제 막 시작된 토론을 중단시켰던 것이다. 당시에 나는 약물중독 치료센터를 그만 두고 그 교회의 사역자로 갓 부임한 상태였다. 앞에서 말했듯이, 그 치료센터에서 나는 나의 시간의 대부분을 사람들이 정직하고 솔직해지도록 돕는 일에 사용했었다. 내가 약물 중독자들에게 주었던 메시지는 분명하고 직설적이었다. "정직해지지 않으면 죽는다!" 그리고 내가 보기에 그날 회의의 상황은 정직하지 않았다.

"그들이 누구죠?" 내가 물었다.

상상할 수 있겠는가? 나의 그 간단한 질문 하나로 인해 회의실에는 그야말로 죽음과 같은 침묵과 긴장이 흘렀다. 내가 감히 그녀에게 의문을 제기했던 것이다. 일순간 회의실에 있는 모든 이들이 나를 쳐다보았다. 이어서 그들은 그녀의 반응을 살피기 위해 다시 그녀에게 주목했다.

"아주 많은 사람들이에요," 그녀가 말했다. 그녀의 음성에는 노기가 서려 있었다.

"그들은 지금 이곳에 없어요. 오늘 그들은 이 회의에 참석하지 않았어요." 그녀는 분노로 인해 얼굴이 빨개졌다.

"혹시 그들이 아니라 당신 자신이 그런 생각을 하고 있는 것은 아닌가요? 당신 자신이 교회가 그런 일에 돈을 써서는 안 된다고 생각하고 있는 것은 아닌가요?" 내가 물었다.

그녀가 내 질문에 즉각 대답했다. "물론 아니에요."

"그렇다면 그 사람들이 오늘 이 회의에 참석하지 않은 이유는," 내가 말했다, "당신이 자기들을 대신해 자신들의 메시지를 교회에 전달하게 하기 위함이겠군요. 그것도 당신이 동의하지도 않는 메시지를요."

내가 보기에 그녀는 이치에 맞지 않는 말을 하면서 그 회의의 참석자들에게 암호화되고 구부러진 메시지를 전하고 있었다. 그녀는 매번 회의에 참석하지도 않는 "그들"을 빙자해 여러 해 동안 교회를 좌지우지 해왔던 것이다. 회의가 끝난 후 한 사람이 내게 다가오더니 질책하듯이 말했다.

"그들이 회의에 오지 않는 이유는 바로 당신 같은 사람들 때문이에요!"

그날 이후 한동안 나는 그 회의에 참석했던 이들로부터 따돌림과 빈정거림을 당해야 했다. 그것은 상당히 고통스러운 경험이었다. 그러나 나는 물러서지 않았나. 내가 보기에 그 여신도는 자기의 개인적인 의견을 교인들 다수의 의견으로 둔갑시켰고, 그 회의의 참석자들은 그런 사실을 알면서도 그녀의 위세에 눌려 침묵하고 있었다. 그런데 내가 그녀의 허세와 그들의 위선을 드러냈던 것이다. 그날 이후 나는 꽤 오랫동안 그들로부터 보복을 당해야 했다. 그것은 내게 아주 고통스러운 경험이었다.

그런데 어째서 우리는 때로 자신이 겪어야 할 고통을 예견하면서도 기어코 진실을 말하고자 하는 것일까? 성경은 이 질문과 관련해 우리에게 몇 가지 답을 제공한다.

첫째, 진실에는 힘이 있기 때문이다. "우리는 보고 들은 것을 말하지 아니할 수 없다"(20절). 우리는 영적 학대로부터 회복중에 있는 사람들이 이와 유사한 말을 하는 것을 수없이 들어 왔다. 대개 그들은 다음과 같이 말했다. "이제 나는 그동안 내가 얼마나 역기능적이었는지, 그리고 나의 가정과 교회가 얼마나 학대적이었는지 알게 되었어요. 나는 아주 많은 것을 보고 들었어요. 그리고 그것이 나로 하여금 나의 문제를 직시하게 했고 또한 앞으로 전진하게 했어요. 이제 나는 과거로 되돌아갈 수 없어요."

둘째, 일단 당신이 누군가를 섬기고 그에게 책임을 지기로 결심하면 당신도 알지 못했던 용기가 생기기 때문이다. 사도행전에서 제자들은 자신들을 "[주님의—역쥐 종들"(행 4:29)이라고 칭했다. 그 말에 해당하는 헬라어는 "계약을 통해 종이 된 자들"을 가리킨다. 다시 말해, 그들은 포로 상태에서 억지로 누군가를 섬기는 자들이 아니다. 그들은 누군가를 섬기는 일에 자신을 값을 받고 판 사람들이다. 즉 그들은 자기들 스스로 누구를 섬길 것인지를 정한 사람들이다. 그리고 자기가 할 일을 자신의 의지로 정한 이들은 어떻게든 그 일을 해나갈 수 있다.

그럼에도 여전히 이것은 우리가 앞에서 제기했던 문제, 즉 고통을 예견하면서도 진실을 주장하는 용기가 어디에서 오는가 하는 문제에 답을 주지 않는다. 그런데 바울은 이렇게 말한다.

너희에게나 다른 사람에게나 판단 받는 것이 내게는 매우 작은 일이라 나도 나를 판단하지 아니하노니 내가 자책할 아무 것도 깨닫지 못하나 이로 말미암아 의롭다 함을 얻지 못하노라 다만 나를 심판하실 이는 주시니라 (고전 4:3-4)

여기에서 바울은 자기가 누구의 말도 들을 필요가 없다고 주장하는 것이 아니다. 다만 그는 우리가 그로부터 우리에 대한 최종적 용납을 얻어내야 할 분이 하나님 한분뿐이라고 말하고 있었던 것이다.

다른 이들을 대신해 싸우려 하지 말라. 당신이 다른 이들을 대신해 싸울 경우 다음과 같은 상황이 초래될 수 있다. 그런 일은 첫째, 책임 있는 자리에 있는 이들에게 상황이 실제보다 나쁘지 않다는 느낌을 줄 수 있다. 둘째, 책임 있는 자리에 있는 자들이 당신을 교회의 긴장의 유일한 원인으로 지목하게 함으로써 그들이 상대해야 할 다른 많은 사람들을 피하게 해줄 수 있다.

셋째, 당신이 대변하는 사람들로 하여금 그들이 과거의 관계들을 통해 배운 역기능적 소통 기술(누군가 자기들 위해 무언가를 대신해 주기를 바라는 태도-역주)에 집착하게 할 수 있다. 이제 그들은 무엇보다도 그들 자신의 의견이 중요하다는 사실을 알아야 할 필요가 있다. 넷째, 결국 그 과정에서 당신 자신이 지치고 말 것이다.

3. 당신의 적이 누구인지 알라

에베소서에서 바울은 다음과 같이 말한다.

우리의 씨름은 혈과 육을 상대하는 것이 아니요 통치자들과 권세들과 이 어둠의 세상 주관자들과 하늘에 있는 악의 영들을 상대함이라 (엡 6:12)

또한 고린도후서에서 그는 "우리가 육신으로 행하나 육신에 따라 싸우지 아니하노니"(고후 10:3)라고 말한다. 즉 우리의 적은 사람들이 아니라 사탄이라는 것이다.

그러나 사탄은 자주 사람들을 이용한다. 갈라디아서에서 바울은 "가만히 들어온 거짓 형제들"(갈 2:4)에 대해 경고한다. 언젠가 예수님은 자신의 땅에 좋은 씨를 부린 농부에 관한 비유를 전하셨다. 그런데, 그 비유에 따르면, "사람들이 잘 때에 그 원수가 와서 곡식 가운데 가라지를 덧뿌리고 갔다"(마 13:25). 사탄은 하나님께서 씨를 뿌린 곳 위에 또 다른 씨를 뿌린다. 그로 인해 사람들은 때로 사탄의 인질이 된다. 그 인질들은 우리의 적이 아니다.

이것은 우리가 사람들이 갖고 있는 힘을 과대평가하지 말아야 한다는 것을 의미한다. "오즈의 마법사"에서 커튼 뒤에 있던 이가 그저 사람에 불과했음을 기억하라. 그러나 한 걸음 더 나아가 우리는 우리의 힘을 과소평가해서도 안 된다. 예수께서는 제자들에게 "오직 성령이 너희에게 임하시면 너희가 권능을 받고"(행 1:8)라고 말씀하셨다. 그리스도인으로서 당신은 성령을 갖고 있다. 그것은 바울이 로마서에서 하는 말을 통해 보다 분명하게 드러난다. "만일 너희 속에 하나님의 영이 거하시면 너희가 육신에 있지 아니하고 영에 있나니 누구든지 그리스도의 영이 없으면 그리스도의 사람이 아니라"(롬 8:9). 또한 고린도후서에서 그는 다음과 같이 말한다. "우리의 싸우는 무기는 육신에 속한 것이 아니요 오직 어떤 견고한 진도 무너뜨리는 하나님의 능력이라 모든 이론을 무너뜨리며"(고후 10:4).

4. 참된 목자에게 매달려라

예수님은 제자들을 이스라엘 집의 잃어버린 양들에게 보내시면서 다음과 같이 말씀하셨다. "보라 내가 너희를 보냄이 양을 이리 가운데로 보냄과 같도다"(마 10:16). 우리는 이리 가운데 있는 양으로서 양 떼에게 보내심을 받은 자들이다. 그런데 이리 가운데 있는 양이 어떻게 살아남아 그의 사역을 수행할 수 있는 것일까? 답은 간단하다. 그가 의지할 수 있는 강력한 목자가 계시기 때문이다.

당신이 매사에 분노하며 일어서야 하는 것은 아니다. 사실 그 반대가 옳다. 바울은 말한다.

나에게 이르시기를 내 은혜가 네게 족하도다 이는 내 능력이 약한 데서 온전하여짐이라 하신지라 그러므로 도리어 크게 기뻐함으로 나의 여러 약한 것들에 대하여 자랑하리니 이는 그리스도의 능력이 내게 머물게 하려 함이라 그러므로 내가 그리스도를 위하여 약한 것들과 능욕과 궁핍과 박해와 곤고를 기뻐하노니 이는 내가 약한 그 때에 강함이라 (고후 12:9-10)

예언자 이사야의 말이다.

> 피곤한 자에게는 능력을 주시며 무능한 자에게는 힘을 더하시나니 소년이라도
> 피곤하며 곤비하며 장정이라도 넘어지며 쓰러지되 오직 여호와를 앙망하는
> 자는 새 힘을 얻으리니 독수리가 날개치며 올라감 같을 것이요 달음박질하여도
> 곤비하지 아니하겠고 걸어가도 피곤하지 아니하리로다 (사 40:29-31)

믿음의 싸움을 한다는 것이 곧 공격적이 된다는 것을 의미하지는 않는다. 사실 그 싸움은 우리에게 돈이나 지위나 지식이나 말솜씨를 요구하지 않는다. 그것이 우리에게 요구하는 것은 오직 하나님에 대한 철저한 의존뿐이다. 하나님께 매달려라. 그리고 진리를 말하라. 당신이 수행하는 싸움은 실제로는 당신의 싸움이 아니라 하나님의 싸움이다.

교회는 서로 다른 사람들로 이루어진 관계 시스템이기에 본질적으로 혼란스러울 수밖에 없다. 따라서, 만약 당신이 "말하지 말라"라는 규칙이 지배하는 교회 안에서 무언가에 대해 큰 소리로 말하기 시작하면, 그 혼란은 더 커질 수밖에 없다. 그리고 그로 인해 당신은 비난을 받게 될 것이다. 그러나 진리는 결코 혼란을 일으키지 않는다. 다만 그것을 드러낼 뿐이다.

게다가, 혼란이 꼭 나쁜 것만도 아니다. 사실 그것은 한 가지 아주 중요한 목적에 봉사한다. 바울은 분쟁하는 고린도 교회 교인들에게 다음과 같이 말한다.

> 먼저 너희가 교회에 모일 때에 너희 중에 분쟁이 있다 함을 듣고 어느 정도
> 믿거니와 너희 중에 파당이 있어야 너희 중에 옳다 인정함을 받은 자들이
> 나타나게 되리라 (고전 11:18-19)

이 말은 교회 안에 분파와 분쟁이 있어야 한다는 의미인가? 그렇다면 우리가 모든 값을 치르고서라도 얻어야 하는 평안은 어떻게 되는 것인가? 도대체 우리가 교회 안의 분쟁을 통해 그 어떤 선한 것을 얻을 수 있다는 말인가? 바울은 답한다. "[그럴 경우] 너희 중에 옳다 인정함을 받은 자들이 나타나게 되리라." 오직 분쟁의 한 가운데서만 누가 참으로 하나님과 그분의 길을 충심으로 따르는 자인지가 드러난다는 것이다. 그러므로 당신의 교회 안에 약간의 혼란이 있다는 이유만으로 교회를 떠나서는 안 된다. 때로 혼란은 좋은 것일 수 있기 때문이다. 우리가 알아야 할 것은, 만약 우리가 그런 혼란 속에서 길을 잃지 않으려면, 우리의 참 목자이신 그리스도께 매달려야 한다는 것이다.

5. 누룩과 맞서라

교회와 가정은 내적으로 서로 의존하는 이들로 이루어진 관계 시스템이다. 그로 인해 어느 한쪽에서 벌어진 일은 반드시 다른 쪽에 영향을 준다. 바울은 이것을 두고 "적은 누룩이 온 덩어리에 퍼진다"(고전 5:6)라고 말했다. 이때 그가 말했던 누룩은 율법주의였다.

만약 당신이 건강한 교회의 일원이 되고자 한다면, 당신은 아주 사소한 것일지라도 누룩과 맞서야 한다. 기억하라. 적은 누룩이 온 덩어리에 퍼진다. 그러니, 만약 당신이 영적 학대의 성격을 지닌 교회, 즉 누룩이 아주 많은 교회에 머물기로 결심했다면, 당신은 그 많은 누룩들과 치열하게 싸울 준비를 해야 한다.

6. 건강한 교회의 작동 방식을 이해하라

건강한 교회의 작동 방식을 이해하는 것은 아주 중요하다. 왜냐하면 건강하지 못한 교회에서 싸우다 보면 싸움 자체에 빠져 들어 자신이 그 싸움을 통해 얻고자 하는 것이 무엇인지를 망각하는 경우가 자주 있기 때문이다.

건강하지 못한 교회에서는 어떤 이가 지도자의 위치에 오를지라도 실제로는 아무런 권한을 갖지 못한다. 지금까지 우리는 양 떼가 학대를 당하는 것에 대해 여러 가지 말을 해왔다. 그러나 교회의 지도자들이 학대를 당하는 경우도 자주 있다. 우리가 알아야 할 것은 이런 학대는 교회 안에서 실질적인 권위와 힘을 지닌 사람들, 즉 인사권을 틀어쥔 사람들로부터 온다는 사실이다. 그리스도의 몸에 대한 이런 관점은 아래의 다이어그램을 통해 잘 드러난다.

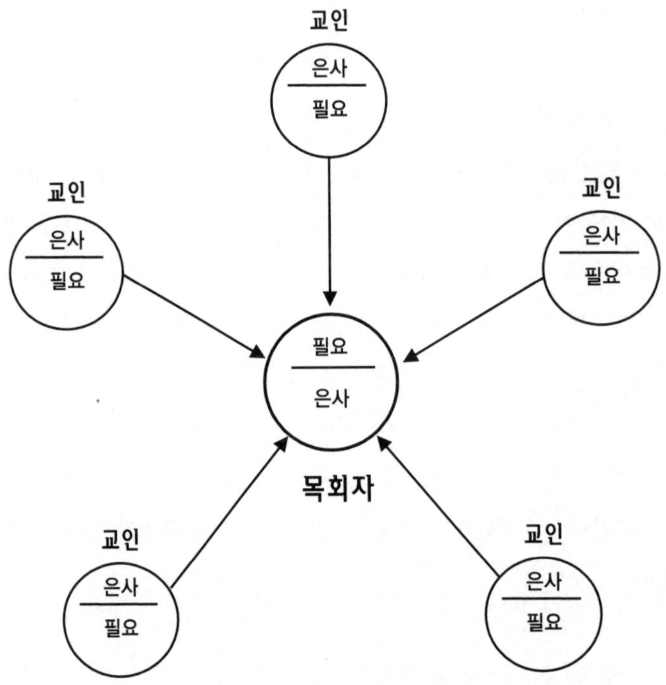

이것은 각자의 필요를 지닌 교인들(원 안에 있는 선들)이 서로 관계를 맺되 자신들의 필요를 충족시키는 문제와 관련해서는 거의 전적으로 목회자나 임금을 받는 교회 직원들에게 의존하는(화살표를 지닌 선들) 교회의 모습을 보여 준다. 이 교회에 속한 교인들은 각각 작은 은사와 큰 필요를 갖고 있다. 반면에 목회자 또는 교회 직원들은 큰 은사와 작은 필요를 갖고 있다. 그로 인해 교인들 모두는 자기들의 필요를 충족시키기 위해 목회자 또는 교회 직원을 바라본다("어쨌거나, 그것이 우리가 그들에게 월급을 주는 이유니까.").

그러나 중앙에 있는 사람들(목회자 혹은 교회 직원)은 실제로는 그 교회에 속한 모든 이들의 필요를 충족시켜 줄 만큼 충분히 강하지 않기에 곧 탈진하고 만다. 그들은 은사가 모자라는 많은 사람들의 필요를 충족시켜 주기 위해 자신의 은사의 양을 늘리려 하는 과정에서 탈진한다. 결국 그 과정에서 그 교회에 속한 이들은, 비록 지도자 자신은 그 사실을 알아차리지 못할지라도, 그들의 지도자를 능가하는 힘을 갖게 된다.

이런 교회들 중 많은 곳에서 우리는 또 다른 놀라운 사실을 깨닫게 된다. 그런 곳에서 사역자들은 신뢰의 대상이 되고 월급을 받는다. 그러나 그들이 월급을 받는 순간 그들은 즉시 혐의자가 된다. 그런 혐의와 실제로 일을 하는 이들이 아무런 권한도 갖지 못하는 현실이 결합될 경우, 그들은 즉시 그 교회의 실질적인 권력자들의 인질이 되어 자기들의 존재를 정당화하기 위해 단조롭게 사역을 수행하는 상황에 빠지게 된다.

반면에, 건강한 교회의 모습은 다음 페이지에 실려 있는 다이어그램을 통해 잘 드러난다. 건강한 교회에서는 교회의 구성원들 모두가 나름의 은사와 필요를 갖고 있고, 모두가 서로 관련되어 있고, 또한 모두가 서로에게 의존한다. 그런 교회에서는 월급을 받는 직원들(목회자) 역시 다른 모든 구성원들과 마찬가지로 교회 내의 어느 한 지점에 위치해 있다. 교회 안에서 어떤 이들이 월급을 받는 이유는 그들이 어느 특정한 분야에서 훈련을 받고 경험을 쌓은 전문가이기 때문이다(교회의 모든 구성원들이 그럴 수는 없고, 그럴 필요도 없다). 그러나 그들은 다른 이들과 달리 월급을 받고 있기에 하나님께서 그들에게 허락하신 은사를 사용해 공동체를 섬겨야 할 의무가 있다.

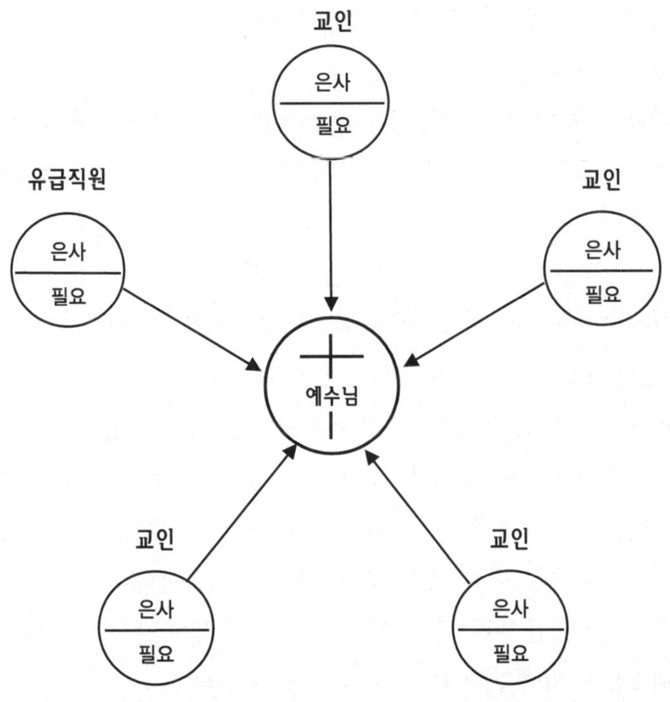

이 교회의 중앙에는 목회자나 교회 직원들이 아니라 예수님이 계시다. 이런 교회에서는 그리스도께서 모든 이의 근원이 되신다. 그리고 모든 사람들은 자신들의 필요를 채우기 위해 그분의 성령에 의지한다. 이런 교회에서는 어떤 이가 어떤 필요를 느낄 경우 성령께서 다른 누군가를 통해 어떤 은사에 활력을 불어넣으심으로써 그 필요를 채워주신다. 따라서 이런 교회에서는 그 누구도 탈진하지 않는다. 바울은 말한다.

> 이 모든 일은 같은 한 성령이 행하사 그의 뜻대로 각 사람에게 나누어 주시는 것이니라 몸은 하나인데 많은 지체가 있고 몸의 지체가 많으나 한 몸임과 같이 그리스도도 그러하니라 … 그러나 이제 하나님께서 그 원하시는 대로 지체를 각각 몸에 두셨으니 (고전 12:11-12, 18)

책임과 권한

영적 학대의 성격을 지닌 시스템 안에서는 어떤 일을 수행할 책임을 지닌 사람이 그 일을 하는 데 필요한 권한을 갖지 못한다. 그들은 학대를 당하다가 결국 탈진한다. 그런 시스템 안에는 허세를 부리는, 그리고 자기들의 모든 힘을 사용해 그 시스템이 무엇을 어떻게 해야 할지를 자기들 멋대로 정하는 사람들이 존재한다. 그러나 그들은 그 어떤 것에 대해서도 책임을 지지 않는다. 어떤 일에 대해 책임을 지는 이들은 그 일에 대해 실제로는 아무 권한도 갖고 있지 않은 사람들이다. 그들은 권한 없는 책임에 시달리다가 결국 탈진하고 만다. 그리고 탈진한 이들은 가차 없이 버려진다.

교회의 지도자들이 탈진하지 않으려면, 또한 교회가 학대적인 시스템이 되지 않으려면, 어떤 사역을 실질적으로 책임지고 있는 사람이 그 일 전반에 대해 권한을 행사할 수 있어야 한다. 예컨대, 우리 조직에서 나(제프)와 함께 일하는 여직원은, 비록 내가 그녀보다 높은 위치에 있을지라도, 그녀가 맡은 사역과 관련해 절대적인 권한을 갖고 있다. 그녀는 성폭력 피해자 지원

그룹에 대한 운영 책임을 맡고 있는데, 그 그룹의 운영과 관련된 모든 일을 그녀 스스로 결정한다. 나는 그 일이 어떻게 진행되어야 할지를 결정하지 않는다. 그녀는 그 일에 관한 전문가다. 다만 나는 나의 권한, 능력, 자원, 그리고 지위를 이용해 그녀의 일을 도울 뿐이다. 종종 나는 그녀에게 묻는다. "내가 무엇을 도와야 할까요? 내가 어떻게 해야 당신이 당신의 일을 성공적으로 수행할 수 있을까요?" 그녀는 그 사역을 수행하는 데 요구되는 책임과 함께 그 일을 어떻게 해야 할지를 결정할 권한도 갖고 있다.

결론

이 책을 마무리하면서 우리는 당신이 영적 학대와 맞서 싸우는 과정에서 반드시 유념해야 할 세 가지 사항을 지적해 두고자 한다.

첫째, 당신은 지금 당신이 속해 있는 학대적 성격을 지닌 교회를 떠나기로 했든 혹은 남아 있기로 했든 간에 누군가의 도움과 지원을 필요로 하는 내면의 문제들을 갖고 있을 수 있다. 당신 자신을 돌보라. 필요할 때 누군가의 도움을 얻는 것은 좋은 일이다. 만약 당신이 당신의 교회가 너무 학대적이라고 판단해 떠나기로 결심했다면, 그로 인해 당신의 삶은 가벼워질 수 있을 것이다. 그러나 단순히 출석 교회를 바꾸는 것만으로 모든 문제가 해결되리라고 생각하지 말라. 그동안 당신이 어떻게 학대를 당해 왔는지를 기억하라. 그리고 당신이 그런 학대의 상처로부터 치유를 얻도록 도울 수 있는 이들과 애써서 접촉하라.

둘째, 하나님께 귀를 기울이고 그분의 말씀을 따르라. 만약 당신이 영적 학대의 희생자라면, 이것은 아주 어려운 일이 될 수 있다. 왜냐하면 그동안 당신은 다른 누군가가 당신을 위해 하나님의 뜻을 전해 주어야 한다고 배워

왔기 때문이다. 그리고 당신 스스로 하나님의 음성을 들으려 했을 때 질책과 비난과 벌을 받은 경험이 있기 때문이다. 그러나 이제는 당신 스스로 하나님의 말씀에 귀를 기울이라. 그리고 용기를 내서 그분의 말씀을 따르라. 모든 증거가 당신에게 떠나라고 말하고 있음에도 하나님께서 당신에게 머물라고 말씀하실 수도 있다. 반면에 모든 것이 아주 좋아 보임에도 하나님께서 당신에게 떠나라고 말씀하실 수도 있다. 어쩌면 그분은 지금껏 계속해서 당신에게 어서 떠나라고 말씀해 오셨을 수도 있다. 당신이 지금 있는 곳을 떠날지라도, 그분은 결코 당신을 떠나거나 버리지 않으실 것이다. 그러므로 안심하고 그분의 말씀에 귀를 기울이고 그분의 지시를 따르라.

셋째, 학대적 상황과 마주할 때 예수님의 제자들이 그들에게 가해진 압력에 대응했던 방식을 기억하라. "사도들이 놓이매 그 동료에게 가서 제사장들과 장로들의 말을 다 알리니라"(행 4:23). 지금 당신이 영적 학대를 겪고 있다면, 혼자서 끙끙대지 말고 당신을 이해해 줄 만한 이들을 찾아가 그 사실을 털어놓으라. 그리고 그들로부터 도움을 얻으라. 예수님의 제자들이 드렸던 기도에 귀를 기울이라.

> 주여 이제도 그들의 위협함을 굽어보시옵고 또 종들로 하여금 담대히 하나님의 말씀을 전하게 하여 주시오며 손을 내밀어 병을 낫게 하시옵고 표적과 기사가 거룩한 종 예수의 이름으로 이루어지게 하옵소서 (행 4:29-30)

영적 학대를 겪고 있는 당신을 위한 우리의 기도 역시 마찬가지다.

> 주님, 주님께서 생명을 주셔서 주님을 섬기게 하신 이들이 협박과 학대를 당하고 있음을 돌아보십시오. 이런 어려움 가운데 처해 있는 당신의 자녀들에게

힘과 능력을 주셔서 그들이 계속해서 진리를 말하게 하십시오. 주님의 자녀들
위로 주님의 손을 펼치시고 그들로 치유와 쉼을 얻게 하십시오.

가해자들을 위한 메시지

예수님은 성전을 정화하시기 몇 시간 전에 "성을 보시고 우셨다"(눅 19:41). 그분은 왜 그러셨던 것일까? 그것은 "네가 [예루살렘 성과 성전이—역주] 보살핌 받는 날을 알지 못함을 인함이었다"(44절). 예수님은 자기 백성들 가운데 계셨다. 그분은 그들에게 진리를 말씀하셨고 또한 생명과 소망과 은혜를 제공하셨다. 그럼에도 그들은 그 모든 것을 원하지 않았다. 그들은 은혜 대신 심판을 택했다. 그렇게 함으로써 그들은 그분의 마음을 아프게 했다.

예수님은 예루살렘을 "선지자들을 죽인"(눅 13:34) 성이라고 묘사하셨다. 그분의 고뇌의 무게는 우리가 그 도시에 대한 하나님의 원래의 의도를 고려할 때 분명하게 드러난다. 예루살렘은 거룩한 도시, 평화의 도시, 하나님의 성소, 여호와의 언덕, 의로운 자들의 공동체, 그리고 사람들이 거주할 만한 아름다운 곳이 되어야 했다. 그러나 우리 주 예수님은 바로 그 예루살렘을 향해 다음과 같이 한탄하실 수밖에 없었다.

"오, 예루살렘아, 예루살렘아, 너는 네가 마땅히 되어야 하는 모습이 되지 못했도다.”

우리는 그분이 오늘날의 교회들을 향해서도 동일한 한탄을 하시리라고 믿는다. 당신은 그분이 오늘날의 학대적 성격을 지닌 교회들을 향해 하시는 다음과 같은 탄식을 듣지 못하는가?

“오, 나의 사랑하는 교회여, 아버지께 구속을 얻은 자여, 나의 신부여, 세상의 소금이여, 너는 네가 마땅히 되어야 하는 모습이 되지 못했도다. 지금 너는 하나님의 성소도, 인간의 성소도 아니다. 너는 안전한 곳이 아니다. 너는 거룩한 곳이 아니다. 너는 사람들이 거주할 만큼 아름다운 곳이 아니다. 너는 사람들에게 무거운 짐을 지웠다. 너는 가치들을 전복시켰다. 그리고 천국을 찾는 이들에게 천국의 문을 닫아걸었다.”

그러나 우리는, 비록 그동안 우리가 우리의 신분에 합당하게 행동하지 못했을지라도, 그분께서 지금도 여전히 우리를 자신에게 이끌고자 하신다는 것을 기억해야 한다. 만약 지금이라도 우리가 다른 이들에 대한 통제를 포기하고 그분을 향해 돌아선다면, 그분은 기꺼이 우리를 구속하시고 치유하시고 보호해 주실 것이다. 비록 그동안 우리가 다른 이들을 영적으로 학대해 왔을지라도, 만약 지금이라도 우리가 회개하고 돌아선다면, 그분은 여전히 우리에게 두 팔을 활짝 펼치시고 말씀하실 것이다. “수고하고 무거운 짐 진 자들아 다 내게로 오라 내가 너희를 쉬게 하리라”(마 11:28).

그럼에도 우리는 오만하고 반역적인 자녀들처럼 끝까지 그분에게 저항할 수 있다. 어쩌면 우리는 이렇게 말할는지 모른다. “나는 당신의 도움이나 치유나 은혜가 필요하지 않습니다. 지금 나는 아주 잘 지내고 있어요. 그러니, 고맙지만, 됐습니다. 그만하세요.”

우리가 하나님께 순종하지 않을 때 나타나는 가장 심각한 문제는 그로 인해 우리가 우리 자신에게 묶이게 된다는 것이다. 그리고 그럴 경우 우리는 결국 우리가 원했던 것을 얻게 된다. 즉 우리는 그 어떤 보호도, 지지도, 섭리도 경험하지 못하게 된다.

예레미야는 당시의 성전을 두고 이렇게 말했다. "너희가 이 말을 듣지 아니하면 내가 나를 두고 맹세하노니 이 집이 황폐하리라"(렘 22:5). 여기에서 "황폐하다"라는 말은 열매 맺지 못함, 공허함, 그리고 사람이 거주하지 못함을 의미한다. 하나님께서는 그런 곳에서는 더 이상 그 어떤 쟁기질도, 심는 일도, 가지 치는 일도 하시지 않을 것이다.

오늘의 교회들 안에서도 동일한 역학이 작동할 수 있다. 오늘날에도 하나님의 영이 어느 교회의 교인들을 향해 이렇게 말씀하실 수 있다.

"이곳은 더 이상 나의 집이 아니다. 이것은 나의 역사가 아니다. 이것은 너희의 것에 불과하다."

그러나 이 책을 쓴 우리 두 사람은 불길한 예언을 즐기는 사람들이 아니다. 오히려 그 반대다. 우리가 알고 있는 우리 주 예수님은 그분의 교회를 몹시 사랑하시는 분이다! 그러므로 그분은 그분의 교회인 우리를 향해 펼치신 손을 쉽게 거두어들이지 않으실 것이다. 그분은 우리의 모자람에도 불구하고 계속해서 우리에게 진리를 선포하고, 우리가 진 무거운 짐을 제거하고, 우리를 치유하고자 애쓰는 이들을 보내주실 것이다. 그분은 자신의 영과 말씀을 통해 우리를 부르시고, 우리에게 확신을 주시고, 우리를 자신에게 이끄실 것이다. 그로 인해 우리 중 어떤 이들은 부서짐, 애통, 그리고 마침내 회개를 경험하게 될 것이다. 그리고 그런 일은 결국 그들에게 생명과 회복을 가져다줄 것이다.

비록 지금 우리가 영적으로 황폐한 상황에 처해 있을지라도, 우리는 다시 그분의 이름을 부르면서 전에 우리를 감격케 했던 그분의 은혜를 다시 받아들일 필요가 있다. 우리가 기억해야 할 좋은 소식은, 하나님께서는 자신에게 그것이 필요함을 깨닫고 그것을 간구하는 모든 이들에게 기꺼이 은혜를 베푸신다는 것이다.

■ ▓ ■

"내가 율법으로 말미암아 율법에 대하여 죽었나니 이는 하나님에 대하여
살려 함이라"(갈 2:19)

말씀 선포, 혹은 영적 학대

초판 발행 | 2012년 4월 1일
지은이 | 데이빗 존슨 · 제프 반본데른
옮긴이 | 김광남
펴낸이 | 박종태
함께 만든 이들 | 정문구 강한덕 이태경 맹정애 강지선 임우섭 김병수
펴낸곳 | 비전북
출판 등록번호 | 제396-2011-000038호(2011년 2월 22일)
주소 | 경기도 고양시 일산서구 덕이동 1347-7
이메일 | visionbook@hanmail.net
공급처 | (주)비전북 031-907-3927
ISBN 978-89-966495-3-3
값 16,800원